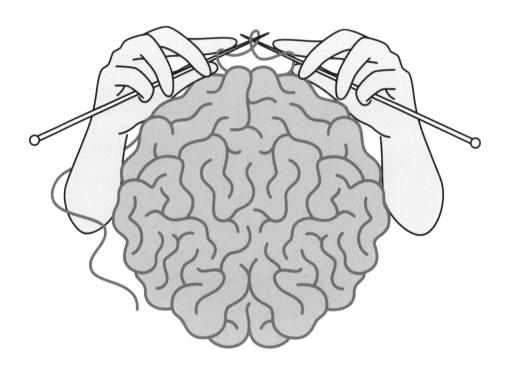

脑与学习书系

丛书主编 周加仙

改变脑的艺术

探究学习的生物学基础

〔美〕詹姆斯·E. 祖尔（James E. Zull） 著 耿凤基 译

THE ART OF CHANGING THE BRAIN

ENRICHING THE PRACTICE OF TEACHING BY EXPLORING THE BIOLOGY OF LEARNING

教育科学出版社

·北京·

总序

脑与学习：破解人脑学习的奥秘

21 世纪是脑科学的世纪，脑科学突飞猛进的发展与日新月异的变化，给教育和学习带来了海量的研究证据。例如，研究者用大量的证据表明，人脑的可塑性是其可教育性的基础，学生在学会阅读、能够计算的时候，成人在吸烟成瘾的时候，儿童在电子游戏成瘾的时候，其脑的结构与功能都会产生相应的变化。借助各类神经影像技术，研究者打开了人脑学习的黑箱，了解了学习的发生、发展过程，探索了不同语言的学习是如何影响认知和记忆的，以及人的感受是如何塑造学习和信念的。这些来自神经科学的研究证明了教育与学习变化的本质规律。正式与非正式环境中的学习不仅让个体学会了阅读、计算等高级文化知识与技能，还改善了婴儿和母亲的健康及生存比例，延缓了老年人的认知退化，有助于个体获得更好的工作、更健康的体魄，进而提高生活的质量。

一、脑是人类学习和教育的重要器官

人脑是学习的器官，具有无与伦比的学习能力。了解人脑的学习规律是教育教学的基础。正如美国麻省理工学院第 17 任校长雷欧·拉斐尔·莱夫（Leo Rafael Reif）院士所说："如果我们不知道人是如何学习的，那么我们怎么能知道如何教学呢？"[1]

　　通过学习，我们不仅可以掌握阅读、数学、科学、历史、艺术、音乐等知识，还可以突破自身的局限性。例如，海伦·凯勒（Helen Keller）虽然先天失明失聪，但是通过学习，不仅从黑暗中走出来，最终还成为杰出的作家和教育家。再如，尼科，由于癫痫病，在 3 岁的时候，大脑右半球几乎完全被切除，他运用仅存的大脑左半球，不仅和正常人一样学会了说话、写作和阅读，还学会了通常被认为是右脑功能的绘画，成功地临摹了莫奈的名画《日出》。此外，他还学会了运用计算机，学会了轮椅击剑，并在这项运动中获得了西班牙的冠军。又如法国盲人数学家伊曼纽尔·吉鲁（Emmanuel Giroux），他 11 岁失明，但通过学习，不仅掌握了计算平面面积和球体体积的方法，还能够解析复杂的、高难度的几何题，最后在最需要"看见"的数学领域贡献卓著。据研究，盲人的空间想象力来自脑对触觉和听觉信息的分析，学习改变了他的脑结构与功能，让他能够在看不见任何图形的情况下在脑中再现几何图形。是人脑的可塑性与强大的学习能力创造了这些奇迹。

　　从整体来看，人脑比我们想象的更加神秘：有的人虽然先天失明失聪，或者被切除了部分脑组织，抑或遭受了社会隔离，但仍然能够过上正常的生活，取得超越正常人的成就；有的人动机很强、智力正常，却在阅读、计算、运动等方面遭遇了巨大的学习困难，学习能力严重缺失，处于无能为力和停滞不前的状态。语言、科学、艺术创作等高级文化知识与技能是人类所独有的，其传承与创造都离不开人脑强大的学习能力。要想科学有效地传授人类所独有的高级文化知识与技能，最为关键的就是了解人脑的学习规律。将脑、认知科学的研究与学习结合起来，能够创造出新的知识与研究工具，进而极大地提高学习效率。

---

[1]　转引自：Dehaene, S. (2020). *How we learn: Why brains learn better than any machine... for now.* Viking.

然而，长期以来，有关学校学习的研究缺乏对人脑的关注。鉴于此，"脑与学习书系"从教育研究与应用的角度出发，采用交叉学科的视角，选择适合学校教师、家长等非专业人士以及教育学、心理学、神经科学等领域专业研究者阅读的书籍，力图让所有的相关人员都来了解目前该领域已经积累的研究成果，以及如何根据这些证据来科学地研究、指导与开展学习，逐渐改变学校学习研究领域缺乏脑科学证据、学习应用领域没有循证实践的状况。学校学习领域的研究与实践只有以科学、严谨、客观的证据为基础才能充分发挥其潜力。

二、建立脑科学研究者与学校实践者之间的双向互动关系

过去，脑与认知科学领域的研究者很少将他们的研究与真实的课堂学习联系起来，因此，能够运用于教育实践的、解决教育实践问题的研究非常缺乏。而且，研究者与实践者之间的沟通仍然是单向的，知识与信息通常从研究者"传递"到实践者，较少从实践者"传递"向研究者，更少有教师愿意与研究者共同构思有实践应用价值的研究问题并参与研究。原因之一在于，脑科学、认知神经科学、教育神经科学等领域的概念在实践界尚未普及，绝大部分教育实践者在职前和职后的学习与培训中都没有系统地学习过脑与学习的知识，不了解脑与学习研究的方法，更不了解脑与学习领域的研究成果，缺乏参与基础研究的信心与技能。原因之二在于，二者在交流的时候还存在着话语体系不同的问题，在沟通与交流过程中障碍重重。因此，在脑与学习的研究迅猛发展、脑科学研究成果在实践中的转化应用蓬勃开展的今天，在脑与学习的研究者和实践者之间建立双向互动的合作关系，形成双向赋能的模式，从而促进知识与信息在实践者与研究者之间的双向传递，便是当务之急。鉴于以上种种情况，联合国学术

影响力组织、联合国教科文组织、经济合作与发展组织等建议将脑与学习的知识纳入教师专业发展的知识体系，部分国家的教育政策中甚至明文规定，学校和教师必须参与相关的基础研究。

这种双向互动的传递机制的建立需要研究者和实践者双方的共同努力。话语体系的互通是一方面，将实验室中有关学习的脑科学研究与学校学习实践结合起来，建立一门能够满足脑科学研究者和教育实践者双方需求的、能够促进双方相互合作的综合性学科是另一方面。这一学科就是教育神经科学。在这门新的学科里，合作双方共同努力，根据有用的研究证据来设计教学，运用实践研究来阐释在正式与非正式的学习环境中，什么是有用的、什么是没有用的，继而共同创建能够指导教育实践的有用知识，并运用这些知识来评估学校或者其他学习环境中的学习是如何发生的。目前，大部分重要的教育问题都还没有得到脑科学、认知科学、教育神经科学研究者的关注。这是一个有待研究与应用开发的重要领域。

将脑与学习联结起来，还需要摒弃一些错误的观念和做法。在教育领域，人们常常用直觉的或者类比的方法来思考教育的问题。这种思维方式也迁移到了脑与学习领域。人们会直觉地认为，脑会自然地影响学习，因为学习显然会涉及脑的塑造与发展。基于这样一种直觉的认识，无论是在中国还是在欧美，都盛行着所谓的"基于脑的学习"主张。事实上，这些主张中的大部分并没有脑科学或认知科学的研究作为基础，只是在其所谓的教学方法、玩具设计、环境设计中出现了"脑"的字样或者脑的术语，更有甚者，其依据仅仅是"学习者都有脑"。这种直觉的思维方式造成了神经神话的广泛流传。我们需要批判性地对待这些观念，更加审慎地采取行动，不断提升自己的思辨能力，真正让我们的实践"循证"起来。

三、本套丛书的目的与意图

"脑与学习书系"是我们团队出版的第六套丛书，我们出版本套丛书有以下几个目的。第一，让读者了解，脑与学习属于超学科研究领域，涵盖了脑与动物学习、脑与人类学习、脑与机器学习等庞大的学习领域，这些领域的研究为教育教学提供了依据。"脑与学习书系"从心理学（对学习的"心智"研究）、神经科学（对学习的"脑"研究）和教育学（对学习的"促进"研究）三个学科整合的视角向读者展示脑与学习这个超学科领域的专业知识，希望能够更好地帮助读者理解和促进学习。因此，本套丛书适合教育学、心理学和神经科学的研究者阅读，也适合相关领域的实践者阅读。

第二，希望读者在自身已有的母学科知识之外，还了解其他学科的知识，建立起有关脑与学习的超学科知识体系，进而多角度破解教育中的难点和痛点。例如，读完本套丛书后，我们真切地希望教育工作者有能力借助心理学和神经科学的知识与技能来研究教育问题，进而解决教育实践中面临的困难。

第三，我们希望读者在阅读本套丛书后，能够逐渐形成脑与学习领域的共同话语体系；也希望本套丛书能促进不同学科之间的跨学科交流与沟通，促进脑与学习研究与实践应用共同体的形成。

第四，我们还希望读者在读完本套丛书后，愿意根据所有相关学科的信息而不仅仅是自己学科领域的知识来调整自己的实践。例如，心理学研究者和神经科学研究者能够开放思维，根据学校教师的需求来调整他们的研究设计与实验。教育研究者和实践者能够积极关注脑与认知科学领域的知识与技能，根据脑与认知科学的证据来设计教育解决方案，科学地解决教育问题，成为新一代的教育工程师。

总之，脑与学习领域的研究需要在神经科学、心理学、教育学这三个学科之间建立起强大的、互惠的"桥梁"，以实现信息和专业知识的共享。

本套丛书特色鲜明，研究主题非常广泛，包括了教育神经科学关于毕生发展的研究、联结脑与心智的研究成果来引领教育变革、探究学习的生物学基础以科学地改变教育等，均体现出将脑科学和认知科学与教育政策、教育实践联结起来的交叉学科的思想。这些书籍有的选自美国哈佛大学教育学院的教材，有的选自全球教育学连续多年排名第一的英国伦敦大学学院教育神经科学研究中心的推荐阅读书目，它们从不同的侧面，为我们勾勒出国际脑与学习前沿领域日新月异的发展。脑与学习领域的发展不仅对于我国人才的培养与综合国力的提升具有十分重要的意义，还可以为我们建设具有中国特色的教育强国提供一条科学的路径。

我们期待这套丛书能够吸引更多有志于教育神经科学和脑与学习的研究者、关注转化应用的教育政策制定者和致力于提升教育质量的教育实践者积极投身于这个新兴领域的研究，为创建我国本土化的教育神经科学而共同努力。

在本套丛书即将出版之际，我们由衷地感谢教育科学出版社的编辑们为这套丛书所付出的努力。本套丛书严格筛选了高水平的译者，大部分译者是来自哈佛大学、剑桥大学、哥伦比亚大学的研究生和国内著名高校的教师和学生。感谢各位参与翻译工作的教师和研究生，他们认真负责的翻译工作，使得本套丛书能够与我国的读者见面。我们期待着中国教育神经科学的美好明天。

周加仙

2024 年 9 月 1 日

教学是改变脑的艺术。祖尔认为，教育者可以利用关于脑的知识来提高教学技能。通过描述好的教学方法，他出色地论证了自己的观点。这些教学方法包括：通过加强对教学材料的感觉体验来促进学生对信息的接受；给予学生反思时间以有效利用脑的整合机制；通过激发学生的创造力优化脑的适应功能；基于运动脑，通过教学活动验证和扩展学习效果。教师需要认识到，脑的动机－情绪系统能调节认知功能，因此，试图强迫学生以违反脑的运作机制的方式学习，可能会适得其反。祖尔作为生物学教授和大学教学中心主任，经验之丰富有目共睹。这本书写得很好，在技术层面能够恰当地指导有志于将当前关于脑的知识应用到学习和教学中的读者。强烈推荐。

——《选择》（*Choice*）杂志

本书为所有教育者而著。祖尔的主要观点是，对脑功能的进一步理解将促使人们以更加灵活多样的方式学习。论述的结论让人耳目一新。在这本优秀的著作中，他非常出色地用简化的方式描述了脑功能和学习过程。这本书整合了我们对脑和学习的了解，简化了对这两个研究领域的描述，绘制出了一幅有用的学习地图。我鼓励各阶段的教育工作者努力尝试祖尔的模式，并将他的见解与自身的经验和对学习过程的理解结合起来。人们早就需要像《改变脑的艺术》这样的著作了。

——皮尔斯·J. 霍华德（Pierce J. Howard）

《小脑》（*The Cerebellum*）杂志

这是我读过的关于脑和学习最好的书。祖尔带我们进行了一次迷人而生动的脑之旅，揭示了脑通过进化成为能从经验中学习的复杂器官结构的过程。这位睿智而心怀仁爱的教育家和科学家用他亲身经历的那些充满了洞察力、幽默感并偶尔夹杂痛苦的精彩故事，描述了他的主要观点，即教学是改变脑的艺术。他的观点为形成一种显著提高人类学习能力的教学方法奠定了基础。

——大卫·库伯（David Kolb）

凯斯西储大学组织行为学系（Department of Organizational Behavior,
Case Western Reserve University）

《改变脑的艺术》一书发人深省。它不仅基于新兴的脑科学研究，而且将这些研究直接与学生的经验和课堂教学所面临的挑战相联系。作为一名中学行政人员，我相信这本书将成为教育工作者持续专业成长的独特优质资源。这本书适合任何层次的教师阅读，我打算在自己为教育学的学生所开设的课程中使用它。

——罗伯特·布朗利（Robert Brownlee）

东克利夫兰柯克中学（Kirk Middle School, East Cleveland）课程专家

我才发现这本了不起的书。我重读了一遍，并且有了很多感悟，我想要细细品味它！

——玛莎·M. 德克尔（Marsha M. Decker）

肯塔基州莫尔黑德州立大学（Morehead State University, Kentucky）
教育学助理教授

这本书我读了三遍，我完全被它征服了。通篇都是完美而精彩的思考！读者能够通过阅读这些简短而易理解的章节获得重要的信息。书中的示例来自作者自己的教学经验，为作者的观点奠定了深刻的基础。

——玛格丽特·阿诺尔（Margaret Arnold）

哈佛大学教育学院（Harvard Graduate School of Education）
及奥格斯堡大学（Augsburg University）教育学院研究生

献给我的母亲艾琳·盖茨（Eileen Gates），是她让我感受到了学习和生活的乐趣，这种乐趣伴随着我的一生。

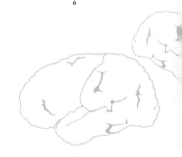

哪些人应该读这本书？

　　我希望所有的教育者都能在这本书中有所收获。无论你的教学对象是儿童、青少年还是成人，你都能通过阅读和思考与脑有关的内容来取得进步。这本书为不同教育水平的读者而写。

　　但不要因为你不靠教书为生就把这本书放在一边。你依旧是一名教师！

　　日常生活中，大家都需要去教学。我们必须被其他人理解：我们的学生、我们的孩子、我们的员工、我们的父母、我们的朋友和我们的对手。无论是阅读、工作还是与他人交谈，我们都希望并且需要帮助他人学习。生活就是学习，生活就是教学。你对脑了解得越多，你在教学时就越有技巧！

致　谢

曾经有一些评论家告诫我说，不能或者不应该写这本书。没过多久，我就发现了他们为什么要给出这些劝告。在写这本书时，犯错的机会是无穷无尽的。尽管我努力避免犯错误，但我确信我已经犯了很多次错误。

我为这些不可避免但目前未被发现的内容和解释上的错误道歉。事实上，如果没有许多亲爱的诚实的朋友和评论家的支持，可能会出现更多的错误。

首先，我要感谢我在凯斯西储大学（Case Western Reserve University）的同事大卫·库伯（David Kolb）和爱丽丝·库伯（Alice Kolb）。正是大卫的工作及其对人类学习的深刻见解启发了我对这本书的构思。爱丽丝的出现给了我很大的鼓励，以至于我忘记了自己周期性放弃的本能。我还要感谢马诺·辛厄姆（Mano Singham），他在教学方面的见解比我所认识的其他人更具智慧，他能够有条理地帮助我把信息传达给老师们，并且乐此不疲。林恩·特克斯特拉（Lyn Turkstra）读完了每一章，并在每一页上都写满了评论，她温柔而坚定地引导我在脑的研究领域前行。此外，希勒尔·切尔（Hillel Chiel）、艾莉森·霍尔（Alison Hall）、大卫·卡茨（David Katz）和彼得·怀特豪斯（Peter Whitehouse）在有关脑的知识上向我提供了帮助。

我也很感激我在哈佛大学教育学院心智、脑与教育项目的朋友和同事们。他们的支持、富有洞察力的见解和不计付出的参与远远超出了我的预期。我特别感谢库尔特·费希尔（Kurt Fischer）和霍华德·加德纳（Howard Gardner），他们都曾在我在哈佛大学短暂休假的关键时期鼓励了我。马克·施瓦茨（Marc Schwartz）在中学儿童科学教育方面的工作也让我获得了宝贵的思考。在哈佛大学的学生中，我首先要感谢的是朱莉安娜·帕雷-巴戈列夫（Juliana Paré-Bagolev），她花了很多时间阅读了这本书的大部分章节，同时继续她自己的教学和关于阅读障碍的脑成像研究，还把一个新生儿带到了这个世界上。给我宝贵反馈的学生还有玛丽·海伦·伊莫迪诺-杨（Mary Helen Immordino-Yang），她的评论促使我完全重新撰写了第一章。还有迈克·康奈尔（Mike Connell），他对某些章节的评论促使我进行了重要的修改和补充。

艾奥瓦大学（University of Iowa）的凯茜·舒（Kathy Schuh）也对书中的部分内容提出了建议，她的评价加深了我的理解。我还非常感谢尼尔·弗莱明（Neil Fleming），他是我在新西兰的合作伙伴，在他的帮助下我开始了关于教学的思考。他用他几十年积累的智慧帮助我澄清书中令人困惑的地方，他所做的广泛而详细的审阅足以见他在这本书上所花的时间和精力。对此，我既惊讶又感佩。

我的出版经纪人约翰·冯克诺林（John von Knorring）一直鼓励我写一本关于教育和脑的书，并在因为我没有足够重视这项任务而导致几次失败时一直支持着我。当我终于开始取得进展时，他是第一个鼓励我并敦促我出版的人。对于这一切，以及他分辨优劣的能力，我都非常感激。我还要感谢我的编辑拉里·戈德堡（Larry Goldberg）和他在牧羊人公司（Shepherd Incorporated）的团队，感谢他们对本书的兴趣和细致工作。对他们来说，这个项目似乎不仅是一份工作。

我在努力寻找合适的语言来表达对家人的感谢。当我完全专注于写作，或者更糟的是，当我忘记重要的约会和其他责任时，他们表现出了惊人的耐心。我要特别感谢我的妻子苏珊。她牺牲了很多周末，忍受了我无数茫然的目光，因为我迷失在自己的理论中，无法正常与她对话。她允许我甚至鼓励我去追求自己的想法，这让我得到了前所未有的支持，有时甚至感到自己异常自私。这种慷慨和爱不断地提醒我，无论在什么关键时刻，她都是我的最佳信仰。

引言

一个新视角、一些冲突和一个愿望

学习与生理有关。

这个显而易见的事实很长时间以来潜藏在我们的意识之下。这就是教师们为神经科学在过去几十年中的蓬勃发展而激动不已的原因。这也是为什么有人预言：一旦我们发现脑是如何运作的，教育领域就会发生一场革命。

但是随着科学为我们提供了越来越多的信息，教师们开始意识到关于脑的知识并不能自动带来更好的教育。神经科学家无法告诉我们应该如何教学。事实上，生物学家仍然很少关注我们所关心的事情。让他们感到兴奋的是科学，而不是教育。

在很大程度上，这意味着教育工作者只能自己理解神经科学。科学家们很少写关于这个话题的文章，这也是我决定写这本书的原因之一。这个鸿沟尚需要有人去跨越。

但是教育革命不是我的目标。我们没有理由放弃认知科学和教育研究带给我们的优秀的实践方法。相反，我希望深化和丰富我们对这些实践与方法的理解。生物学可以拓展我们已经在做的事情。

在很大程度上，这种拓展来自生物学为教师提供的视角。通常，我们用自上而下的态度来看待教学。我们认为学习者需要我们的帮助，我们要手把手教学习者。从这个角度来看，我们可能会忘记学习实际上是在学习者的脑和身体中进行的。当我们换一个思路，开始关注学习本身时，我们可能会产生不同的看法。我们可能把自己和学生都看作生物体，而这种更合理和现实的观点最终会优化我们已经在做的事情。

* * *

我来简要解释一下这本书面对的一些挑战，以及我是如何尝试应对这些挑战的。

当我的朋友们第一次听到我的书名时，有些人反应强烈。有人评论说她的第一想法是"精神控制"，还有另外一个人说："这听起来有些挑衅的意味！我们真的能掌控我们的脑吗？"

虽然这些评论似乎有点极端，但这确实让我犹豫了。我甚至考虑过换个书名。但我无法接受读者可能在书架上看到了我的书，读了标题，却完全错误地理解了这本书的主要信息。

这个主要信息是：学习就是改变。这是一种关于自身的改变，因为它涉及了脑的改变。因此，教学的艺术必定是改变脑的艺术。我们至少应该有这些前提观念。

另一个难题是如何定义学习。有人建议我，一定要告知读者我所说的学习是什么意思，也就是说，在这本书的某个地方，我应该给出学习的定义。但我没有这样做，至少你在书中找不到一个专门定义学习的地方。

我这样做出于两个原因。其一，我觉得创造一个定义所带来的麻烦比它本身的价值更大。这样的定义本身就需要解释，而我最不需要的就是进一步激起困惑、混淆或额外增添解释。

其二，我的目标之一就是让读者找到自己对学习的定义。学习是关于改变的，并且它本身就是改变。学习是有生命的、不断成长的，随着我们的成长和进化，它通过不同的途径发生，并走向不同的终点。我甚至无法说我已经给学习下了定义，但我正在发展出一个定义。如果你也有同样的感觉，我会很满足。如果你发现自己对学习的定义在阅读这本书的过程中发生了变化，你就会更理解学习本身，你可能会想要推迟构建自己的定义，至少一段时间内你会这样做。

当我那些在学习和教育领域的朋友看我的书稿时，他们想要对我下定义。这成了另一个存在争论的地方。我究竟属于建构主义者、联想论者，还是传统主义者？如果确实有支持者的话，我的支持者属于哪个阵营？

如果你想问这个问题，我建议你在做决定之前至少先读一两个章节。我不确定我属于哪个流派，或者可能我哪个都不属于。我如此说的原因是，我总是从生物学的观点出发，我只是被生物学所引领。有时我看到的结论是非常传统的，有时它远远超出了建构主义的范畴，或者它可能与这两者都不相同。但我不在乎，我相信自己始终坚定地站在生物学的立场上。因为说到底，我是一个生物学家。

当我提及"脑科学"或"脑研究"时，也会出现"定义"的问题。你将发现我会频繁切换使用"认知科学""认知神经科学""神经科学"这几个词，而没有很注意这些术语的区别。我只是没太看重这件事。

这种草率是有原因的。随着知识的积累，我开始怀疑我们创造的关于"学科"的定义。这些定义对专家来说是有用的，但对其他人来说可能是令人费解的。这些定义可能意味着事实上不存在的分歧和差异，甚至专家们也被这个问题所困扰，有时会激烈地争论某些东西事实上是"认知的"还是"神经的"。

读了书稿的教师有时想知道更多的细节。教师到底应该怎么做才能"改变脑"？我的本能让我回避提建议，但我并不总是能遵循本能，所以你会在书中找到一些具体的建议，特别是在第 6 章和第 7 章，我经常提到我已经尝试过或者想去尝试的事情。但我还是对给教师指明方向这件事没有信心。事实上，我经常注意到，当教师开始告诉其他教师应该如何解决某些问题时，事情很快就会变得令人紧张。在大多数情况下，我们似乎只想要解决我们自己的问题，我愿意遵从这样的事实。

我也努力地把这本书控制在一个合理的篇幅内。有时这意味着我只能粗略提到一个真正值得更多关注的话题或想法。我经常为很多内容没有被写出来而感到沮丧。我试着用尾注来补救这个问题，或者直接引用一篇可以找到科学细节的具体文章，所以尾注有时候会变得很长。因此，如果你不理解某些概念或想要知道更多时，你可能会在这些尾注或参考文献中找到你需要的东西。

最后，我谨慎对待来自生物学和神经科学领域同事们的反应。你可能会觉得我对生物学的概括是不充分的，甚至具有误导性。这本书只涉及了神经系统方面已有知识的皮毛。做到准确是必要的，我已经努力地去做了。但如果你仍然不能原谅这一点，你至少应该知道我完全意识到了这个不足之处。

* * *

让我告诉你们一个我的愿望来结束这段引言。在我开始写这本书的时候，我希望它很精彩。我确信我的想法是独特而重要的。但在写的过程中，我却不由自主地越来越谦卑。这个选题很宏伟，而我的脑却无法企及。

但让我改变愿望的并不是谦卑，而是我意识到自己有一个更大的目标。这发生在一次研讨会结束后，一位教师走过来跟我说："我要改变我的教学方式，你讲的东西太有用了！"

多么让人兴奋啊！有人觉得我的观点很有用。我终于意识到这才是最重要的。最伟大的证明方式就是让我的想法得以应用，即让它变得**有用**。

目　录

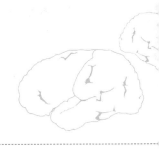

第三部分　向学习的更深处走去

刀锋的两面皆美好
学习是有形的，我们可以理解它！

> 如果你能直面事实，你就会看到阳光闪耀在它的两面，它好像一柄双刃短刀，你能感到它的利刃正剖开你的心脏和骨髓，于是你可以欣然告别烟火人间了。生也好，死也罢，我们渴求的无非是事实。
>
> ——亨利·戴维·梭罗（Henry David Thoreau）

我们的学生需要更好的教学。学费每年都在增长，他们希望自己的钱花得值。

但我和我的同事大多只是学者和研究人员。从来没有人向我们解释过该如何教学和学习，所以我们只是在模仿曾经接受的教育来培训教师。但这已经不足以满足学生了。

我们的解决方案是创建一个"教学中心"。该中心将组织有关教学的研讨会和讨论，并帮助那些想要进步的教师。我们的教学中心需要一位主任，出于我已经忘却的原因，我成了这个中心的主任。讲解教学成了我的工作。

没过多久，我开始感到沮丧。指导如何教学比我想象的更加棘手。我开始怀疑自己是否可以胜任这项工作。

然后，我想出了一个绝妙的主意。我们可以通过录像看看那些优秀的教师究竟做了什么。然后，我们就可以发掘他们教学的秘密并将其介绍给所有的教师。

　　一些教师很高兴自己能公开授课并被录像。有些教师则很不自在并且感到紧张。但最有趣的是，有一些教师拒绝被录像。

　　我的朋友约翰就是其中的典型。他并不羞于面对镜头。事实上，他有点喜欢夸张地表演，并喜欢受到关注。但是，约翰就像土著居民一样，担心机器会带走他的灵魂。好吧，不是他的灵魂，而是他教学的灵魂。在摄像机下，教室里那个能产生这种魔力的东西就是无法出现。教学之神是真实存在的，然而它们很固执。它们拒绝摄像机！

＊　＊　＊

　　教学是一个神秘的过程。不管是在课堂上的约翰，还是我们在做作业的大学三年级学生，都不知道教学是如何起作用的。我们想要解释，但即使是最好的解释也可能无济于事。然后，突然间，在没有什么明显原因的情况下，学习就这样发生了。

　　所以我们很容易理解为什么约翰会有这样的感觉。好的教学是脆弱的。将它固定在一盘录像带上可能不是一个好主意，这就像将萤火虫困在瓶子里一样，它的光亮可能会随着空气的缺少而黯淡。

　　你可能对这本书也有同样的感觉。简单的科学事实不会淡化教与学的魔力吗？它们是否不仅无法帮助教学，反而会消耗教学的活力和光芒？

　　但是，即使你倾向于同意约翰的观点，担心失去这种教学的魔力，我猜想你也能理解梭罗用清晰而富有诗意的语言所说的简单事实的力量。我们想要理解，想赋予神秘一个更坚实、更真实的注解。这是我们天性中的一部分，并且我们知道，事实非但不会摧毁光明，反而会给予我们更多的光明。这就是我们为什么渴望事实，也是为什么事实的刀锋是锐利的。

基 于 事 实

基于梭罗的观点谈论事实可能有些奇怪。现在是二十一世纪，我们已经学会了不相信绝对真理。我们谈论的不是现实，而是隐喻（metaphors）。我们解释"发生"了什么，但我们不会将其归咎于任何人。

有人把这种相对的观点称为后现代主义。顾名思义，它意味着我们已经超越了信仰绝对事实的"现代"科学时代，进入了一个更为复杂的时代，在其中我们认识到了事实的相对性以及它们的意义如何受个体经验的影响。

毫无疑问，这种观点是有价值的。例如，它帮助我们认识到了个体之间的差异。我们每个人都通过自己的隐喻来看世界，并且我们都有自己独特的学习参照点。

但在我们的日常交谈中，我们仍然谈论事实和现实。科学不断前进，人们不断发现新的事实。事实和现实并没有消失。我们仍然需要它们来理解彼此。例如，当我们说"我的院子里有一棵橡树"时，我们并不是在谈论终极现实。我们的意思是，每当我们往窗外看，我们都会看到那棵树，如果我们不小心撞到那棵树，我们就会被撞得仰面朝天。这些东西永远不会改变，这就足以让我们称其为事实。无论我们对后现代主义的理解有多深，我们都会尽可能不要撞到那棵树上。

这就是我提及事实时所要表达的意思。我将基于重复实验的研究结果进行论述，这些结果已经被证明是可靠的。正是这种可靠性让我们的事实如此美好，也使我们如此渴望它。

一个难以实现的目标?

随着这个项目的推进,我越来越意识到它的困难。揭示有关脑的事实是一回事,将其转化为有关学习的事实又是另一回事。一个更大的挑战是将我们可能认同的有关学习的事实转化为有关教学的事实。正如布鲁尔(John Bruer)所言,以我们现有的知识,这也许是不可能的,它可能是"一个难以实现的目标"。[1]

但是没有人希望教师忽视生物学。最终,我们还是不得不使一切与自然相调和。如果我们发现我们的教学理论与生物学不一致,我们就必须重新考虑这些理论。所以,即便在生物学和教育学之间架起桥梁还为时过早,仍应有人关注我们对脑日益增长的理解。我们可以在任何时候去寻找帮我们学习的方法——即使这些方法来自生物学。

获得并保持勇气

我们都有关于学习的信念,大多数人都会在有机会时将其表达出来。我们对教学也是如此。我们都上过学,所以对于教学我们都有自己的看法。困难就在于每个人所持有的信念和观点既顽固又不同!所以,如果我接手这个项目,无论我说什么,都无法避免要冒犯一些人。

我也知道不是每个人都会认可我的观点。但是,在此过程中,我从埃德尔曼(Gerald M. Edelman)和莱考夫(George Lakoff)那样的人那里获得了勇气,他们极力主张从生物学角度理解认知和学习。[2]我感受到我的信念与他们相一致,那就是思想的所有产物都来自脑以及它与身体和这个世界的交互。作为一名生物学家，我想我更理解埃德尔曼。我尤其相信他所坚持的观点，即如果想要了解人类的思想和心智，我们就必须认识到脑在进化和发展过程中的生物起源。正如他所说的："一定有办法让心智回归本质，这与我们最初如何到达那里是相一致的。"

我相信这些充满智慧的观点，并坚守我的信念：更深入的理解将为行动开辟新的道路。因此，我坚持我的想法。关于脑如何工作的事实必然会在教学中得到应用。最终，教学将成为**脑的应用科学**。

我是如何工作的？

我是如何着手这个有风险的项目的？

我没有接受过以培养神经科学家为目标的训练，但多年来我的工作与神经科学家提出的一个重要问题直接相关：细胞是如何相互传递信号的？因此，我了解了一些有关细胞以及它们如何相互传递信息的知识，这是理解脑的重要基础之一。

以神经科学的这一部分为起点，我开始探索其他的领域。我确实是在探索。直到今天，我才一点点挤进了这些领域的大门，探索我的发现，学习脑的解剖结构、脑成像、行为、情绪脑、感觉和运动系统等。事实上，在写这本书时，我依旧在探索！

通过这些探索，我很清楚地了解了自己的局限性。我获得的不是"真正的知识"，而是"书本知识"。我永远不会像专业的神经科学家那样理解脑。我对脑并没有什么全新的理解。

但教学是另一回事。我有可能在这方面做出贡献，这就是我关注的重点。我一直在思考关于教学的事。每当我撬开一扇门，我都会环顾四周，并且提出一个问题："这里有什么能帮助教师的吗？"

我似乎不断地得到答案。我一次又一次偶然发现我以前不知道的想法。诚然，这些仍然只是想法，但至少它们源于我坚信的事实。并且，它们支撑着我不断前行。

改变脑的艺术

我一直相信脑是根据物理和化学法则运作的，因此，学习是有形的。但我以前从来没有挑战过把这种信念付诸任何实践中。现在，我试图运用这个概念，这迫使我将这个概念变得更加具体。无论"学习是有形的"意味着什么，我都必须把它应用到教学中去。我不可避免地意识到，如果一名教师取得了成功，那么他就已经促使他学生的脑发生了物理变化。教学是改变脑的艺术。

我并不是说要控制脑，或者根据某些"大脑手册"重新组织它。我的意思是，教学者要创造条件让学习者的脑发生变化。我们无法进入学习者的脑来重构它，但我们可以通过安排一些事情来重构脑。如果掌握这些方法，我们就可以创设有利于脑进行重构的条件，并且可以创设一个滋养它的环境。

这确实是一门艺术！

物质的力量

当我们不理解某种事物的时候，我们会不禁去求助一些神秘的权威，如神灵或西方的邪恶女巫。但最终，真正的力量在于现实世界中的平凡的物质本身。归根结底，精神也是物质的。

当我去探索可能隐藏在脑的物理结构和功能中的教学秘密时，我对这一点有了更深的理解。事实上，我开始认为，物质层面的体验及其图像是理解任何事物所必需的。

再次强调，我想表达的就是字面意思。似乎只有用物质层面的语言来描述事物时，我才能理解它们。当我挖掘有关脑的事实时，我开始找到原因。这似乎是脑本身固有的特征。人脑所知道的一切都来自物质世界，来自它所处的环境，来自脑所依附的身体，或者来自容纳正在孕育婴儿的子宫。³物质脑意味着物质思维：意义本身是物质的。这就是为什么我们需要隐喻。如果不能参照实际的物体和事件，意义就不存在。

教育与物质层面的模型

当我这样思考时，我意识到我们也有关于教学和学习的物质层面的模型。例如，一些教师认为学生是知识的物理接受者，学生是一块"白板"或一个"容器"；另一些教师则认为，学习者像木匠建造房子或艺术家绘画一样在构建自己的理解。

所以我开始思考关于未来教学的隐喻。我想象我们将开始发明工具——改变脑的工具——来激发学生学习并帮助我们弥补错误。我们将会运用这种奇妙的创造工具的本能，这是我们在整个进化过程中得以生存的重要组成部分。就像我们发明了锤子来钉钉子一样，我们也会发明工具来促进学习。

当然，我并不是在说要发明一个"学习锤"来将知识"打"入脑。我也不是说可以注入一些新的化学物质来改善学习。我的意思是，我们需要了解什么样的条件、环境和实践可以让学习变得更好。

生物学、哲学与教育

当我更加宏观地思考这些想法可以如何帮助人们学习时，这条路的最后一步出现在我眼前。归根结底，我们如何教学取决于我们认为脑是如何工作的，以及我们对行为的理解。这取决于我们的哲学观。我认识到我们对事物的物质观实际上是一种哲学。

这可能会让你感到惊讶，因为我们通常认为生物学与哲学无关。这看起来太专业了。我们认为科学为人类发明新的药物、新的机器或者新的娱乐方式。但从某种程度上说，这些都只是副产品。最终，生物科学最重要的目标是理解生命、思想、爱和意义的物质基础。

所以，生物学并没有真正脱离哲学。这是一种对意义的追寻。而现在，在二十一世纪，我们的追寻终于找到了方向。事实上，生物学已经在哲学领域掀起了一场革命。这是通过应用对脑结构和脑内部工作机制的新理解而实现的，我们称之为认知科学和认知神经科学。

莱考夫和约翰逊（Mark Johnson）在《肉身哲学：亲身心智及其向西方思想的挑战》（*Philosophy in the Flesh: The Embodied Mind and Its Challenge to Western Thought*，以下简称《肉身哲学》）一书中直接阐述了生物学对哲学的影响。这本书的开头如下：

近年来，认知科学的三大主要发现是：

第一，心智天生是亲身的（embodied）。

第二，思维多半是无意识的（unconscious）。

第三，抽象概念大部分是隐喻性的。

两千多年来的先验哲学关于"理性"的揣测就此宣告结束。由于认知科学的这些发现，哲学绝不可能再与以前一样。[4]

我的猜想是，这些说法并没有让世界上所有的哲学家都满意，但这些论点是强有力的，而且它们与生物学的联系是不可否认的。此外，如果哲学永远不会达成一致，那么教育也不会！

概　览

现在你已经明白了为什么我相信理解脑会丰富教学。它将为我们提供关于教育工具的新思路，并改变我们对思维运作方式的看法，以及改变我们的实践和哲学观点。

我试图在本书的其余部分更详细地说明这些。本书分为四个部分。

第一部分（第 2—5 章）是关于学习的基础的。这里的隐喻是，有一些潜在的东西可以支持我们去努力帮助人们学习。其中之一就是脑的整体结构，这种结构能够自然地促进学习。学习的基础的另一部分是对平衡使用脑不同部分的能力的需求。此外，脑中的情绪结构与认知结构的相互作用也有助于我们理解动机、推理和记忆。在学习的基础的隐喻中，情感似乎是将事物联系在一起的黏合剂。

第二部分（第 6 章、第 7 章）关注了神经元网络及其与知识和学习的关系，以及这些信息对教师的实际影响。这两个章节包含了关于教师应该做什么的更具体的建议。其中一个最基本的观点是，教师必须从学习者脑中已有的神经元网络开始教学，因为它们是学习者先前知识的物理形式。这种对先前知识的强调在教育理论中被广泛接受，但其生物学意义丰富了我们对它的理解。教师的任务是使这些网络产生物理变化，我们通过观察脑如何通过固有的方式建立网络来学习如何做到这一点。

在第三部分（第 8—12 章）中，我重新关注了大脑皮层的五个主要部分：感觉皮层、后脑整合皮层（颞叶整合皮层）、前脑整合皮层（额叶整合皮层）、运动皮层以及与情绪相关的主要结构。不同章节讨论了学习的不同方面，例如经验的价值、我们为什么需要反思、学习者如何获得他们的知识、学习如何通过行动得到验证和扩展，以及高效的教师如何利用情绪知识，等等。

最后，你会看到一个题为"成长"的简短尾声。在这里，我总结了理解脑可以促进教师成长的不同方法。记住，成长意味着在我们已有的基础上再发展。我简要地论证了，当我们将教学视为改变脑的艺术时，我们的洞察力、所处的现实、与他人的不同（或界限）、想法和价值观都会得到发展。

重访教学之神

9

大家可以看到，我在寻找更好的方法来帮助人们学习，这些方法现在已经远远超出了课堂录像的范畴。但我没有忘记约翰和他的担忧。事实上，我仍然会想起那些教学之神。一堂好课几乎可以成为一种宗教性的体验。课堂上总有我们无法预料的事情发生，有时是美好的，有时又是神秘的！

如你所见，我不否认这种神秘的存在。我只想解释它。解决方案必然埋藏在我们称之为脑的那个物理结构中。它是有形的。这就意味着，我们可以理解它！

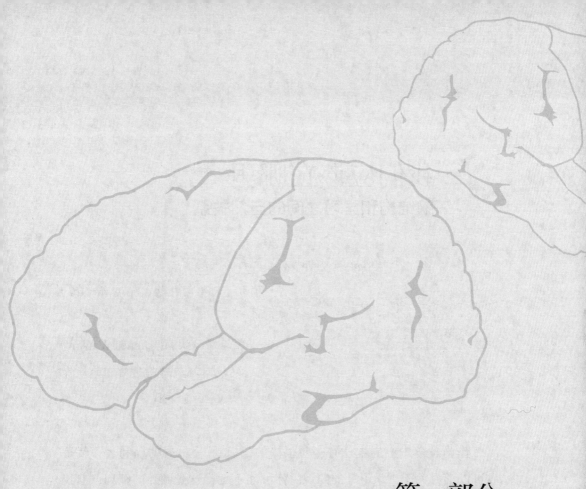

第一部分
学习的基础

学习是如何从人脑的结构中产生的？信息如何变成可理解的内容？动机的来源是什么？感觉是如何影响推理和记忆的？

2 我们应该在哪里
脑结构和学习之间的自然关系

> 去我们应该去的地方是上天的恩赐。
>
> ——歌曲《简单的礼物》（*Simple Gift*）
>
> 它太美了，这一定是真的。
>
> ——詹姆斯·沃森（James Watson）
>
> 发现双螺旋结构时对它的评价

作为教学中心的主任有一些很棒的"福利"。最好的福利之一就是我可以学习关于"学习"的知识。你可能不觉得这是额外的福利，但我觉得是。对我来说，研究人是如何学习的和阅读相关著作是一种奢侈。我以前从来没有时间做这样的事。

因此，我去找了一些新的读物。我想要的答案并不在我看过的生物学或者心理学书籍中。我需要超越"突触""刺激/反应""习惯化""巴甫洛夫的狗"这些概念。我希望理解人如何产生"理解"。脑必须做什么才能"理解"？

就在那时，我发现了库伯（David Kolb）的《体验学习：让体验成为学习和发展的源泉》（*Experiential Learning: Experience as the Source of Learning and Development*，以下简称《体验学习》）¹这本书。这本书并没有特别关注生物学，但它仍然与我感兴趣的内容十分相关，因此它让我沉迷其中。

库伯首先谈到了一些我听说过但从未读过他们的作品的人，比如杜威、皮亚杰和勒温（Kurt Lewin）。综合他们关于发展和学习的观点，库伯提出了"学习周期"这个新概念。他认为深度学习是为了真正理解而进行的学习，这种学习通过一系列的体验、反思、抽象和主动检验来实现。我们的学习在这四个周期中循环往复。

起初，我对这个观点持怀疑态度。当然还有许多其他方法可以解释学习。这个学习周期的概念似乎太简单和随意了。

但我仍然读完了这本书。就在一个温暖的春日午后，我坐在办公室里，毫无预兆地，突然豁然开朗。我仍然记得我缓慢而深沉地吸了一口气，屏住一秒，然后长呼一口气，发出了一种介于笑声和叹息声之间的声音。

我起身并开始踱步，然后自言自语道："这就是生物的！当然，一定是这样的！一切都在恰当的位置！它是如此美丽，不可能不是真的！"

我感到惊讶。在那天，我的态度从怀疑转变为了相信。一切只是落在了它们该在的地方。

* * *

在生物学中，事物的运作方式取决于它们的结构——它们的物理结构。基因遗传取决于 DNA 的结构。消化取决于肠道的结构。在任何生物中发现的任何功能都必须取决于该生物体内某些部分的某种结构。

这是我所习惯的思考方式。所以，如果我们感兴趣的功能是学习，我们似乎就应该寻找产生它的结构，那么我们应该探究的地方就是脑。脑的结构应该可以解释学习。这是很自然的事情。

这就是我在那个温暖的春日午后所明白的。我对脑的了解告诉我，"学习周期"概念是可行的，并且它能解释其中的原因。这是我第一次看向脑这个为人类学习、理解和领悟而设计的结构。

初　看

　　在本章中，我将提出脑的结构和学习之间的自然联系。建立这种联系不需要了解很多关于脑的知识。神经元和突触可以稍后再介绍，同样，人脑深处复杂的结构也可以放在之后介绍。现在，我们先简单了解脑的外部皮层，并略带介绍一下不同脑区的功能。

15

　　在图 2-1 中，你可以看到左侧**大脑皮层**（cerebral cortex）。大脑（cerebrum）占据人脑的很大一部分，它对应我们的很多思考和学习的功能。**皮层**（cortex）是覆盖大脑的一层组织，就像树的外皮一样，因此也叫**大脑皮层**。

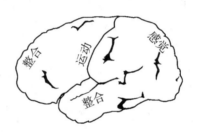

图 2-1　左侧大脑皮层

　　图 2-1 显示了大脑皮层的三种功能，以及这三种功能大致分别由大脑皮层的哪些区域负责。这些功能包括**感觉**（sensing）、**整合**（integrating）和**运动**（motor）。注意，大脑皮层中有两个整合区域。我们将在本章的后面讨论它们之间的区别。

　　大脑皮层的这三种功能并非偶然生成的。它们的主要功能对于所有神经系统来说都是必不可少的。它们能够感知环境、累积（或整合）感知到的信息，并产生适当的动作（或行为）：

感觉→整合→行为

从简单的动物脑到人脑，它们的神经系统都具有这三种功能。在下文中，我将对此进行一些扩展，并对这三种功能进行更多的描述。

感觉功能即从外部环境中接收信号。对于人类来说，这些信号被感觉器官所接收，比如眼睛、耳朵、皮肤、嘴巴和鼻子[2]。然后，这些信号被送到脑中对应每一种感觉功能的特定脑区。这些信号单独逐个输入大脑皮层，其原始信号没有任何意义，它们只是感觉器官输入的微小的单个电能脉冲。

整合是指将这些独立的信号叠加起来，人们所感知到的信号就是这些信号的总和。这些小单元的信号被整合成更大的模块，从而成为诸如图像或语言等有意义的内容。在人脑中，这些有意义的内容以新的方式被整合，形成了观念、思想和计划。这些整合的含义将成为行动的计划。例如，它们以各种方式综合起来，形成一个需要采取什么行动以及需要在哪里采取行动的计划。

最后，运动功能是指通过身体来执行这些计划和想法。运动信号最终被传递到肌肉，这些肌肉以相互协调的方式收缩和放松，从而形成复杂的运动。重要的是，我们应该意识到，这种方式甚至适用于说话和写作，因为它们涉及一些身体所进行的最复杂的肌肉收缩模式。

脑的连接：概述

信号从感觉器官输入到脑中并以运动形式输出的传递方式是所有神经系统（包括人脑）的一般模式。人脑中最直接和最简单的信号传递路径如图 2-2 所示。感觉输入可以来自外界或者我们的身体，一旦这些信号进入感觉皮层中，它们首先将经过最靠近感觉皮层的整合区域，然后经过接近运动皮层的整合脑区，最后到达运动皮层。一旦动作被启动，

16

感觉皮层就会监测到这个动作，然后脑的输出就变成了新的感觉输入。

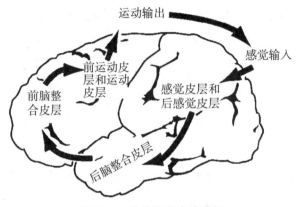

图 2-2　脑的信号传递路径

在此我想强调，这幅图被过度简化了。后面我们将看到，还有许多其他的连接方式，包括平行连接和信号双向传输的连接。在这里我展示的可能是脑功能最简单的运作路径。

寻 找 学 习

我们的目标是通过了解脑的结构来认识学习。我们正在寻找一种能使人们产生理解和感悟的脑结构，而不仅仅是对事实或身体技能进行纯粹记忆的脑结构。这种学习方式是如何从我们一直讨论的脑结构中产生的，目前并不明了。在某种程度上，深度学习应该从感觉、整合和运动中涌现。

生物学能帮助我们做到这点，所以我们必须继续寻找。

学 习 周 期

库伯的书中所阐述的"学习周期"正是探究学习的关键部分，现在，可以将其引入我们的讨论了。

图 2-3 以简化的形式展示了库伯所说的学习周期。[3] 它在很大程度
上基于杜威和皮亚杰等人的思想，并且你也许可以看出，其中的一些术
语就来自这些研究人类学习的巨匠。

图 2-3　库伯的学习周期

学习周期基于"学习源于具体体验"的假设，因此才有了"体验学
习"（experiential learning）这个术语，然而，体验并不是全部。[4] 实际上，
体验仅仅是开始。学习取决于体验，但也需要反思、发展抽象概念以及
对我们所形成的抽象概念进行积极的检验。

当你思考学习周期时，请记住这里呈现的只是基本思想，学习周期
的内容是重要且复杂的。目前我还不能对其进行论证，但我将在后面的
章节对此进行扩展讨论。

自 然 学 习

还记得吗？当我第一次看到学习周期时，我是持怀疑态度的，因
为它似乎太随意了。为什么学习周期要强调这四项内容？为什么按这
个顺序？为什么会有顺序？为什么没有包括记忆、反馈或试错等方面
的内容？

如果我没有发现它与生物学的自然联系，那么我可能仍在这些问题

18

和其他问题上纠结。图 2-4 将对这些问题做出说明。

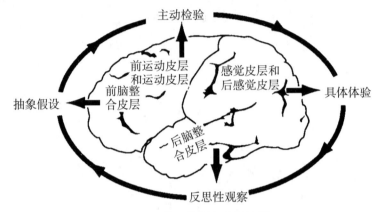

图 2-4　学习周期与大脑皮层

　　用语言来描述的话，图 2-4 说明了具体体验来自感觉皮层，反思性观察涉及后脑整合皮层，前脑整合皮层创造了新的抽象假设，而主动检验涉及运动皮层。[5] 换句话说，学习周期自然地产生于脑结构。这确实是一个完美的观点！

这与教学有关吗？

　　稍后我会详细解释学习周期和脑结构之间的联系。但我担心你可能会想知道学习周期和教学的关系。也许你认为我太过着迷自己的思路以至于忘记了本书的本意。

　　因此，为了让你认同我的模型中所提出的脑的学习周期这个概念，我想先暂停一下，转而探讨其将产生的与教学的联系。让我们从一个故事开始。

* * *

高校教学的礼来会议（Lilly Conferences）①是我在担任教学中心主任之后的一个新发现。这些会议总是很有趣，也充满了活力。彼时，我正期待着一个上午的会议。议题大致为"改进大班教学"。

当主持人开始讨论大班教学中的学习记录管理问题时，我被这个问题震惊了。当你有一个1000人的班级时，你怎么才能避免犯错呢？

我赞同这很重要，但随着会议的进行，我开始感到无聊。我真正感兴趣的内容是学习。

最后，我还是被沮丧冲昏头脑，脱口而出我的问题："这确实很有用，但在我们结束之前，您能谈谈关于学习的事吗？请问您在改善大班学习方面有什么经验？"

她一阵茫然，然后回答道："嗯，这次讨论并不是关于学习的，而是关于教学的！"

这让我大吃一惊，但是我还是坚持问："可是你怎么可以把教和学分开呢？"

然后，她非常真诚地回答："你可能教得很好，你所做的事情可能都正确，但是学习可能就是不会发生。学习取决于学生。如果我以正确的方式开展了教学，那我就已经尽了我的本分！"

教学的误区

这是正确的吗？我们能在没有人学习的情况下进行教学吗？

在某些方面确实如此。你自己可能也经历过类似的事情。你可能已经尽了最大的努力去帮助别人学习，却发现这根本不起作用。你在那儿，

---

① 　一种会议集群，在这里学者们分享、讨论、批评和反思如何改善教与学，会议的互动性较强。——译者注

你教过了，但学习就是没有发生。

事实确实如此吗？仅仅因为你的学生没有理解你希望他应该理解的内容，就意味着他什么都没学到吗？

这就是我们模型的用武之地。如果学习确实是从具体体验开始的，那么这名教师就进入了一个误区，即由于学习是具体体验，所以教师所做的任何事情都会引发学习。

这种事在学校里总是会发生：学生可能在历史课上学不到历史知识，但他可能会认识到他的老师认为历史很有趣，或者他可能知道他的老师不喜欢学生，或者他只是有些不知所措。每个学生都有自己的体验，脑处理这些体验，并最终以某种方式对其采取行动。他的行为可能是合上书，望向窗外，但那是因为他的体验告诉他，他不需要听，或者他不愿意听。

你可以代入你自己的经历。你的"教学"可能曾经在员工、孩子或家长身上白费了。白费是因为你的"学生"没有学到你希望他学到的东西。但他确实获得了体验：他确实有感觉输入，这种体验确实影响了脑。

我们对学习了解得越多，就越会意识到不能把教与学分开。脑不会轻易让我们脱离这一联系。

自然学习的基本原理

脑的学习周期促使我们思考学生在课堂上获得的感觉输入，但这并不是结束，它还激发我们去研究它对学习的其他部分的影响。

但是，在我们能做到这一点之前，我们需要更多的细节，去了解在我们已经识别出的四个脑区都发生了什么，以及这些功能是如何与学习周期相匹配的。

我尝试用表 2-1 来总结这种匹配关系。在左边，我列出了这四个部分的大脑皮层的功能；在右边，我尝试展示了学习周期的某个特定阶段是如何与大脑皮层相应区域的功能相匹配的。[6]

表 2-1　学习周期与大脑皮层功能区的匹配

大脑皮层各部分的重要功能	与学习周期相匹配的阶段
感觉皮层首先接收来自外部世界的视觉、听觉、触觉、位置、嗅觉和味觉输入。	这与对具体体验的一般定义相符，因为它依赖于来自世界的直接物理信息。
后脑整合皮层负责形成和重组记忆、理解语言、发展空间关系以及识别物体、面孔和动作。简而言之，它整合感觉信息以创造图像和意义。	这些功能与反思过程中发生的事情相匹配，例如记忆相关信息、做白日梦和自由联想、发展洞察力和联想能力、在脑海中重新体验经历、分析经验。
前脑整合皮层负责处理短时记忆、解决问题、做出决定、组织行动计划、组合语言、做出判断和评价、指挥脑其他部分的活动（包括回忆），以及组织全身的运动和活动。	这与抽象概念的产生相匹配，它需要对图像和语言进行调控，来创造新的（心理上的）模式，为未来的行动制订计划、比较和选择选项、指导回忆过去的经验、创造符号表征、替换和操作短期记忆中的内容。
运动皮层直接触发身体所有协调的和随意的肌肉收缩，产生运动。它执行来自前整合皮层的计划和想法，包括通过说话和写作产生语言。	这与完成学习周期所必要的行动相匹配。对抽象概念的积极测试需要将想法转化为身体的行动，或身体各个部位的运动。这包括智力活动，如写作、推导关系、做实验、在辩论或对话中交谈。

22

上面列出的要点是要指出，大脑皮层的四个部分在做着不同特性的事。当看到这些时，我们会发现它们在很多方面都与学习周期的四个阶段相契合。

例子：通过学习周期学习一个新单词

让我们用一个具体的例子来说明学习周期是如何与脑不同部分的功能相结合的。然后我们将引入直接支持该观点的脑成像研究。

假设我的任务是从一个知道单词意思的人那里学习一个新单词。这个单词是 flabmonk。当我看到或听到 flabmonk，我便产生了具体的体验。这是我脑的视觉部分和听觉部分在感知事件。当我想到 flabmonk 这个词时，我就会想起其他与之相关或相似的词和图片。我可能会想起 flab 是肥胖的意思，monk 可能与宗教人士有关，也可能是一个动物。这时我的反思脑在发挥作用，此时它主要涉及的功能是记忆。随着各种可能性的出现，我开始对 flabmonk 的含义形成一个抽象的概念。例如，我可能会想，flabmonk 是动物的一个新种类，或者它可能是一个肥胖的宗教人士，或者是一个自负的原教旨主义者。这时我的抽象脑在发挥作用。它把过去的图像转换成新的图像，然后转换成新的单词——真实事物的新符号。最后，我检验了我的假设。要做到这一点，我必须行动：要么说，要么写。所以我问："一个自负的原教旨主义者？"这时需要我的运动脑发挥作用。我的老师立刻回答了我："是啊！"她大声笑着说。我已经验证了我的想法。

或者她说："不对，但这是一个很好的猜测！再试一次。"我已经进行了检验，并且我的检验失败了，但现在我的感觉脑有了新的输入，学习周期就可以再次开始了。

下面是对这个例子的总结：

1. 听到或看到单词 = 具体体验。

2. 记住相关的单词、图像或想法 = 反思。

3. 产生新的单词或想法 = 抽象。

4.说或写新单词或想法＝主动检验。

5.听到或看到新单词和老师的回答＝新的具体体验。

我们对脑的假设是，第一步涉及感觉皮层，第二步涉及后脑整合皮层，第三步涉及前脑整合皮层，第四步涉及运动皮层，第五步再次涉及感觉皮层。

脑成像研究

在过去几十年里，神经科学最重要的发展之一是发明了一种方法，它可以用来检测当我们做不同的事情时，脑的哪些部分是最活跃的。这些脑成像工具为更深入地了解脑如何思考以及在特定任务中哪些区域最活跃开辟了道路。本章的注释对其中两种方法进行了简要说明。[7]

许多脑成像研究都支持我前面提到的学习新单词的观点。让我们来看看其中的一个研究。

本章所介绍的实验都与脑对单词的处理有关。图 2-5 显示了当我们看见单词、听到单词、在心里生成单词或者说出单词时脑中最活跃的区域。

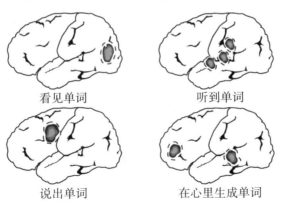

看见单词　　　　　　　听到单词

说出单词　　　　　　　在心里生成单词

图 2-5　学习新单词时的活跃脑区

(24) 我们可以清楚地看到，在听到和看到感觉刺激时，大脑皮层的特定部位会被激活（顺便说一下，这是我们第一次展示视觉皮层和听觉皮层的实际位置）。这类实验已经对许多视觉和听觉过程进行了研究，已经很好地明确了这些脑区。

单词的心理生成过程包括理解含义（激活后脑整合皮层）并准备说出单词（激活额叶的下部区域），图 2-5 的右下角显示了这些脑区。[8]

实际上，说出这些单词会激活运动皮层，该区域负责驱动说话所需的肌肉收缩，如图 2-5 左下所示。

综上所述，这些结果证明了，学习周期的不同部分——具体体验、反思性观摩、抽象假设和主动检验——分别与脑的不同部分相关联。[9]

(25) ## 一个学习周期需要多长时间？

你可能会被这个例子所困扰，因为它发生得太快了。你可能在几秒钟内就完成了整个循环，但这不是瞬间发生的。你确实需要一两秒来思考 flabmonk 并猜测它的意思。当然，这可能需要更长的时间。如果这个单词是一个法语单词，而你在高中学过法语，又没有字典的话，你可能会思考好几天，其间会形成和检验几个不同的定义。只有当你已经知道这个词了，这个过程才可能是快速的。

你也可能通过使用字典来加快速度。但是你仍然会经历一个学习周期。在反思之后，你会提出一个假设。因为你不能回忆起这个单词，或者至少不能在合理的时间内回忆起来，所以你会根据这个假设去查字典。

在某种程度上，这似乎有点像作弊，但我的观点是，我们似乎总是以一种或另一种形式经历这四个步骤。甚至可能是，我们对一种经历进行多年的反思，最终得出一种抽象的理解，并且通过一些行动来确认我们的理解。例如，我们改变自己的行为来检验关于如何生活的新假设。最终，我们通过应用学习周期来获得智慧并调节我们的生活。

我们的脑具有连续反思、形成观点和采取行动的能力。我们始终处于众多学习周期之中，获取新的感觉信息，思考不同的经历，获取有关其含义的新想法，并检验这些想法。这是发生在我们日常生活中的事情。

潜在的混淆

以我们现有的方式来绘制学习周期图会产生一些误导。我们会认为学习周期始终沿着一个方向进行。从某种意义上说这是正确的，因为一个周期要在所有阶段都发生之后才会完成。但是，脑的结构告诉我们，不同脑区之间的互动可以是双向的。信号可以在不同脑区之间来回传递。

事实上，意义和假设之间的信息交互提醒着我们，当我们认真思考某件事时会发生什么。我们构建了意义，当我们将这些意义置于假设中时，我们会想起其他可能与之冲突的意义，它们否定了之前的意义或增加了意义中含义的复杂性。结果，我们形成了一个新的假设或者修改了旧的假设。直到我们决定针对我们的假设采取行动，我们才会发现我们的思考有多出色！

还有一些快捷的方式可能可以让你跳过某一部分。我们将在第3章和第12章更清楚地看到这一点，但重要的是，你要意识到我们在这里讨论的不是一个简单的"无限循环"。

当然，学习也是如此。当我们思考自己的经历并尝试去理解它们时，我们总是在反思和产生想法之间来回跳跃。通常，我们几乎会完全跳过反思，而直接尝试产生一个想法甚或一个行动的捷径。最简单的试错学习被认为仅应用了感觉脑和运动脑，完全忽略了整合脑。我们尝试

26

（行动）之后失败（感觉）了。

正如我们所预料的，脑的组成结构与学习方式之间的重叠既体现在我们所展示的简单线性模型上，也体现在以上这些更加复杂的方面。

给教师的问题

学习周期是脑结构的自然结果，我们应当思考如何根据这一理论来帮助人们学习。我们将在本书展开更广泛的讨论，但同时这里有一些可能会引导我们产生一些有趣想法的问题。

- 如果我们把"教学"仅仅看作感觉输入呢？我们可以利用感觉脑的知识来指导我们的实践吗？这会改变我们的教学计划和我们呈现信息的方式吗？

- 如果我们将所布置的作业有意设计成通过反思来整合经验与记忆会怎样？我们可以利用对整合脑的认识来指导我们吗？作业会有所不同吗？评价会怎样进行呢？

- 我们可以坚持让学生发展他们自己的抽象概念和解释吗？也就是说，可以让他们使用自己的前脑整合皮层吗？

- 我们如何将运动脑引入教学中呢？我们如何才能坚持让学生积极展示他们的想法——不是我们的想法，而是他们自己的想法？

- 我们如何让学生使用他们的感觉脑来观察他们自己对想法的主动检验呢？我们怎样才能让他们意识到自己在学习呢？

- 当我们试图帮助人们学习时，我们能找到鼓励他们使用学习周期中所有阶段的方法吗？

- 是否可以说包括学校学习在内的所有学习都是通过体验发生的？

我们进入学校时，脑的结构并没有改变，那么为什么我们要认为学校学习是与众不同的呢？难道课堂学习不是经验吗？学生们不会反思那样的经历吗？难道他们自己不会对经验产生自己的想法吗？他们的行动难道不是来自这些想法吗？而事实上，一直以来情况不都是这样的吗？

正如前面所说的，我将会在后面回答其中一些问题，但这并不意味着你现在不可以开始思考你自己的答案！

建立学习的基础

本章是建立学习基础的第一步。我们的学习基础包括由感觉脑、反思脑、抽象脑和运动脑构成的学习基石。我们通过体验、反思、假设和主动检验来使用脑的这些结构。这些想法可以支持我之后所说的一切。

脱离生物学，学习周期就只是理论上的。但当学习周期与生物学相联系，它看上去就更接近事实了。脑正是如此构造的。因此我们所形成的教学理论可以建立在一个坚实且可靠的基础之上。

在下一章，我们可能会发现自己的观点更加可靠。当我们对脑的结构有进一步了解时，我们将会意识到需要有比例地分配学习基础。最令人感兴趣的是，我们将会发现一旦配比正确，我们的学习基础将不仅仅是一种支持，更能成为学习者产生改变的动力。

28

3 保持恰当的平衡
将数据转化为知识的脑连接

> 如果一个人能准确地评判自我，同时还能恰当地平衡自己所能获得以及所能使用的东西，那么这个人就是幸运的。
>
> ——彼得·梅雷·莱瑟姆（Peter Mere Latham）

汉密尔顿是一个来自美国中西部地区的真诚的年轻人。他在我的课上遇到了很大的困难，所以我告诉他可以向我寻求帮助。在那个学期和他一起工作的过程中，我了解了他的故事。

汉密尔顿是一个"挂锁匙"儿童①，他看电视的时间很多。他的父母都是教师，非常重视孩子的学习。他们鼓励汉密尔顿观看教育类电视节目，因此他在美国公共广播公司（PBS）的《芝麻街》（*Sesame Street*）以及自然（Nature）和探索（Discovery）频道的陪伴下长大。他能记住在电视上看到的很多东西，这些知识有益于他在学校的学习。相比其他学生，汉密尔顿从学校课程中学到并记住了更多内容。

汉密尔顿在大学时延续了他对电视的喜爱。他会询问他的同学："你看了昨晚的探索频道吗？"但是同学们只会笑着谈论肥皂剧。

你也许会感到惊讶，汉密尔顿在大学里的学习生活并不顺利。后来我才知道他的烦恼在新生的英语写作必修课上就产生了。他无法在写作中轻松地写出逻辑论据，甚至连拼凑出连贯的段落也做不到。他很少转

---

① 指父母上班独自在家的儿童。——译者注

述某个表达或提问。在我的课上，汉密尔顿显然是不活跃的。他认真听讲，但不做笔记，也不提任何问题，就好像只是在看一场电影。

我认为自己给汉密尔顿提供了一些帮助，并且他确实通过了我的课程。但是在下学期初我没见到他，最终我发现他已经从学校退学了。我再也没听到他的消息。

＊＊＊

我曾标榜了解学习周期是加深理解的一种方法。这意味着通过体验进入脑的零碎信息或数据最终会转化为我们所说的知识。

那么，这是如何运作的？这种变革力的起源是什么？

关键之一在于我所说的"平衡"。随着我们对脑如何分工以及各个部分如何连接有了更多了解，我们能很明显地看到平衡使用脑的所有部分对于我们所讨论的学习是必要的。我们也将开始认识到我们应该平衡什么，以及支持平衡转化的支点是什么。我们看到了学习基础的另一面。

汉密尔顿的困境

我认为汉密尔顿的问题有多种可能性，最常见的是他有某种学习障碍。从一般意义上讲，我们很难不同意这一诊断：他在某种程度上是有障碍的。

但我的想法是，他的学习障碍本质上不一定符合临床诊断特征。当然，这只是我的推测。但在我看来，他似乎已经简单地形成了一种习惯，即获取比他能使用到的更多的知识。或者换句话说，他从来不明白他应该运用他所学习的内容。他的学习失衡了。他吸收了信息并乐在其中，但仅此而已。他没有对所接收的信息做任何处理，也没有利用它们来创造想法或行动。

我承认，如果我的猜测是对的，那么这就是一个极端的例子，但这让我想起，像汉密尔顿这样的学生并不少见。事实上，我经常听到同事对这类学生的抱怨："他们太被动了。""他们不会提问。""他们不会用自己的话来表达。"其中，最常见的一个说法是："他们只会死记硬背！"

我对这类被动学生的业余诊断是，他们没有有效地运用反思脑和运动脑，而几乎完全依赖于他们的感觉脑和记忆脑。也就是说，他们接收了信息，但这些信息不会产生有用的知识。

转　　化

为了让你更加深入地理解我所讲的平衡，我们需要更仔细地观察当信息转化为理解时脑中的活动。

将信息转化为知识的过程就是库伯所说的"经验转化"[1]。它以不同的方式产生，这里我将其分为三种。第一种是从过去到未来的转化，根据定义，我们的经验是过去的，但是我们创建的想法指向的是我们将要采取的行动。它们是计划。没有这种转化，我们将完全依赖于过去和对过去的反思。最终，我们只能依赖于记忆。但如果我们利用自身经验产生新的思想和行动，我们就创造了未来。通过这种方式获得的知识的潜力是无限的，它可以在未来无限地改变我们的行为方式和行为内容。

第二种是知识的来源从我们外部到我们内部的转化。我们的经验来自脑的外部，但人脑有能力将外部经验转化为知识和理解。新的知识来自内部。我们不再需要重复，甚至不需要记住我们从外部所经历的一切。我认为这就是我们所说的掌握知识的本质。这是学习者从知识接受者到生产者的转化。既然我们不依赖外界来理解事物，我们就不必等待接收新信息来加深我们的理解。我们可以从被动转变为主动，成为知识的创造者。

第三种是权力的转化。如果我们将整个脑都投入学习中，我们就会发现控制权从别人手中转移到了自己手中。我们将知道我们需要什么来促进学习，我们会主动去获取，而不是持续地依赖别人。我们的脑会开始发号施令。我们将从软弱和依赖转向强大和独立。

你们可以看到，这种转化是重要的，它至少部分地代表了我们严格意义上所说的"深度学习"。这种学习可以改变人生。

我认为，所有这些变化都发生在学习过程中某个相同的关键时刻，这种关键时刻是由脑本身的结构决定的。我相信这个关键时刻是信息转化为理解的支点。

回 到 平 衡

汉密尔顿缺少转化中的所有这些元素。他的思维还停留在过去，依赖于自身之外的信息。因此他没有力量，他无法控制自己的学习。

我并不是说他不需要信息或者应该放弃看他的电视节目。经验和信息是学习的必要组成部分，它们是学习的原材料。但仅有它们是不够的，它们大约只占我们需求的一半。

脑的结构告诉我们，脑的一部分用来接收、记忆和整合外部信息，还有一部分用来行动、修正、创造和控制。我们如果要以这种转化的方式学习，就必须使用脑的这两部分。

脑　结　构

一般来说，脑的接收和记忆部分位于脑的后部，而产生想法和行动的部分位于前部。我们可以说：大脑背对过去，面向未来。

大脑后部和前部的划分如图 3-1 所示。不要将之与前脑和后脑相混淆。生物学家们用前脑和后脑来描述脑的不同部分在子宫中的发育。这里所说的大脑前后的划分实际上是大脑皮层前部和后部的分割。我将用"后脑皮层"和"前脑皮层"来指代它们。

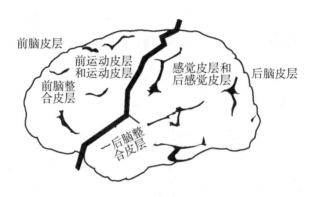

图 3-1　大脑的前部和后部

图 3-1 中的划分方式可能看起来很清晰，但实际上它具有一定的欺骗性。在我们所有的插图中，大脑皮层的"后部"似乎都在图的最右边。但那只是脑的后部，而不是大脑皮层的后部。

我们可以通过观察大脑皮层在子宫中的发育过程来理解这一明显的矛盾。图 3-2 呈现了这一过程：从小球状结构开始，逐渐形成复杂的结构。这些复杂的结构构成了我们目前还未涉及的脑中的古老结构。图 3-2 展示了大脑皮层在胚胎期和胎儿期的发育过程中所经历的 A、B、C、D 四个阶段，注意箭头以及 B 和 F 所分别代表的大脑后部和前部。

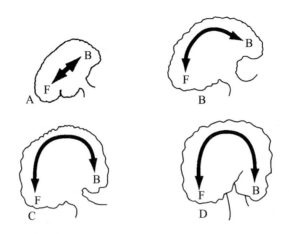

图 3-2　大脑皮层在子宫中的发育

如图 3-2 所示，原始小球的前、后段保持了相同的相对的位置，但它们之间的组织结构急剧扩张。这种生长是向上和向外的，所以最后结构的形状像开口朝下的字母 C。从技术上讲，C 的两端代表脑在结构上和发育上彼此相距最远的部分。[2]

这张发育图显示了前脑皮层和后脑皮层是如何从脑的发育和功能中产生的。它告诉我们，如果我们想要比较前脑皮层和后脑皮层的功能，也就是彼此相距最远的部分，那么我们应该看看 C 结构的末端，即所谓的前额叶皮层和颞叶皮层。我强调这一点不仅是为了确保准确性，而且因为我们很快就会看到大脑皮层两个脑区之间的连接是我们正在研究的转化的关键。

功 能 回 顾

在第 2 章中，我们概述了感觉皮层、整合皮层和运动皮层的一些具体功能。现在我们讨论的是大脑前部和后部的两种整合皮层。

在大脑皮层的这"两端"发生了什么呢？我们需要考虑每个与之相

关的功能（见表 3-1）。

表 3-1　前脑整合皮层与后脑整合皮层的功能

后脑整合皮层	前脑整合皮层
故事记忆、地点记忆、语言理解、回想、与经历相关的情绪、长期记忆（事实、人、面孔、经历）	选择、行动决策、抑制、与行动相关的情绪、责任、精神能量、结果、预测、创造

表 3-1 通过对比显示了前后脑整合皮层之间的功能差异。来自外部世界的感觉信息主要被输入脑的后半部分。大脑皮层的这一部分与过去的长期记忆密切相关。这是我们对无生命世界和有生命世界的知识进行映射的地方。这个脑区让我们记住不同的人以及他们的个性。这里也是过去不同经历之间建立联系的地方。这里处理的信息大部分来自外部世界。

前脑整合皮层是关于未来的，它是我们发展思想和抽象假设的地方。新事物在此出现，我们的计划也在这里形成。在这里，我们将自己的想法组织成更远大的且似乎更有意义的图景。事情在这里被赋予权重，促使我们决定做或不做某事。这个区域支持我们对事物进行掌控。

颠 倒 天 平

如果我们观察汉密尔顿和其他被动的学生，会发现他们主要使用脑的后半部分皮层，很少会使用前额叶皮层的功能。

会有另一种类型的学生吗？是否会有学生过少使用他们的感觉和反思皮层呢？是否有可能找到天平过度向另一边倾斜的情况？我想是有的。我以另一个学生为例，他似乎证实了这种不平衡的存在。

* * *

米歇尔选修了我为护士开设的生物化学课程。学生们都对这门课感到很紧张。他们中的许多人认为自己对化学已经很厌恶了，而生物化学听起来更难。

与汉密尔顿相比，米歇尔很难保持安静。她会一直举手。一开始我很高兴，但不久后我开始感到有些奇怪。我被她的问题弄糊涂了。虽然这些问题听起来很有逻辑，但它们开始显得空洞。

我花了一些时间才意识到她的问题确实是空洞的！她在没有鱼饵的情况下钓鱼，在水里来回拉着鱼钩，希望能钓到什么东西。

这种情况在课后和我的办公室答疑时间持续发生。她改变了用词，会使用生物化学的词汇，但问题仍然是空洞的。她的句子写得很好，段落也写得很好，但最终都没有实质的内容。

考试时，米歇尔会用流利的英语写出很长的答案，但答案仍然是空洞的。她会用一开始看起来聪明而有意义的散文填满页面，但仔细阅读后这种感觉就会消失。

那时候，我没能给米歇尔提供太多帮助。我现在可能会做得更好，但我也不确定。和汉密尔顿一样，她在学习上也有障碍，在我上课的那段时间里，她似乎一直不明白使用后脑皮层的价值——整合信息。

＊　＊　＊

米歇尔是另一个极端的例子，但我怀疑很多学生都有过这种行为。我们会下意识地认为，他们需要纪律约束。这些学生需要回家学习！他们需要得到信息并思考，而不是进行偏离轨道的预测或猜测。

我的观点是，出于种种原因，这些学生没有充分利用他们的感觉脑和反思脑。我的一些同事称这些学生"经验不足"。这些学生的天平主要向产生想法和行动那一边倾斜，但他们没有足够的经验信息可以使用，也没有把时间花在反思上。

38

连接前后脑

米歇尔和汉密尔顿都需要在他们大脑皮层的后部和前部、颞叶皮层和前额叶皮层之间进行更好的信息交流。

但由于前额叶皮层和颞叶皮层相距甚远，你可能想知道它们之间的联系是否牢固。也许保持平衡并不容易。也许我们大脑皮层的前后部分不怎么交流。

但是，脑的实际物理结构再次给了我们新的见解。事实上，脑中一些最明显的路径正是为这种前后连接而设计的。

你可以通过最简单的大脑半球解剖来证实这一点。如果你从前到后轻轻地切开一个半球的顶部，在距离中线几厘米处，你会看到大量的纤维痕迹从后向前延伸。如果你仔细解剖，你会发现四束主要的神经在前后脑之间传递信号。

这些神经束被称为纤维束。如图 3-3 所示，每一束都有一个特定的名称，但是出于我们的目的，我用数字进行了标记。如你所见，第 2、第 3 和第 4 部分直接连接了后脑整合皮层和前脑整合皮层。[3] 正如我在第 2 章提到的，这些神经束上的信号是双向传播的。它们允许接收信息的脑区和生成新信息的脑区双向交流。

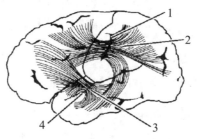

图 3-3　大脑中的纤维束

很明显，大脑是连接在一起的，所以前部和后部会相互交流，在进化过程中，这些连接也非常重要。除了两个半球之间的主要连接外，这种前后连接是大脑中最明显的连接。

这对教育者来说意味着什么呢？

你可能明白我的意思，并想知道我为什么这么重视它。毕竟，教育者并没有忽视一些学生的被动行为或其他学生的浅层学习。我们不需要大脑的解剖结构来告诉我们这些都是严重的问题，但一旦我们看到这种以物理形式呈现的事实，它就会变得更加具有说服力。至少对我来说，这是真实存在的。这是我对汉密尔顿和米歇尔的问题做出推测的基础。我只是不能忽视生物学的信号。我们应该同时使用大脑皮层的前部和后部！

转 化 线

在本章的前面，我们谈到了学习者从知识的接受者转变为知识的生产者。具体来说，我们在脑中找到了支持这种转变的脑区。到目前为止，你应该很清楚地看到我正在谈论前脑皮层和后脑皮层之间的桥梁。

我们也可以在学习周期中看到这座桥，如图 3-4 所示。它带我们超越了这条将学习周期中的体验和反思部分与抽象和主动检验部分相分离的线。数据通过具体体验进入学习者的脑，并通过反思进行组织和重新安排。但在学习者开始使用它之前，它仍然只是数据。当学习者将这些数据转化为想法、计划和行动时，他们就经历了我所描述的转化。现在一切都在他们的控制之下，他们摆脱了信息的控制。他们已经创造了知识，并自由地不断地检验自己的知识。

40

图 3-4　学习周期中的转化线

一个应用实例

正如我之前所说的，平衡地使用前脑皮层和后脑皮层将产生更好的学习效果。然而，我们经常倾向于强调其一的教学方法。传统的说教式方法（传递信息）倾向于关注后脑皮层的功能，而发现式教学（提出和检验想法）侧重于前脑皮层的功能。

当我发现哈佛大学教育学院的心智、脑与教育项目（Mind，Brain，and Education）的教育者和研究人员马克·施瓦茨（Mark Schwartz）和菲利普·萨德勒（Philip Sadler）已经把平衡的概念发展成为一门特定的中学科学课程时，你可以想象我有多么激动。[4]

他们的项目侧重于要求学生基于从教学中获得的信息和他们自己的实验改进各种物理设备，如电磁铁。在我看到的例子中，教师向学生们展示了一个电磁铁，告诉他们电磁铁是做什么的以及如何使用，并通过问卷的方式促使学生沿着教师认为重要的方向思考。随后是亲身体验，教师要求学生自己设计电磁铁并做出改进。他们还需要提出自己关于电磁铁的假设并进行测试。

这个项目在很大程度上基于费希尔（Kurt Fischer）提出的技能发展理论[5]，以及"脚手架"对于帮助学生发挥最高水平的重要性。但是，引起我注意的是它使用学习周期的方式，以及它如何引入我们所讨论的不同部分的脑。在教师的安排和支持下，这些理论和工具结合具体体验和反思，赋予学生形成抽象概念和主动检验这些抽象概念的自由（和要求）。它是非常平衡的。

并且，它是有效的！

施瓦茨和萨德勒的研究表明，仅使用传统说教式方法教出的学生理解缓慢且水平较低，而仅接受发现式教学的学生一开始似乎学得很快，但他们的理解并没有随着时间的推移而增长。与单独使用这两种方法相比，使用平衡方法教出的学生能够稳定推进他们的理解，最终促使他们的理解水平显著高于其他学生。

平衡与恰当

到目前为止，我们已经将这种平衡理念引入了实际问题中。脑的结构告诉我们，我们应该鼓励学习者同时使用前脑皮层和后脑皮层。

现在让我们把注意力转到"恰当"平衡的概念上。平衡也是一个有关恰当的问题。如果我们不能同时通过教学影响前脑皮层和后脑皮层，那么这对学生来说就是不恰当的。保持平衡是我们的职责。

我希望这对你来说易于理解，如果不是，请让我解释一下。

42

如果我们不能最大限度地为每个学生提供学习机会，我们所提供的教育就是不恰当的。由于每个学生拥有不同的天赋，教育的不平衡剥夺了其中一些学生更多的学习机会。如果我们不提供平衡的教学，那么那些天生更有创造力、具有更强记忆力、更善于思考或更活跃的人就不会有不同的学习机会。这是不恰当的。

不平衡的压力

我相信教师们承受着为我们的学生提供不平衡、不恰当的教育的压力。更大的风险是，在我们的教室里，像汉密尔顿这样的学生比米歇尔这样的学生更多，但这是教与学双向互动形成的结果。让我们先来看看促使教师进行支持后脑皮层的教学的压力。

"信息时代"本身就是迫使人们倾向于获取信息的主要因素。请注意，我们并不称之为"理解时代"。在这个时代，信息本身似乎就具有最高的价值，我们拥有得越多越好。

然而，这种想法会受到挑战。我们可能会觉得拥有过量的信息，信息来得太快，我们无法整合和理解它们。尽管存在这样的风险，我们仍面临着不断增加课堂信息量的压力。我们觉得应该告诉学生的事情越来越多。

这种压力的另一组成部分来自内部。我们对一名优秀教师的想象是有偏向的，即教师应更重视后脑皮层。我们认为，作为一名教师，拥有学科知识比富有创造力更重要。我们最大的恐惧是发现自己缺乏专业知识。如果我们没有足够的知识储备，我们常常就认为自己没有资格成为教师。

这种压力可能产生一个意想不到的结果：我们可能会用知识压垮我们的学生。从我的个人经历说起，在我职业生涯的早期，我偶尔会发现自己故意在授课计划中塞入额外的材料。我这样做是因为我担心学生提太多问题，担心他们发现我对学习内容的理解并没有我希望他们认为的那么深刻。

教师进行支持前脑皮层的教学同样存在压力。在这里，我们发现了

43

主动学习和游戏化学习。这些是对传统教学方式（例如讲授或结构化课程）产生强烈反应的结果——有些人可能会说反应过度。这些传统方法的缺点很明显，所以我们尝试了一些新的方法，其中一项新举措是在学习中强调社会互动和交流。我们想起了孩子们可以在玩耍时毫不费力地学习，因此我们试图让教室变得更有趣。

但这也会产生不平衡，它可能走得过远。我们会发现自己以牺牲知识和信息为代价来强调行动和创造力，将教室变成游戏室，忘记了真正取得成就所需要的高度集中学习。在这样的情况下，我们的学习者偏离了正轨，甚至想方设法不去接受挑战。我们冒着风险将学习变得微不足道。

走向恰当的平衡

在后面的章节中，会有更多关于教学法以及人们如何为促进理解而教学的内容，但是当我们结束这个讨论时，我想把我们的思考引向我们自身和我们的实践。我想问问这些实践是否具备实现恰当的平衡所需的元素。

首先，我们应该认识到，关于"恰当"的一个基本问题是"这是关于谁的"。有人可能会说，法庭是关于被告的，而课堂是关于学习者的。

在我 35 年的教学生涯中，大部分时间我都没有想到这一点。但不只有我如此。最近，我的一位比较诚实的同事也脱口而出："我们可以说课堂是关于不同的学生，以及关于我们如何帮助他们学习的。但事实是，我几乎从未想起过这一点。我最担心的是我可能会犯错误或者可能给出错误的信息，而不是学习本身。"

在这一基本观点之外，我们可以通过观察我们在本章前面提到的转化来反思自己。我们可以问，我们的教学是否旨在支持这些转化。

我们的教学是否支持从过去到未来的转化？如果我们强调平衡，那么我们就必须同时考虑过去和未来。教师可以通过告诉学生已知的东西来丰富他们的想法，这是过去的事情。教师甚至可以告诉学生他所相信的会在未来发生的事。但是，对学生来说，这也是过去。根据定义，对于人脑而言，从外部进入脑的信息就是过去。接着，问题就变成了："教师是否创造了机会甚至提出了要求，让学生把来自过去的信息转化为关于未来的信息？"我们是否曾想过这件事？还是说我们强调了已知的知识，而忽视了学生的想法或行为？平衡需要两者兼而有之。

那么关于"由外到内"的转化呢？我想再次说明，外部环境对于平衡而言是必要和重要的。作为教师，我们处于外部，但我们通过调控、塑造和丰富学生获取信息的方式，对他们产生了巨大的影响。为了平衡，我们必须对学生如何在内部掌握这些信息给予同等的考虑。如何将"我们的"转化为"他们的"？学习者如何从接受者转化为生产者？他可能首先必须是一个接受者，得到一些可以使用的东西，我们知道如何做到这一步。但是，我们是否经常为学习者设置挑战，让他们成为知识的生产者呢？

最后，也是最有趣的，就是权力的转化。一开始，通过感觉输入，学习者依赖于一些外部权威来告知他们信息。外部权威可以是老师，也可以是一本书，如今也常常是互联网。信息的来源并不重要，但为了促进学习，学习者必须不断地从外部接收新的感觉输入。问题是，他们什么时候自己接管这个掌控权？教师是如何促进这一点的呢？还是说教师甚至会拒绝这样做？

我相信这对所有教师来说都是难题和挑战。在过去的十年里，我已经发生了巨大的变化，但有时当学生的问题开始占据我太多时间时，我仍然会抗拒。我有自己的计划，并必须执行计划。当我拒绝向学习者转交掌控权时，我以前的本能时不时还会出现。所以说，平衡并不容易。

寻 找 敌 人

我们对汉密尔顿和米歇尔这样的学生并不满意。他们是怎么变成这样的？为什么会有这么多这样的学生？这是谁的错？

除非我们相信是基因在捉弄我们，即"聪明的基因"已经变异，否 45 则我们倾向于把这些问题归咎于社会。对于汉密尔顿，我们可能会责怪电视，而对于米歇尔，我们可能会责怪家庭或其他地方对其缺乏纪律约束。或者，我们可以责怪电脑、计算器、电子游戏、自由派或保守派等。

这是徒劳的，而且可能最终这些因素都是无关紧要的，但这是我们的本性。所以，当我们在寻找"敌人"的时候，我们可以简单地照照镜子。就我自己而言，我可以看到一些切身的问题。

学校教给孩子们什么？教师实际上教了什么？算术、阅读和写作，我们都希望教这些内容。但是我们日复一日地塑造了怎样的学生呢？

一方面，学校中充满着权威和控制：这里是等待别人给你分配任务的地方。在这里，知识在我们之外的某处：在书本中、在教师的脑中、在教育电视上或在互联网上。它是关于事实和信息的。简而言之，这与后脑皮层有关。

而在另一方面，学校也可能忽略学生对后脑皮层的运用。我们也许强调了创造力而忽视了要让学生获取事实。我们可能鼓励空谈。我们也许会让那些知识贫乏的学生通过课程。我们也可能会抗拒学生保持沉默。我们可能在塑造米歇尔这样的学生。

添加到我们的学习基础中

本章要传达的信息是，我们的学习结构应该有一个均衡的基础，在接受知识和运用知识之间应该取得平衡。如果实现了这一点，那么我们学习的基础（脑）就不仅能够支持学习，而且能成为更大结构中的一个整合的部分。

但我们仍然缺少一个关键因素，也许是最重要的部分。我们仍然需要一个能够将所有东西凝聚在一起的黏合剂，这个黏合剂就是情绪。

4 我们的职业和艺术

脑的进化和学习者的动机

> 我的职业和我的艺术是关于生活本身的。
>
> ——米歇尔·蒙田（Michel de Montaigne）

　　戴夫和埃迪是我大学时的朋友。我们的关系很好，如同通常大学朋友那般亲密，但他们都让我感到困惑。

　　我先认识了埃迪，因为他和我是室友。他是我认识的最聪明的人之一。他喜欢谈论智商，因为他的智商很高，这让我有一点恼火。但埃迪也有可取之处，他很敏感，是一个很好的倾听者。他总是能明白我在说什么，我喜欢他这一点。

　　令人惊讶的是（至少令我感到惊讶），埃迪在大学里并没有拿到最高分。原因尚不清楚。他很在意成绩，学习也很努力。但不知何故，他总是对自己的成绩感到失望。他会责怪自己没有发挥自己的潜力，但据我所知，他从未找到解决问题的答案。

　　戴夫则非常不同。我帮助他学习化学，因此我们成了朋友。我们曾经通过努力解决了很多问题，我们开怀大笑。那是一段美好的时光。戴夫认真、善良、诚实。他不在乎别人知道他在学业上是如何挣扎的，他只是想把问题弄明白。我发现自己在帮助戴夫的过程中也开始欣赏他。

　　戴夫对自己的生活有一个规划。他想从事服务业，具体而言，他想成为一名医生，帮助欠发达地区的人们。但我对此持怀疑态度，我认为他进不了医学院。他真的让我感到惊讶，经过一学期又一学期的努力，他的 GPA（平均学分绩点）达到了 4.00。果然，最终他成了当时比属刚果的一名医生。

我对这些大学朋友的情况思考了很久。戴夫怎么可能比埃迪做得更好呢？但直到最近我才找到答案——很重要的一个方面是他们使用脑的方式不同。我将在本章中尝试对其进行解释。

* * *

有时，我们假设学习只在特定的地方或特定的时间发生。例如，我们可能认为我们只在学校里、工作中或写作业时学习。

但是，当在第 2 章提到体验学习和学习周期时，你可能已经在质疑这个想法了。没有什么时间或地点与学习周期格外匹配。我们总是在体验、反思、获得想法，并采取行动。我们可以说，学习周期是关于生活本身的。蒙田声称他的职业和艺术是关于生活本身的，这同样适用于学习。当被问及我们以什么为生时，我们可以说"学习"，而不是"教书"或"股票交易"。

这是一个生物学上的观点。当我们观察脑的进化及其生物学作用时，这一点变得非常明显。它将帮助我们理解我的大学朋友埃迪和戴夫之间的区别。在我们遇到一个说"我不想学习"的人时，它会有所帮助。这完全取决于事物如何融入我们的生活。

脑想要什么

着手思考情绪的一种方法是问自己我们想要什么或不想要什么。如果我们试图回答这些问题，我们就会发现我们关心的是什么。我们会找到我们的恐惧和愿望，这些是我们情绪的来源。所以我们可能会说，帮助他人学习的最佳机会是找出他们想要什么以及关心什么。

这听起来对教师而言是一个重要的想法，但同时似乎又不切实际。我们如何才能找到对每个学生来说都重要的事情？甚至学生本人也常常不确定自己想要什么。

这时回到生物学进行思考会对我们有所帮助。我们共同的进化起源意味着我们都有一些基本的需求。最重要的是，脑想要生存下来。感觉脑、整合脑和运动脑一起构成了一台生存机器。我们会感知环境中的事实，整合这些事实，看看它们是否意味着危险或机会，并采取行动回避危险或抓住机会。

即使是一只蠕虫也会这样做。如果我们拿起一条夜鱼饵蚯蚓放到钩子上，它会感觉到它已经被抓起来了，并且知道这是对自己不利的，然后猛烈地扭动着想要逃跑。

这台生存机器会进行自我调节。每个脑都控制着自己所在的身体。即使是蠕虫，也会尝试掌控一切。也许没有带着鱼钩潜伏在那里的渔夫，但无论有无，蠕虫仍会这样反应。它一定会这样做，因为不这样做的风险很高，它不敢冒险。为了生存，我们必须获得掌控力，或者相信一切在我们的掌控之下。想要生存就意味着想要控制。

生存工具（旧工具）

生存所需的最基本的东西在进化过程中首先出现。这些基本的生存工具很古老，而且功能强大，它们已经运作了很长时间。

脑有两个基本的需求：安全和快乐。我们使用生存机器的两个部分来实现这些目标：恐惧系统和快乐系统。这两个系统的原始版本似乎至少在 2.5 亿年前就已经开始进化了，如今它们依旧控制着蛇或蜥蜴等简单动物的行为。从根本上说，我们人类仍然保留了小部分爬行动物的特点。

当然，我们比蛇要复杂得多，或者至少我们相信这一点。我们认为蛇不会感到嫉妒、沾沾自喜或骄傲。但在很大程度上，我们仍然被恐惧和快乐这两种强大的情感系统所控制，它们是"我想要这个"和"我不想要那个"的系统。我们的恐惧系统让我们想逃跑、战斗、躲藏，甚至想"装死"，所以我们变得有防御性、易怒、闷闷不乐或懒惰。我们的快乐系统让我们想要更接近、获得更多、让自己更引人注目或继续做更多，所以我们微笑、开玩笑、拥抱朋友并且去工作。

恐惧系统对于生存的价值是显而易见的，但快乐系统对于生存的价值就不那么明显了。然而，我们确实需要快乐系统，例如，甜食和脂肪是为我们提供能量的主要来源，快乐系统让我们想吃它们。性是另一个例子。事实上，性行为和饮食行为似乎来自脑的快乐系统的同一部分。我们不受控制地想要这些东西。

生存工具（较新的工具）

据我们所知，蠕虫不会考虑如何避开鱼钩或如何避开渔夫的路径，但人脑会。我们通过思考、计划和决策来生存。我们的认知脑是生存的有力工具。

我们不断评估我们周围发生的事情是否存在危险和机遇。我们的脑着眼于未来，对我们的环境进行概括，制定策略来增加我们的机会并最大限度地减少危险，以便我们能够生存。即使是人类最高的智力成就，我们的微积分、诗歌或哲学，也来自为了生存而进化出这些技能的脑。[1]

脑的思考、分析和计划是我们在第2章中讨论过的大脑皮层的功能。

它被称为新皮层，因为从进化的角度看，人们认为它是最近才发育为脑的主要部分的，可能只有 500 万年到 1000 万年的历史！[2]

图 4-1 展示了新皮层的进化。与之前看到的脑图不同，我们从另一个角度呈现了脑。在这种视角下，左右脑分割开来，呈现出脑半球的内表面。在这个内表面，我们可以看到一个内部 C 形环状皮层（暗区）位于新皮层外环（亮区）下方。内环是边缘系统，它包含一些在进化上显然比新皮层要古老得多的区域，稍后我们将讨论边缘系统。图 4-1 所呈现的重点是，在进化过程中，更聪明动物的出现，会伴随大脑新皮层的增长。

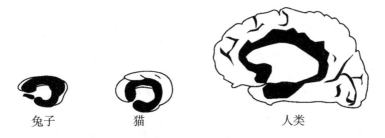

兔子　　　　　猫　　　　　　　　人类

图 4-1　新皮层的进化

情感与学习

我们生来就有感到恐惧和快乐的能力，但不一定知道害怕什么或什么能带来快乐。[3]这些东西大部分通过学习而获得。了解学习时的情绪有助于我们看到情绪和认知之间的联系。

想想感觉体验吧。当我们感到某些东西会伤害我们时，恐惧系统就会被触发。或者，当我们感到某些东西是好的时，快乐系统就会被触发。我们只要被烧到一次就会害怕热，只要尝到一次糖就会想再吃一次。这些生存工具也是强大的学习工具。学习什么是我们应该害怕的、什么是我们应该喜欢的是生存的必要条件。

与恐惧系统和快乐系统一样，我们的认知脑也会学习一个行为能得到什么样的结果。思想上的成功会产生理解，而理解让人得以生存。如果我们不能理解我们的世界并在其中规划我们的未来，我们就无法生存。因此，认知能触发我们的内在奖励系统这一点也就不足为奇了。我们享受真正的学习，我们想要学习。为了生存，我们必须想要学习。

帮助人们学习

我曾说所有的脑都想生存，它们通过了解环境、控制自己的行为、避免危险、寻找快乐而存活至今。认知、控制、恐惧和快乐是脑赖以生存的四个活动，它们是每个脑的基本功能。如果我们希望帮助人们学习，我们就必须考虑这四件事。

这不是一个容易的任务。脑的这四种"需求"并不是相互独立的。例如，我们希望通过理解一些事物来控制它们，但恐惧可能会阻碍理解。我们可能会因为想要满足我们的快乐脑而失去控制。我们也可能会放弃快乐来获得控制，或者接受恐惧和痛苦来保持控制。认知、控制、恐惧和快乐之间的交互作用显而易见、无穷无尽。而且，更复杂的是，我们固执地坚持对事物进行控制意味着我们在不断做出决定，有些正确有些错误！

这听起来可能有点荒谬，但事实上，如果我们仔细审视，就会发现当我们应对自己的各种想法和情绪时，我们所有的生活都有其荒谬的一面。但实际上，这是一件严肃的事情。我们的脑非常重视自己。无论我们的行为如何，无论我们的态度如何，无论我们相信什么，这一切都来自我们的脑为生存而拼尽全力的斗争。

正因为它如此严肃，所以没有任何外部影响或力量可以促使脑学习，脑将自行决定是否学习。因此，帮助人们学习的第一个重要准则是，**帮助学习者意识到他们自己在掌控一切**。这可能是优秀教师拥有的最好的技巧，我们将在第 12 章中对其进行更多探究。

我们的进化论观点也有助于我们理解为什么学习是一个自然过程，并且与学习者的生活直接相关。如果人们相信这对他们的生活很重要，他们就会学习，学习就会发生。由此得出的第二条准则是，如果我们想帮助人们学习，我们就必须帮助他们了解学习在他们的生活中的重要性。需要强调的是，我们必须帮助他们意识到这一点：学习者自己必须看到并相信它。这不会仅因为我们说"这很重要"而发生，我们的工作没那么容易。

最后，我们应该记住，我们脑中的恐惧和快乐系统一直在运作。从根本上说，它们支配着我们的生活，就像数百万年来所做的那样。我们可能不会再有意识地担心生存问题，但我们仍然会对恐惧和快乐做出直接反应。我们的情绪似乎仍然很重要。如果我们想帮助人们学习，就必须做好直面情绪的准备，我们必须认真对待它。我们不能忽视学习者的情绪，即使它们对我们来说似乎微不足道或不合乎情理。

动　　机

53

我们一直在忽略一个对学习和教学都非常重要的问题：什么激励了学习者？

我们为此问题发愁，这促使我们对学习的奖赏进行了很多思考。在学校，它导致了复杂的诱惑和外在奖励系统，包括成绩、星星、奖学金甚至表扬。这些措施有时是基于对动机的错误认识的。如果我们想要的真的是学习本身，那么这些措施都是错误的。我们可以通过外在奖励让人们做某些事情，但我们无法让他们学习。

实际上，与其说它们是错误的，不如说外在奖励针对的是错误的目标。他们的目标是学习之外的东西，它们与学习的内在本质没有自然的关系。

教师需要理解的是内在动机。它是一种与学习自动链接的奖励，也是我们在进化过程中演化出的一种需求。如果我们想帮助人们学习，我们不应该担心怎样才能激励他们，而应该尝试找出已经在激励他们的因素。

艾尔菲·科恩（Alfie Kohn）在他的著作《奖励的恶果》（*Punished by Rewards*）中谈到了这个问题。[4] 他得出的结论是，当我们试图通过提供外在奖励来帮助某人学习时，学习发生的概率实际上很可能在降低。

我们不难理解为什么科恩会这么说。在奖励或惩罚中，掌控脑感受到的第一件事就是失去控制。这可能不是一种有意识的识别，但 500 万年以来，脑已经进化到能够准确地检测和抵抗这种类型的事物。它不会屈服于这些奖励或惩罚。事实上，我们的脑最擅长的事情之一就是识别诸如外在奖励之类的欺骗，这是我们从小就练习的主要内容之一！

脑看透了外在奖励，它看到了其外在性。奖励的确是诱人的，所以我们千方百计获得这些奖励，但不是通过完成学习、工作或任务的方式。在大学里，学生们似乎很好地做到了这一点。有时，即使他们在课程中取得了 A 的好成绩（奖励），但几个月后他们可能就记不住任何内容了。

54

外在奖励的使用

尽管我前面说了那些，但我不认为外在奖励是无用的。太多的生活经验使我无法完全摒弃它们，而且我们突然放弃所有外在奖励系统的可能性也不大。我的建议是，我们应该认识到外在奖励可以产生一些积极影响，并尝试以更复杂的方式使用它们。

外在奖励的价值之一是它们可以让学习者开始做某件事。通常人们实际上并不知道他们喜欢做什么。如果没有强烈的生活兴趣之外的一些动机，人们甚至可能不会注意到生活还有其他许多可能性。

如果我们得到外在的奖励，我们可能就会开始重要的第一步。这在大学里司空见惯，学生参加特定课程是因为他们相信自己可以轻松获得好成绩来"提高"他们的 GPA。但有时，一旦他们开始学习，他们就会意识到自己真的很喜欢这个学科，它也会成为他们生活中重要的一部分。这就是工科专业的学生有时转为历史专业的学生，或者医学预科生最终成为诗人的原因之一。最初他们被一些外在因素所吸引而参加课程，但后来他们完成得很好，因为他们发现自己真的喜欢这门课！

外在奖励也可以帮助学习者应对压力和困难。例如，一位医学预科生可能真的很喜欢学习猫的解剖学，但有时它令人筋疲力尽并感到沮丧，因为要学的实在太多了！但是这个学生可能会因为外在奖励而克服困难。GPA 达到 4.0 仍然是可能的，所以我们的学生会努力学习。从长远来看，他仍然必须有内在的动力才能继续前进并真正学习，但如果有一点额外的外在奖励，她可能会更好坚持。

外在奖励的主要价值在于它们可能是迈向内在奖励的第一步。

埃迪和戴夫

我相信你现在已经理解了我对埃迪和戴夫的想法。戴夫有内在的动力，他相信学习化学是成为一名医生的必要条件。在他看来，他早已是

55 一名医生，只不过是一名正在成长的医生。这就是他的生活，他掌控着自己生活的计划，而学习化学只是计划的一部分。他专注于过程，而不是目标。戴夫将学习化学视为行动的一部分，而不是成果。他是一位学习型医生。

同时，我认为埃迪将外在奖励视为他的主要关注点。他忽略了内在的东西，而将成绩、终点作为自己的目标。事实上，学校本身对他来说可能是外在的。他在那里是因为年轻人高中毕业后都是这样做的，但他还没有发现这如何融入他的现实生活。他无法真的仅去过一种"成绩获得者"的生活。所以埃迪无法融入他的班级，并将他的学习融入自己的人生故事之中。我猜测可能是埃迪的脑在拒绝，它不再为外在的奖励工作。

为什么要谈论关于情绪的脑结构？

我们想要什么和不想要什么的直觉是由脑中经过数亿年进化的物理结构产生的。有了这一历史背景，我们就不能将情绪归咎于学习者。我们也许可以创造条件让情绪发生变化，但不可能直接控制它。直接对学习者说"别这么想"是没有用的。

我们能对情绪和学生做些什么呢？想想一辆汽车，汽车特定的物理结构使其如此工作。例如，油门踏板与发动机直接相连，当我们踩下或松开踏板时，油会或多或少地进入油门。如果我们觉察到汽车引擎正在发出噼啪声，并注意到油量表显示油箱是空的，那么咒骂汽车或鼓励它都是没有用的。相反，我们必须了解物理事实并充分利用它以维护我们的利益。为了照顾好汽车，我们以低速驾驶，让车子尽可能滑行，并尽快前往最近的加油站。

同样，如果我们知道脑中产生情绪的结构，并且对它们的工作原理有所了解，我们就可能会找到促使学生学习的方法。然后，我们会对学生的气急败坏心存感激，因为那是有价值的信息，它能帮助我们了解应该做什么。

大脑皮层的第五个功能（它有可能是首要功能吗？）

让我们定义一些可能负责情绪的脑结构。我们将从边缘系统开始。皮层是覆盖脑的组织结构的表层，如同树皮。之前在谈论认知和生存的进化时，我们讨论了边缘系统。如果我们看一个完整的脑，与感觉皮层和运动皮层不同，我们是看不到边缘系统的。但正如我在本章开头所解释的，如果我们将脑分成左右半球并观察剖面，就可以看到边缘系统。

目前，关于边缘系统的功能还存在一些争论。多年来，人们认为它是大脑皮层中负责情绪的主要脑结构。但在过去的十年里，勒杜（Joseph LeDoux）敦促人们放弃这种观点，并认识到情绪涉及脑的许多结构[5]。这当然是正确的，但新的研究仍旧指出边缘系统和情绪之间存在密切联系。

图4-2呈现了边缘系统中在情绪条件下变得更加活跃的两个区域，它们是前扣带回和后扣带回，特别需要关注的是被称为压后皮层的区域。[6]我们将在第12章再次讨论它们，但现在我们需要注意，这些证据持续表明人脑的边缘系统是情绪的重要参与者。

图4-2　人脑的边缘系统与情绪

57 边缘系统与情绪之间的联系，以及它在进化上比新皮层更古老的事实，都给了我们一个启示，我在前文也暗示过，即情绪功能可能先于人脑进化中的高级认知功能而出现。情绪可能比认知更基本，即使在人类中也是如此。

隐藏的"肿块"

情绪很大程度上受到脑左右半球深处的极大影响。这些被掩埋的部分成块状或细胞团块，而不是像形成皮层的树皮状组织那样。想要看到这些团块，我们需要仔细挖掘皮层下方的结构。

我们不会呈现这些结构的具体图片，其中一些结构非常复杂和令人费解，但在图 4-3 中，我呈现了其中两个主要结构的名称和大致位置：恐惧中心和快乐中心。这幅图去除了其外层的大脑皮层以便你清晰地看到这两个脑结构的位置。

图 4-3　人脑的恐惧中心和快乐中心

恐惧中心的关键部位是杏仁核。这里有点过度简化了，杏仁核不仅与恐惧有关，它也在其他情绪中发挥作用，但恐惧及与之相关的情绪（如生气和愤怒）似乎主要起源于杏仁核。它是一个在形状和大小上都与杏仁相似的独特结构。

脑中的快乐中心没有恐惧中心那么明确，它不限于一个单独的结构，但这些结构似乎都大致属于脑的同一区域，如图 4-3 所示。该区域位于前脑皮层的下方，我们可以将这个区域的结构称为基底结构。[7] 需要注意的是，这是我提出的术语，它通常不会出现在其他神经科学书籍中。

我的学生托尼和我

在我们了解杏仁核、基底结构和扣带回的功能之前，我先和大家分享一个故事，这有助于阐释我将在这里尝试提出的一些观点。然后，我们可以在本章结束后再回到这个故事，看看我们的脑生物学是否有可取之处。

* * *

托尼是一个高大、英俊、黑头发的年轻人，每当有困扰出现时，他总能从中有所收获。他很自信，一点也不扭捏，而且很有魅力。作为一名新生，他最感兴趣的是增加与班上女孩接触的机会，我感觉到他期待在这一"舞台"上取得成功。

我是一个严肃的人，对待学习非常认真。我希望我的学生能够表现出他们正在努力学习，但托尼让我感到十分恼火。我承认，他在后排低声说的俏皮话以及他们发出的笑声都被我听到了。

我采取的措施是鼓励托尼参加课堂讨论，但是他拒绝了。于是我们开始处于对峙状态。当他意识到我正严肃对待此事时，他的肢体语言开始改变。他的笑话和笑声平息下来，但他仍然姿势懒散地坐在后排，双腿张开并往前伸直，双臂举起，双手抱在脑后。他不再看着我，而是看向离我不远处的地方，大概在我左肩的位置。他身体的每一部分都在说："我不在乎！而且我想让你知道这一点！"

托尼没有意识到自己正在这样做。有一天，一位同学对他说："你一定对祖尔很生气吧！"他大吃一惊，抬起头并回应道："这是什么意思？"同学回答道："我可以从你的坐姿中看出这一点。"这时，托尼突然意识到了这一点。他的脸顿时变红，趁我不注意时，他慢慢地在椅子上直起身子，开始看他的作业。

接下来的事情是令人惊讶的。当托尼研究他的作业时，他的身体开始放松。这几乎是他第一次看上去在认知上参与了课堂。接下来，他开始记笔记，并且埋头学习。他开始放松下来，我也是。

* * *

托尼（和我）的行为可能会唤起任何一位尝试教学的人的回忆。这个故事说明了情绪脑在师生关系激烈的动态变化中发挥着作用。正如我们将在下文阐述的，杏仁核、基底结构和前扣带回都在这个故事中发挥了作用。

杏仁核和教师

杏仁核是恐惧中心的重要组成部分，该中心的另一个可能更有用的名称是危险中心或消极情绪中心。当杏仁核表示"这对我不好"时，它正在提醒我们以确保我们对糟糕的事态发展做出反应。

杏仁核位于侧向 C 形皮层的末端，其下方是我们称之为后脑皮层的区域。在第 2 章中，我们提到大脑皮层的这一部分主要分析我们的经验并赋予其意义。这完全符合我们对杏仁核功能的理解。它有助于确定意义，但它不解决问题、创造新想法或计划新行动。

脑的结构再一次支持了教师的这种想法，即人们总是监控着自己的体验以帮助自己发现危险。我们不需要知道杏仁核的所有细节，但一些关于它的物理事实似乎与教师有关。其中最重要的也许是，杏仁核直接从具体体验中获取信息。勒杜在他的著作《脑中有情》（*The Emotional Brain*）中描述了感觉信号是如何在我们意识到它之前绕过感觉皮层直接达到杏仁核的。[8]这种所谓的"低级"路径在我们开始从认知上有意识地理解它之前就已经开始赋予我们的体验以意义了。我们的杏仁核一直在监控我们的体验，以了解事情的进展情况。

当我们想帮助某人学习时，我们应该意识到学习者会通过他们的杏仁核快速地、下意识地监控情况。这不是学习者自己决定的，但它就是发生了。

我们的学习者可能已经很谨慎了，毕竟他面对的是一个可能想要控制他的人。"教师"除了控制还会做什么呢？当杏仁核感觉到这种危险或者其他可能的危险时，它会直接向身体发出信号，而这些信号也是潜意识的。它们产生肢体语言，在极端情况下，它们可能直接触发身体动作，例如，向后跳、将某人从危险中拉出来或逃跑。这些古老的生存机制仍在所有人的脑中发挥作用。

杏仁核在这些过程中的主导地位起初对我们来说可能并不明显。为了帮助你理解杏仁核的强大作用，你可以回想 2000 年的美国总统大选。即使以保持冷静著称的人也会被愤怒和消极情绪所控制。那些理性的头脑转瞬就变为失去理智的头脑！杏仁核活动随处可见。

杏仁核的作用还体现在另一方面。在某些情况下，杏仁核变得不那么活跃，负面情绪似乎也减少了。例如，当我们看到快乐的面孔时，杏仁核似乎变得比正常情况下更不活跃，它似乎有点放松警惕了。

令教师们非常感兴趣的是，当大脑皮层参与认知任务时，似乎也会发生同样的事情。例如，如果有人专心解决一个难题，杏仁核就会变得不那么活跃。

这对教师来说似乎是个好消息！如果我们学会如何让学生更多地参与他们的学习任务，他们就不会那么紧张和害怕。如果我们专注于任务本身而不是外在奖励，内在奖励系统就可以开始参与其中。

负责快乐的脑结构

脑中产生愉悦、满意、满足或幸福感的部分可能比杏仁核更古老。[9]如果真是这样，这似乎让人感到振奋。这或许意味着积极情绪比消极情绪更重要。也许爱比恐惧更重要。

正如我之前提到的，脑中的这些结构位于前脑皮层下方的深处。其中一个结构是隔膜（septum），刺激该区域的细胞群会使动物非常快乐。例如，猫会开始打呼噜、梳理毛发、玩耍并用身体摩擦附近的任何物体。[10]此外，令人愉悦的可卡因及其内部的阿片类化合物（如脑啡肽和内啡肽）与基底结构中的苍白球（globus pallidus）紧密相关。

种种发现表明，前脑皮层下方的非皮层结构与积极情绪有关。前脑皮层与幸福感之间的联系因此更为密切。幸福感的产生也与整个前脑皮层的多巴胺释放密切相关。由于多巴胺被认为是产生良好感觉的主要化学调节剂，它在脑中所到之处也与积极情绪有关。[11]因此，整个前脑皮层也与积极情绪有关。多巴胺还与隔膜附近的一个基底结构——伏隔核紧密相关，这种连接性在可卡因成瘾者中极大增强。[12]

快乐与运动

与快乐相关的脑系统的解剖位置暗示了快乐的起源以及这些脑系统在学习中的作用。

请记住，前脑皮层与行动有关。它是控制以目标为导向的活动并产生有关行动的想法的地方。事实上，一些神经科学家认为，多巴胺在奖赏中的作用是产生"开始"信号。[13] 也就是说，多巴胺本身可能不是奖赏，它可能产生的行为才是奖赏。

你应该不会对某些基底结构与行为的相关性感到惊讶。一方面，它们调节我们的行为，以满足欲望和需求，例如喝水、吃饭和繁殖。另一方面，它们也是控制复杂的激活和抑制通路的核心结构，这些通路产生协调、有用的主动肌肉收缩。它们产生了非常有价值的行为。

那么，快乐和行动之间有联系吗？脑中这些行动中心的活动是否也能产生快乐？

在基础层面上，这似乎是有道理的。玩耍、性、跳舞、音乐、游戏、吃饭、说话和许多其他的快乐都涉及身体行动。[14] 但我们能将快乐与身体行动的联系在这些直接方面的基础上更进一步吗？我认为是可以的。

我的观点是我们也可以通过针对预期和想象的行为来获得享受和满足。我们知道这发生在朝着一个目标前进的过程中，例如当我们解决一个难题、推导出一个方程、创造出一件艺术品或一件家具时。在引导我们的思想走向目标的旅程中，我们看到了这一点。事实上，这或许是让我们坚持读一本好书或看电影的最重要的原因。我们希望某事发生，或者我们对将要发生的事情，即预期的行为感到好奇。

成功就是朝着目标前进，没有什么比成功更能带来成就感了。这可能是内在动机最重要的方面之一。成功本身就是奖赏性的，这可能只是因为它被认为我们向前进了一步。

这种行动会一直持续下去。当我们深受某事影响时，我们会说我们"被触动了"或"有了令人感动的经历"。与此同时，限制行动是让人痛苦的，让孩子失去行动自由被用于各种惩罚，从监禁到让孩子在角落里罚站。

行动与快乐之间存在这种联系的基本原理在于，行动让我们发现了新事物。随机反射运动是孩子们学会转动眼睛和转头朝向声音的第一步。探索随机运动带来的结果让孩子们大笑、走路、跑步，最后是说话。自然选择要求我们移动我们的身体，而实现这一目标最有效的方法是将快乐与行动联系起来。这就是我们进行探索、接触世界以及学习的过程。

被动学习和主动学习

　　基础结构和快乐之间可能存在的联系引发了关于被动学习与主动学习的有趣预测。具体而言，任何涉及学习者某种进步感和控制感的学习都可能会涉及基底结构的运用，这将是令人愉快的学习。而涉及联想回忆的学习将与大脑皮层的后部（脑中负责信息接收的区域）有更多的连接。这种学习可能不那么愉快，需要人们付出更多的努力。

　　前面提到的这些定性的总结符合我们的一般经验。我们知道记住这些关联是一项困难的工作。这样做的好处是收获了具体的细节，因为这些关联是精确的。这里有正确答案！

　　另外，涉及选择和行动的主动学习对于发展概念和应用是有效的并能带来愉悦感。这类学习可以让人们理解一个主题的整体及其内部关系。

　　最近的一项脑成像研究证实了这些关于脑和不同学习类型的猜测。波德拉克（Russell Poldrack）和他的同事发现：当学习者参与猜测答案并获得反馈时，基底结构会被激活，这是一种主动学习的情境；但是，当学习者被要求进行简单的记忆联想时，基底结构的活跃度较低，靠近记忆系统的后脑皮层区域则更为活跃。[15]

　　研究者在文章中强调了这两种学习类型之间的竞争，但我感兴趣的事实是，学习者在学习中可以通过自己的猜测所获得的反馈来行动，这会激活基底结构，而纯粹记忆不会激活基底结构。这表明令人愉快的学习更可能涉及基底结构。

一个控制中心?

当我们终于弄清楚一切时,前扣带回可能会成为脑中最有趣的部分。达马西奥(Antonio Damasio)认为这个区域是进行社会推理,尤其是判断行为的结果的关键。例如,它在脑中负责意识到我们不应该在公共场合脱衣服并决定不这样做!达马西奥将此与更广泛的推理联系起来。在他的研究中,他描述了人们如何做出明智的并且通常是有用的、直觉性的决定,这些决定取决于他们的情绪,并且在无意识的情况下发生。[16]我们将在下一章讨论情绪和推理的这种关系。

与前扣带回相关的另一种迷人的情绪是"说话的冲动"。当然,我们相信自己在生活中拥有部分控制权,这是因为我们相信语言的力量。我们深信并且明白,如果我们能说话并进行解释,我们就可以获得或重新获得控制权。

64

托尼怎么了?

脑研究最有意义的地方在于它可以帮助我们了解正常生活中正在发生的事情。当我开始认识到所有这些微小的行为都源于脑的物理结构时,我对它们就有了不同的看法。我会接受学生和老师的行为是物理世界的自然结果,而不是倾向于对它们做出判断。这让我觉得自己成了一名更加专业的教师。

托尼的故事可以说明这一点。在过去,我可能会认为托尼是"来自地狱的学生"。现在,我会以完全不同的方式看待托尼,无论这样是更好还是更坏。故事具体是这样的……

* * *

起初，托尼会为了自己的快乐而行动。我猜测他的前脑有性征服的想法。如果是这样，这是一个令人愉快的想法，他的快乐中心会引发行动的想法并期待一些行动！他会调情、开玩笑，并使用典型的男性方式来寻求关注。无论他是否意识到自己的求爱行为，只要他的快乐中心参与其中，他就无法保持平静。

但当我出现在他的视野中时，托尼似乎就感觉到了危险。他的杏仁核警告他可能遇到麻烦了。他的生命没有受到威胁，但他可能已经感觉到他会失去一些他珍视的东西，其中最重要的可能是他的骄傲或控制感。他开始评估他的处境和选择，他的前扣带回正处于高速运转的状态，试图判断他要采取什么行动。

与此同时，托尼的杏仁核正在向他前脑皮层的潜意识运动控制系统发送信号，于是他完全改变了自己的行为。他使用的肌肉以及使用肌肉的方式开始受到负面情绪的驱动，他采取了具有挑战性的姿势和行为。

托尼的脑也在争夺控制权。我试图让他改变，但他的控制中心拒绝了。我们称之为固执，但实际上这只是他的控制脑对杏仁核的反应。他几乎已经决定不听我上课了！

直到托尼从同学那里得到新信息后，他才决定采取不同的策略。这些新信息是如何传达的非常重要。它不能来自我的斥责或劝说（这些很可能是徒劳的），但可以来自一个没有参与我和他斗争的第三方的观察。托尼的脑可以自行解读这些信息，他开始感到自己重新掌控了局面。

最后，随着托尼开始专注于自己的认知工作，他的杏仁核平静了下来。他在重新控制自己脑的过程中找到了新的乐趣，于是他采用了新的肢体语言，并开始认真完成学业。

我们的职业和艺术

在本章中，我重点讨论了情绪及其对师生关系中的动机、态度和行为的影响。我试图展示学习和生活之间自然的契合。既然生活是关于我们想要什么的，我们就不会惊讶于发现学习也是关于我们想要什么的。我们将始终有动力去学习符合我们愿望的东西，并抵制那些不符合我们需求的东西，尤其是那些看起来对我们的快乐有潜在威胁或可能会夺走我们对生活的控制权的东西。我们脑中有特定结构来处理这类事情，它们在现代人的脑中仍然发挥着强大的作用。这就是我们进化的方式和我们目前的状态，因此改变脑必须建立在这些生物学事实之上。

关于情绪和学习的故事还有更多。事实上，我担心会给大家带来一种印象，即情绪就只是由脑的某些部分驱动的。你可能会认为脑中的情绪部分和认知部分是分离的，如果这样那就太简单了。事实上，我们可以说整个脑就是一个情绪的器官，将情感、理性和记忆都联系在一起。学习比我们意识到的更像我们所掌握的一门手艺和一种艺术！

我们将在下一章中解释原因。

5 这件事的感受
在推理与记忆之中，感受很重要

> 难道这个家伙对所做的事毫无感觉，掘墓的时候竟然还
> 在唱歌吗？
>
> ——《哈姆雷特》

我在多年前认识了克里，当时他刚成为助理教授。我们都教生物学，但克里喜欢在教学中大量使用数学。这让他的学生们感到很沮丧，原本他们认为学习生物可以逃避数学！

正如你所预料的，克里开始遇到麻烦。诚然，许多学生都不开心，但更大的问题似乎出在克里本人身上。他很失望而且不断地抱怨："这些学生连简单的数学都不会！"

多年来，克里因为这些挫折变得暴躁易怒。他很容易就会暴发。我承认，如果可以的话，我有时甚至会避开他，因为我知道接下来会发生什么。

但我得赞扬他。克里没有屈服，他只是更努力地工作。他开了一门课程来提升生物学学生的数学能力。他将大量时间投入那些在数学上遇到困难的学生们。并且，并不是无人感激他，一些学生很感激他的关心，他不止一次被提名教学奖。

有一天，我不得不和克里会面，他向我讲述了他最新的故事。但我马上感觉到这次不一样了。他感到困惑并被激发了斗志，但并不是以消极的方式，而是被激发了思考。

"有一天，我为一个学生推导了一个方程。"他说，"她似乎明白了，但出乎意料的是，她提的问题把我难倒了。"

"你知道她问了什么吗？"他接着说，"她看着我说：'你是怎么知道应该那样做的？你怎么知道应该如何推导方程？'"

"她的问题难倒我了！"克里喊道，"我无法回答。我只是有一种感觉！"他停顿了一会儿，接着说："我不知道该如何教这种感觉。"

也许是我感觉错了，但这似乎让他很难过。

* * *

我们大学的一位前校长担心我们的本科生对待学习不够认真，就创造了一种说法。他说："学习是痛苦的。"接下来的几年，我们总是用这个说法来开一些善意的玩笑，但这也让我们感到了不确定性。这会是真的吗？学习就必定意味着受苦吗？

如今，我们更可能听到另一种观点："学习是有趣的。"这听起来不错，但如果我们过于关注乐趣，会发生什么呢？如果教育仅仅依靠笑话、游戏和娱乐，那么学习会发生吗？如果教育是有趣的，那么我们是否总是在学习呢？

这些不同视角中的冲突与本章开头引用的哈姆雷特和掘墓人之间的差异相似。掘墓人一定要像哈姆雷特暗示的那样受苦吗？还是他应该在工作中找到快乐？这对掘墓人来说很棘手。

这对老师来说也很棘手。我们意识到痛苦或"歌唱"都是学习的一部分。我们知道，感受会影响理性思考和记忆，而这些影响对学习既有好处也有坏处。排列组合的方式有很多种。如果我们要帮助人们学习，我们就必须对感觉更加了解！

虽然看起来很奇怪，但理解脑可以帮助我们完成这项任务。当我们更多地研究脑如何建立连接以及如何与身体相互作用时，我们就能明白为什么事情如此复杂。但我们也能看到什么是真实发生的，什么不是。

我们开始认识到自己受到的限制和享有的机会。我们开始对这件事产生了感受。

感　　受

在第 4 章中，我们主要关注情绪的潜意识作用。当我们意识到自己的情绪时，我们就有了感受。所以，情绪和感受是不一样的。感受还存在于身体之中，这也是它们明显的差异。感受意味着感知事物，我们用身体感知事物。脑中的情绪会在身体中产生感受。

这个想法是由威廉·詹姆斯（William James）在一个假设遇到熊的情境中提出的，这个情境经常被引用。[1] 想象一下，你正在树林里平静地散步，突然你看到一只大熊径直朝你跑来。也许你会尽可能快地逃跑。后来，假设你还活着，你会告诉你的朋友和家人："我这辈子从来没有跑得这么快！我太害怕了！"

但詹姆斯认为你不是因为害怕才逃跑的。如果你等到感到害怕再行动，你就会变成熊的午餐。感受不会来得那么快。詹姆斯适时地把情绪和感受分开讨论了。首先你看到了熊，接着你的脑产生了情绪反应，然后你逃跑，最后你感到恐惧。

现在的生物学家可能会这样说：当你看到熊的时候，你的感觉脑会向你的杏仁核发送信号，然后，杏仁核将信号发送到你前脑皮层的运动控制系统，你就会开始疯狂地奔跑！如果你活下来了，你会感觉到你身体内在的恐惧，但那是最后才感受到的。

身体与脑的双向对话

尽管我们倾向于认为心智甚至脑在某种程度上与我们复杂的身体是分开的，但事实是，脑和我们的肝脏一样，都是身体的一部分。学习也涉及脑和身体的其他部分。正如卡拉·汉纳福德（Cara Hannaford）所说的："学习并非全部发生在你的脑海中。"[2]

脑与身体其他部分以两种不同的方式相互作用。首先，数以百万计的细胞连接（见第6章）来回传输信号。脑以这种方式感知身体内部和外部时时刻刻发生的事情，并发出指令告诉身体应该做什么。

接着，脑产生的化学物质被释放到血液中，这些化学物质反映了脑正在经历的事情。同样，身体其他不同部位产生的化学物质被脑接收，并告诉脑身体正在经历什么。

这些化学信息的传递比细胞连接更慢，也更不精确，但它们很强烈。它们负责我们的感受、做事的倾向，或者对事物性质的感觉。感受为我们可能无法立即标记的事件和隐含的信号赋予了意义。但它们持续存在，并最终有时以我们可以理解的方式表达，有时以令我们惊讶的方式表达。

下丘脑是脑最古老的部分之一，负责将化学信号从脑释放到血液中。这个结构位于第4章讨论的基底结构之下，它从这些结构和杏仁核中获得大量信息。这使得下丘脑能够将关于我们脑的情绪状态的信息发送给身体。

例如，如果我们处于危险中，杏仁核就会开始向下丘脑发送信号，这就会触发危险信号，并使其传递到靠近肾脏（远离脑）的肾上腺，然后这些腺体会释放肾上腺素到我们的血液中。当然，肾上腺素会促使我们心跳加快，产生一种紧张感，这种紧张感最终会通过逃跑或战斗而得到缓解。此外，肾上腺素被证明会抑制前脑皮层的功能，比如判断和推理。害怕时我们很难思考和做出正确的决定。

目前已知的这类"感受"性化学物质有十几种，而且可以肯定的是，还有许多其他的化学物质有待发现。另一种非常有趣的化学物质是催产素，它能引发复杂的母性行为甚至爱情。[3]

下丘脑也可以获得化学信息，告诉脑整个身体系统正在发生什么。例如，它让人感受"饥饿"，以此告诉我们自己的血糖水平太低，应该进食了。当然，饥饿并不会自动引发进食行为，它只会让我们想吃东西。这就是感受的运作方式。

我的朋友克里以及感受在理性中的作用

我们如果观察自己的语言，就会发现其很多都暗示着身体、感受和思维之间的联系："我觉得你是对的。""我的直觉就是这么告诉我的。""有件事让我很烦恼。""我不喜欢这个想法。""这个证据不令人满意。"还有很多这样的例子。

我们甚至可以说没有绝对的理性。理性似乎总是受到情绪和需求的驱使。如果没有情绪，理性似乎不太可能产生。

我试图在本章开头提到的克里的故事中说明这一点。如果有人相信理性存在的话，那么那个人就是克里。然而，当他的学生向他提出那个无法回答的问题（"你是怎么知道应该那样做的？"）时，他愣住了。他认识到，在他冷静的理智思考之下，是一种复杂的感受网。他无法为他的推理给出指导建议，因为他既无法描述这种感觉是如何起作用的，也无法描述他的学生可以如何获得这种感觉。

我曾多次尝试去思考不涉及感受的认知任务。到目前为止，我都失败了。让我再举一个例子。

请试着计算 31×41 等于多少。这似乎是一个我们用认知脑进行冷静计算的例子。但是我们怎么知道我们的答案是正确的呢？说到底，这是一个基于信念的问题。我们可以用答案除以 31 或 41 来检验它是否正确，这会增加我们的信心，但信心仍然是一种感受。只有有了那种感受，我们才能继续前进。"知道"是一种感受。

"知道"不仅仅是一种感受，"知道"的过程也充满了感受。在我们做乘法的第一步时，我们感觉到了进展并感到自信。但如果我们的答案受到质疑，我们会感到不确定——还有一点恐惧。我们有动力去证明我们的答案。事实就是这样，这种简单认知行为的每一部分似乎都是由一种感受驱动或评估的。

我想这就是达马西奥所谓的"躯体标记"或"身体标记"[4]，即我们的身体可以发展出与特定认知任务相关的特定感受。这些感受是认知的一部分。当我们被问题困扰并解决问题时，我们的情绪中心会激活我们的下丘脑以及我们身体与脑的连接，从而产生特有的身体感受。我们身体的特定感受与我们脑承担的特定的问题解决任务相一致。

连接情绪与思维

所有这些感受和理性之间的相互作用表明，我们脑中的推理中心和情绪中心之间存在着联系。那么它是如何工作的呢？

图 5-1 显示了这种连接的一部分，它显示了杏仁核和新皮层之间的连接。信号从皮层传播到杏仁核，反之亦然。这些联系同时发生在后脑皮层和前脑皮层。

从杏仁核发出的连接主要到达涉及反思的记忆部分（颞叶皮层）以

74

及抽象的创造和判断部分（额叶和前扣带回）的皮层区域。这表明杏仁核是用来影响记忆、想法、计划和判断的。

图 5-1 杏仁核和皮层的连接

你可能还会注意到，从杏仁核到皮层的连接比相反方向的连接要多。勒杜认为，这解释了为什么情绪往往会压倒认知，而不是相反。也就是说，我们的情绪对思维的影响比思维对情绪的影响更大。[5]

基底结构（快乐中心）和边缘系统与大脑皮层之间的联系非常广泛，并且过于复杂，我无法在这里说清楚。这两个"情绪"区域都接收来自感觉皮层和整合皮层的信号。接着，一些基底结构调节输入到运动皮层的信息，允许个体产生一些动作并抑制另一些动作。它们在控制我们的行为方面起着重要的作用。

前扣带回和后扣带回从整个边缘系统获得信息，这是通过一条从后到前的内部"电缆"完成的。此外，一些最直接的连接是在前扣带回与基底结构、杏仁核和下丘脑之间建立的。这些连接很强烈，并且是双向的。[6]总而言之，所有已知的影响情绪和感受的结构都是相互联系的，并与整个大脑皮层相连。

注意力之战

尽管这可能与普遍的信念背道而驰，但我们有充分的理由认为感受是理性的必要条件。此外，我们也都知道感受会干扰甚至破坏理智。这矛盾吗？感受怎么可能对理性思考而言既好又坏呢？

一种解释是，我们能够同时拥有多种感受。即使我们在一些思维问题上取得了进展，并且感觉良好，我们仍可能会突然被新的、更强烈的感受分散注意力。有些感受需要我们注意，这些感受转移了我们的思考。有效的思考需要我们集中注意力，但如果有人威胁我们，这就很难做到了。当我们的杏仁核向我们的逻辑脑发送危险信号时，我们可能很难集中注意力于一个抽象的问题。我们的快乐中心也是如此。当我们看到一个有吸引力的异性时，逻辑及其带来的乐趣会突然变得无关紧要。

这里就涉及竞争的问题，一个重要的参与竞争的脑功能即注意力，这是一个将不断出现的重要议题。我们无法充分地讨论它，但最近脑的相关研究提出了一个相当简单的想法，即不同的感觉信号会外在地争夺脑的注意力，而最强的信号会胜出。[7] 这是一场物理层面的争斗。

如果理智想要胜出，它就必须引发比竞争者更加强烈的感受！

一场特定的竞争

当我们真的很想获得某个问题的答案时，感受就特别容易分散我们的注意力。如果答案对我们来说很重要，我们的感受就会分散我们的注意力。想要一个特定结果的感受是强烈的，它可以在与理性的竞争中获胜。它竭力争取我们的注意。

这样的例子不胜枚举。科学家们一直在与之斗争。例如，我们可能希望我们的实验呈现出一种特定的结果，而这种希望会干扰我们查看所有数据并冷静地进行推理的能力。我们想要真正的答案，也想要我们"自己的"答案，这些感受相互竞争。

这是感受对理性的一个重要的负面影响，但这不是一个道德问题。

76

当我们的理性被我们的感受扭曲时，这并不是性格软弱的表现。这只是自然规律，我们会把最多的注意力放在我们生活中最重要的事情上。

那么自律呢？难道我们不能训练我们的脑去忽略干扰吗？大多数人倾向于认为自己可以。但我们可能会错过一个关键点。如果要让自律发挥作用，我们必须更关心自律，而不是其他争夺我们注意力的事情。当我们觉得自律是我们最想要的东西时，我们就能实现自律。

归根结底，我们受制于自己的感受，如果我们想成为具备教学艺术的老师，我们就必须参与这场争夺注意力的争斗。我们必须找到一些方法来鼓励我们的学生去调动理性。

安妮塔的记忆

本章的其余部分是关于记忆和感受的。我甚至不会尝试详细讨论记忆，但有几点可以帮助我们思考这个问题的复杂性以及教师面临的挑战。

让我们从另一个故事开始，这是关于我的一个医学院预科生的。它扎根于我的记忆中，因为它仍然是个谜。这个故事让我既感兴趣又困惑，所以我记得很清楚。

* * *

安妮塔不太合群。她坐在教室的前排，且就在我的左边。这意味着我最常面向她的方向，因为像大多数右撇子老师一样，我倾向于站在右边，自然更多地朝左边看。（顺便说一句，这是多么糟糕的教学习惯！）

事实证明，坐在哪里对她来说很重要。她想要更多的"面对面时间"，她需要看到我，看着我说话时的嘴唇和表情。

安妮塔在"记忆"我的授课内容！她确实做了笔记，她记下了我写在黑板上的化学结构，但安妮塔记住的是我说的每一个确切的单词。

我是在她课后找我的时候发现这一点的。她会问我一些问题，有时当我回答的时候，她会看着我说："你在课堂上不是这么说的！"她还会重复她在课堂上确切记得的一个句子！

这让我很惊讶，但直到我注意到其他事情，我才真正开始担心她。她记住的是单词本身，而不是概念。这就是为什么我用不同的词时她那么沮丧。

所以，我确实很担心安妮塔。我原以为她在考试中会遇到麻烦，但我又遇到了另一个惊喜。她这学期的成绩大多在 A 的边缘徘徊，最终拿到了 B+。

前面讲述的都是关于安妮塔的有意思的故事，但下面我要说的几个月后发生的事情并不如此。一天，我在穿过走廊去办公室的路上遇到了她。她和一个朋友在一起，我们互相问候之后，她开始把我介绍给她的朋友。"这是我的……"她开始说。然后她看着我说："你教的是什么课来着？我修了很多课，都忘了哪门是哪门了！"她高兴地笑了。

也许是我太小题大做了，但我一直没能释怀。只要她需要，安妮塔就能记住我在课堂上讲的每一个单词，但一旦不需要了，她甚至会忘记她学过什么课程！

记忆的方法

我再一次给你们举了一个生动的例子来说明我想要表达的观点。安妮塔的记忆能力和遗忘能力似乎都很极端。但我相信你们也有类似的经历。人们常常难以回忆起他们认为已经学过的某个主题的一个要点，这就是很难给学习下定义的原因之一。我们只需要问"学习能持续多久"就能发现问题。

如果我们不使用或不重复一些事情，我们的记忆就会变得模糊。然而，如果一些事情对我们来说是有意义的，或者说让我们投入了情感，我们就能在短期内回忆起大量的细节，有时很久之后也可以。

记忆对老师来说是一件复杂的事情。我们希望学生记住，但不是死记硬背！当然，这也正是我对安妮塔的担心。她背了，但没有记住。

安妮塔代表了一种记忆方法：她为了学习而记忆。但还有第二种方法——通过学习来记忆。这似乎是两种对立的方法：在第一种情况下，我们与事实进行正面交锋，直接让其进入记忆；在另一种情况下，我们等待记忆涌现，记忆几乎是学习过程的副产品。

时间与记忆

当然，记忆与时间有关。[8]拥有好记性的一个方面就是在事情发生很久之后还能回忆起来。但是，短暂的记忆也是有价值的。我们可能需要瞬间的信息来解决问题。然而，如果人们在之后忘记这些信息，并简单地用其他对解决问题很重要的东西来代替它，实际上也是一件好事。

利用记忆来完成任务而不是将其作为信息源，这种类型的记忆被称为工作记忆或短时记忆。在某种程度上，它更多地关于遗忘而不是记忆，因为我们需要清空短时记忆的空间来存储其他东西。

长时记忆不是延长的短时记忆。这两者在本质上是不同的。我们不会在这里详细讨论这些差异，但这个主题将在第 9 章和第 10 章中出现。

我们记住了什么

长时记忆是感受和事实的混合，它让我们回忆起，或者更准确地说，重新组合我们在生活中习得的信息。[9] 我们可以把长时记忆中的内容分成两类：我们意识到的（外显的）和我们意识不到的（内隐的）。我们的脑中充满了这两种记忆，我们对所学知识的理解受到这两者的巨大影响。

你可能没怎么考虑过内隐记忆。这是很自然的，因为它毕竟是内隐的。但内隐记忆是存在的，它们影响着我们的感觉、反应以及我们能做什么。这些都是我们无意识做的事情，比如走路或在特定情况下自发地做出反应。我们没有意识到自己对它们的记忆。

勒杜在法国医生艾德华·克拉帕雷德（Edouard Claparede）讲述的一个故事中为我们举了一个内隐记忆的例子，他讲述了他的一位患有严重失忆症的患者。[10] 这种失忆症非常严重，该患者永远记不起见过克拉帕雷德，即使这个病人曾拜访过他数百次。每次他们见面时，病人都会向克拉帕雷德介绍自己并握手。然而，有一天克拉帕雷德手里藏了一根针，在病人进行第一百次自我介绍并握手时，病人被针扎了。在他们下一次见面时，当他的医生提出进行仪式性握手时，这个病人突然收回了他的手。他不知道为什么，但他害怕握手。

外显记忆和内隐记忆之间的区别对教师有很多启示。行为、信念和感受都可以储存在内隐记忆中，所以当我们想要帮助别人学习时，我们不仅要注意他们外显记忆中的内容，还必须关注内隐记忆。人们知道的可能比他们能告诉我们的要多。

人们学到的东西也可能比我们明确告诉他们的要多。这让我们回到了在第 2 章中对体验学习的讨论，以及教学中隐含的许多内容与所教内容无关的观点。

外显记忆是我们的共同经验。这就是我们在帮助人们学习时看到的。我们经常完全根据学生的外显记忆对他们做出决定和判断。人们的生活因外显记忆系统的有效性而改变。

外显记忆通常被分为语义（semantic）记忆和情景（episodic）记忆两种类型。语义记忆指记住事物的事实、标签和名称等。它们是我们最具体的记忆，它们通常出现在多项选择题测试或游戏节目［如《谁想成为百万富翁》（*Who Wants to Be a Millionaire*）］中。在很大程度上，我们的生活依赖于语义记忆：我们的地址、生日（也许还有我们配偶的生日），街道、城镇、朋友、面孔的名字，等等，无穷无尽。

情景记忆的内容是故事。它们是我们在重现生活中的一件事或一段插曲时重新编织的记忆。它们可能是我们最有信心能记住的记忆，但也可能是最容易包含错误的，因为我们记住的是事件的本质，而不是细节。

当我们想要帮助他人学习时，我们需要注意，学习者也许无法告诉我们他们所记得的一切，并且当他们告诉我们他们的记忆时，有些部分可能是错的。老师在评估学习成果时，不相信记忆也许是正确的选项！

记 忆 与 脑

记忆似乎不保存在脑的任何特定位置。如果有的话，它们可能分散在几个不同的地方（见图 5-2）。例如，对视觉体验的记忆可能储存在感觉脑的几个部分，而对序列或事物顺序的记忆则被定位在运动皮层。[11]

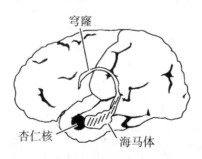

穹窿

杏仁核　　　　海马体

图 5-2　记忆与脑

但是提取和形成记忆的过程处于大脑皮层的特定部位。对语义记忆的提取涉及左前脑皮层和双侧部分后脑皮层，而情景记忆的提取似乎需要右前脑皮层和后脑皮层的共同参与。[12] 此外，外显记忆的形成需要后脑皮层（颞叶皮层）中一个叫作海马体的特殊结构，但内隐记忆的形成可能不需要它。因此，除了心理上的原因外，不同记忆类型的区分具有生物学的基础。

形成记忆的地方

长时外显记忆是在海马体中形成的。这是一个奇怪的名字，你可能很难把它存储在脑中，但也许我们可以使用情景记忆，基于它编一个故事。据说，海马体最初被发现时，让人想起了尾巴卷曲的海马。因此，它以希腊语命名，意思是马形（hippo）海怪（kampos）。

和杏仁核一样，海马体埋在颞叶的整合皮层之下。图 5-2 大致显示了它的位置以及它从侧面看上去的样子。在这张图中我们可以看到附着在海马体上的弯曲尾状结构（穹窿），它的名字由此得来。

关于海马体的一个早期发现是，脑的这一部分与对位置或地点的记忆有关。记住事物（比如食物或敌人）的位置对于生存来说至关重要，因此这种记忆是基本的。

但是现在，人们已知海马体在长时记忆中有更广泛的功能。事实上，人们现在认为它位于后脑皮层周围整合皮层中所有信息都要经过的路径上。目前的看法是，已经整合成为图像、模式、面孔、声音和位置的感觉输入都可以在这里找到。似乎当这类与特定事件或"情景"相关的信息到达海马体时，它们就会被整合进一个更大的情景本身。记忆的所有部分相互关联，从而成为"记忆"。海马体是整合大师。

但海马体本身不能存储记忆。更确切地说，整合后的信息会以特定

81

的形式存储到皮层的不同部分，而在任何时候这些信息都可以被提取或重组。

记忆与感受

海马体随后将信号传送到围绕着它的皮层。但信号离开海马体还有另一个主要途径，就是通过穹窿。

如果你再看一下图 5-2 中的海马体，你会看到穹窿圈的前端到达了我们熟悉的 C 形结构。对我们来说有趣的一点是，穹窿将其纤维传送给我们的老朋友，即隐藏在额叶皮层下的基底结构。很多来自穹窿的信号最终都会到达我们之前识别为潜在快乐中心的结构中，例如隔膜和邻近的伏隔核中。

这些连接具有启发性。尽管它们不能证明任何东西，但它们与感受和外显记忆形成之间的联系是一致的。这种联系可能会如何影响学习值得教师思考。

海马体也向杏仁核发送一些信号。我们的杏仁核可能会错过一些原始感官数据中的潜在危险，但一旦这些数据开始被整合成一个事件，威胁就可能变得明显。这种对海马体和杏仁核之间联系的解释是推测性的，但很有趣。如果我们要避免危险，那么我们不仅需要识别直接经验中的事物，也要识别潜伏在我们记忆中的事物。

感受帮助了你还是伤害了你

让我们来谈谈感受对记忆的另一种影响。这让我们回到"学习是痛苦的"与"学习是有趣的"的争论中。

你可能以不同的方式体验过脑的这种矛盾性。你可能还记得一些感到有点焦虑、紧张和很难集中注意力的时刻，但后来你意识到你对当时情况的记忆似乎很清晰。感受作为体验的一部分，似乎能帮助你记住它。

此外，你也可能长期处于真正的压力中，并发现你的记忆出现了问题。最著名的例子是士兵在战斗经历中产生"创伤后应激障碍"（PTSD），或遭受童年虐待后记忆有时似乎会被抹去。[13] 人们已从生物学角度对此进行了研究。让我们简要看看每一种情况。

这种强烈的感受对长期记忆的损害可能是通过血液中循环的化学物质影响身体与脑之间的对话而产生的。之前我描述了如何通过释放肾上腺素到血液中来激活"战斗或逃跑"反应。

然而，肾上腺还会向血液中释放另一种化学物质——皮质醇。这种化学物质的存在持续时间更长，并以更慢但更根本的方式改变我们的新陈代谢。很有趣的是，皮质醇似乎对海马体中的细胞有相当特殊的作用。血液中的高皮质醇水平会损害海马体中的细胞，甚至杀死它们。极度的压力会永久性地损害我们的记忆中枢，这种影响与极端抑郁和创伤后应激障碍有关。[14]

积极的一面在于，紧张也能改善记忆。之前我们谈到肾上腺素抑制了前脑皮层及其创造功能，但它对后脑皮层有相反的作用，实际上，它改善了海马体的工作并强化了长时语义记忆。

多年来，詹姆斯·麦高（James McGaugh）一直在研究这些短期应激激素对记忆的积极影响，[15] 它们是脑以外的身体部位在记忆中产生作用的一个有趣的例子。麦高最初的研究表明，将肾上腺素注射到血液中（即脑外）增强了老鼠的记忆，后来他发现了杏仁核对后脑皮层肾上腺素的释放有直接作用。也就是说，脑和身体其他部位释放的化学物质都会改变记忆。

虚 假 记 忆

　　我的学生安妮塔相信她的记忆，但我已经学会了不相信自己的记忆。我不仅会忘记，还会记得那些没发生过的事，我想我们都是这样。

　　有一次我看了一场克利夫兰骑士队对芝加哥公牛队的篮球比赛。迈克尔·乔丹（Michael Jordan）是骑士队的诅咒，但这一次骑士队赢了。我是一个狂热的球迷，这场比赛和我所见过的任何一场比赛一样精彩。我清楚地记得骑士队中最矮的球员马克·普莱斯（Mark Price）在比赛快结束时封盖了乔丹的一次投篮，事实上，这一封盖是比赛中的决定性时刻。

　　当比赛的新闻报道没有提到普莱斯的这一关键封盖时，我感到很惊讶。我非常沮丧，我打电话给一个拍下比赛录像的朋友。但是，在那盘磁带上我们没找到我的关键剧本！它没有发生。它不是发生在比赛结束时，也不是发生在比赛刚开始时，而是从来没有发生过！

　　夏克特（Daniel Schacter）研究了人们产生虚假记忆时脑中发生了什么。事实上，当我们回忆起真实发生的事情和没有发生的事情时，脑的反应是不同的。[16] 他的研究表明，形成记忆所需要的脑区，即海马体周围的部分，在虚假记忆和真实记忆中都被激活了。但当回忆起真实的记忆时，脑的另一个部分也变得更加活跃。它是脑感知真实事件时涉及的感觉皮层区域。在这些实验中，人们被要求记住所说的话，因此回忆那些实际上已经说过的话激活了感觉皮层的听觉部分，也就是听觉皮层。当回忆虚假记忆时，脑的这一部分是不会被激活的。

　　虚假记忆通常不是不相关的记忆。它们是可能发生的事情，并融入经历中，就像我对球赛的记忆一样。这样看起来，即使感觉数据并不存在，我们的海马体也会根据情境组织记忆。我们有足够的感觉数据来构建一个情境，且我们的脑可能会填补缺失的细节。左脑皮层似乎尤其善于这么做。

我们将在后面的章节中看到，脑的这种填补和推断能力通常是一件好事。它使我们富有创造力和智慧，但在记忆这件事上，就没有那么好了！

记住安妮塔

在这一章的前面，我曾提到我的学生安妮塔。她一字不差地记得我的课，在我的课上取得了好成绩，但几个月后，她甚至不记得我教的是哪门课。从我们讨论过的生物学角度来思考安妮塔的情况可能会得到启发。让我们先看看好的方面。

显然，安妮塔的脑能够有效地形成语义记忆。为了做到这一点，她必须将竞争的输入减少到最低限度。她通过独自坐在前排来实现这一点，而且更重要的是，她不仅关注我的言语，还关注我的脸和肢体语言。我猜我讲课的整个感官动作都成为她记忆的一部分。内隐记忆的重要组成部分可能促进了她的外显记忆，她接受的比她知道的要多。其他只注意听我说的话的学生可能记得更少。

安妮塔的故事中有两个消极的方面。一个方面是她对记忆的依赖。在我的课堂上，安妮塔并没有大量使用她的前脑皮层，甚至可以说几乎没有使用。但这可能是课堂压力或挑战的结果，这符合我们之前描述的生物学特征。安妮塔知道这是一门很难的课，她坚持听课了。所以，如果她的肾上腺素水平很高，她的前脑皮层会被相对关闭，但她在后脑皮层的记忆中心会被打开。这种权衡可能是她的故事的重要组成部分。

另一个消极的方面是几个月后她丧失了对课堂的记忆。这是否可能

85

与压力有关？会不会是皮质醇在工作？像大多数预科生一样，安妮塔一直处于至少轻微的压力之下。我们不知道这种压力是否足以产生海马体损伤，但这是可能的。人们确实对于教育系统鼓励由压力驱使的短时记忆而不是长时记忆感到疑惑。那么，脑是如何处理这些问题的呢？

我们知道记忆是重构的，不是从文件中提取出来的。这种重构可能需要一点时间，所以也许安妮塔的海马体没有问题。也许我们大厅里碰到时，她只是需要更多的时间来重构特定的语义记忆。

更统一的画面

在科学研究中，我们通常会把这些事物的某些部分看作彼此分离的。但事实上，我们研究的部分几乎总是与其他部分相连。这对脑的研究来说尤其如此。我们研究脑的不同部分，讨论它们的功能，但最终我们必须寻找更统一的观点。

我们在本章中讨论的某些方面对于有关连接和相互作用的讨论似乎特别重要，我将逐一指出。

我描述了有助于理性思考与损害理性思考的两种感受。但在我看来，这些并不是真正分离的。它们都一直在工作，教师意识到这一点尤为重要。如果我们能分辨出哪些感觉是有益的，哪些是有害的，我们甚至可以将有害的转化为有益的。

外显记忆和内隐记忆可能也不是独立的。外显记忆中的事实和图像是由内隐记忆的元素所支持的。我们记得自己的家庭地址，部分原因是它和与"家"有关的内隐感受及图像有关。但是，如果我们意识到这些内隐感受和图像，它们就会变得外显了。也许外显记忆和内隐记忆是相互支持的！

86

情景记忆和语义记忆也可能密切相关。死记硬背实际上可能根本不是死记硬背。我们可能会通过蛮力来"记忆"，但实际的记忆可能依赖于我们开始成功记忆时的情境或感受。换句话说，语义记忆可能依赖于情景记忆，即我们在记忆经历中的感受和故事。例如，我们可以通过记住我们学习乘法表的时间、学习时的感受，甚至是回忆相关的曲调或"节拍"来记住乘法表（唱"abcd efg hijk lmnop！"）。

与此同时，外显记忆为我们的情景记忆提供了内容。除非我们能将明确的名字、地点和面孔放在记忆中，否则我们可能会感到沮丧，并且可能无法回忆起我们生活中的故事。要知道，一个简单的外显记忆就可以引发包含各种丰富细节和理解的情景记忆！

学习的基础

请记住，我们正在发展有助于我们成为更有技巧的老师的观点。我们正在为学习建立基础。

在这一章中，关于这个基础最重要的一个观点可能是，感受总会影响推理和记忆。这种感受的影响涵盖了所有的可能性。感受可以帮助我们记忆，也可以让我们遗忘。它们可以帮助我们回忆确实发生过的重要事件，但也会触发错误的记忆。它们对于推理至关重要，但也会阻碍推理。

当我们提出改变脑的想法时，我们必须牢记这部分基础。改变脑在很大程度上取决于我们的学习者的感受。

87

第一部分总结

在本书的第一部分中，我试图让大家注意到一些基本的观点，这些观点是我们在帮助人们学习时所做努力的基础。这里可能会有一些内容给你惊喜，也可能没有。但我的经验是，当我们认识到这些想法来自脑的构造方式时，它们会变得更加真实。

以下是有关学习基础的关键词总结：经验、反思、抽象、行动、平衡、控制、危险、快乐、感受和身体。每个因素都影响着我们如何帮助人们学习。如果我们在具体的教学计划中忽略其中某个或多个因素，学习发生的概率就会降低。我们将在接下来的章节中基于这些基础开展讨论。

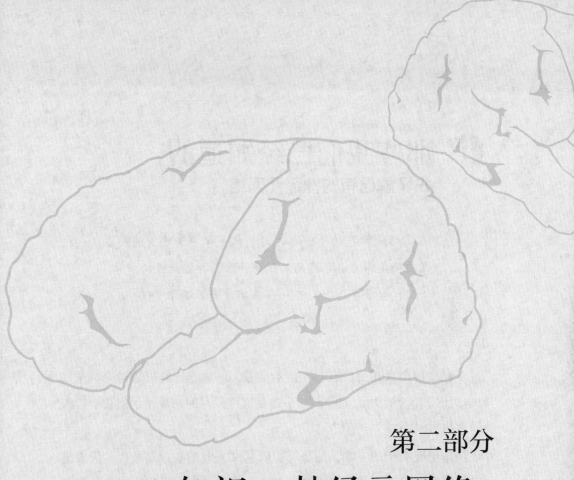

第二部分

知识、神经元网络、
发展变化以及给教师的建议

脑中知识存储的物理结构是什么？这种物理结构在学习过程中是如何变化的？教师首先要考虑的事情是什么？我们应该如何帮助人们改变自己的神经元网络？

那些我们已经知道的
先了解已有的神经元网络

> 影响学习的最重要的因素就是学习者已有的知识。我们需要确定学习者已有的知识是什么，并据此进行教学。
>
> ——戴维·奥苏贝尔（David Ausubel）

一群教授围坐在会议室的大橡木桌旁，一边吃比萨一边讨论。这些"教学对话"非常成功。老师们似乎需要这样的时间来谈论他们教学过程中的成功和困扰。

汤姆坐在桌子的一端，他是一位看起来文弱的物理学教授。汤姆是这里的常客，我们总是可以从他那简练的英国口音中听到清晰的见解和评论。我们都非常尊重汤姆的才智，因为他总能让我们在大笑中思考。

但是他今天没有笑的心情。当他突然抓起一叠作业，像飞盘一样把它们扔到桌子对面时，我们知道今天他的心情很糟糕。

"这些学生连简单的概念都搞不懂！"他生气地说道，"就拿那些作业纸来说！我敢打赌你们都知道它们会在没有任何阻力的情况下永远向前移动！但我的学生就是不明白！动量守恒对他们来说就像另一种语言一样陌生！"

我碰巧坐在桌子的另一端，汤姆扔出的作业纸刚好停在我面前。尽管我注意到这些纸停下了，但是我也明白汤姆所讲的动量守恒的含义。如果房间里没有空气阻力，没有桌子的摩擦力，并且任何地方都没有其他阻力的话，这些纸确实会一直保持前进。

我把这些作业纸拿起来，思考着我能说些什么。作为名义上的教学讨论活动的领导者，我应该以某种方式做出回应。但我发现自己陷入了一种茫然不知所措的情境。事实上，直到下班开车回家时，我才想到应该如何做出回应。

"我知道我应该告诉汤姆什么了！"我想，"我希望明天能见到他，我们需要谈一谈有关神经元网络（neuronal network）[1]的知识！"

* * *

本书第一部分讲述了学习的基础。现在，我将尝试在此基础上，阐述一些帮助人们学习的具体想法。

就如同用显微镜一样，我们需要先深入地研究脑的结构，以了解脑本身的物质构成。我们将了解到，脑是由复杂的细胞组成的，它们在一个巨大的纤维和分支网络中相互连接。这些细胞被称为神经元，这些连接形成了神经元网络。

虽然这些网络结构在物理上已经令人惊叹，但是它们所表征的含义更令人惊叹。我们在一定程度上可以这样理解，当我们看到一张人脑神经元网络的图片时，我们实际上看到的是脑曾经以物理形式存储的知识。其实，神经元网络就是知识。

先 前 知 识

"神经元网络就是知识"是什么意思？如何将脑细胞连接所产生的物理结构等同于知识？

你可能认为这句话意味着知识存储在神经元网络中。这确实是它的一部分含义，但是并不完整。知识不仅储存在脑中，而且会随着脑神经元网络的变化而产生。知识的任何变化都必须来自神经元网络的某些变化。

奥苏贝尔曾对"先前知识"做出过深刻的生物学阐释，将其比喻为"教学的开端"，尽管当时他可能没有意识到这一点。他的阐释在生物学上等同于：

影响学习的最重要的因素是学习者脑中现有的神经元网络。我们需要确定学习者已有的神经元网络是什么，并据此进行教学。

然而，这并不意味着教师可以直接观察学生的脑和神经元网络。实际上，当我们寻找学生已经知道的知识时，我们其实就是在发现他们的神经元网络。我们正在发现学生脑中的连接。

在接下来的内容中，我将阐述关于先前知识的三个重要观点。第一，先前知识是客观存在的。所有的学习者，甚至新生儿，都会有一些先前知识。学习并不是从一张白纸开始的。第二，先前知识是持久的。神经元物理网络中的连接是非常牢固的，它们不会随着老师的轻蔑批评或试卷上的错误标记而消失。第三，先前知识是新知识的开始。它是所有人学习的起点。

汤姆的学生

你现在应该清楚为什么我认为应该告诉汤姆关于神经元网络的事情了。汤姆班上学生的脑似乎根本没有为汤姆想让他们学习的知识做好准备。他们现在已经知道和理解的知识并没有为自己将要学习的内容起到铺垫作用，也就是说他们现在还没有合适的神经元网络。

汤姆似乎没有考虑过先前知识可能产生的影响，或者如果他考虑过的话，他也还在怀疑先前知识的作用。这并不奇怪，科学教师并不能切身感受到学生身处的现实世界和物理知识之间的鸿沟。例如，尽管伽利略证实了重力加速度的存在，学生们依旧可能认为较重的物体比较轻的物体下落得更快。除此之外，学生们可能认为只有运动的物体才能产生力，或者他们相信夹克会产生热量来保温。[2] 学生们的生活经历让他们产生了这样的"经验和常识"，并且这些"经验和常识"是很难被改变的。

汤姆很可能会觉得他应该尽可能远离学生的先前知识。

不可避免的事实

汤姆遇到的问题是他没得选。任何人都无法理解与他们的经验完全无关的事情。让我来解释这一点。

想象你在一个荒岛上着陆，在那里你发现了另外一个人。这个人使用的语言与你不同并且和你有着不同的文化背景。你们可以沟通吗？当然可以！你是怎么做到的？可能是因为你找到了彼此都能理解的东西。它可能是一个手势——勾勾食指说"过来！"，也可能是大笑或者啜泣。但不管是什么，你必须找到一些你们可以分享的先前知识。

我们可以用同样的方式来看待汤姆和他的学生。他的学生都有自己关于动量守恒的先前知识。他们对"守恒"和"动量"的含义有自己的看法，并且对移动物体以及对阻止或减缓物体移动的"力"有自己的经验。不管他们的经验如何，这就是他们学习这个知识点的出发点。

如果汤姆想与这些对物理学领域十分陌生的学生交流，那他必须先找到一些能与学生产生共鸣的先前知识。

神 经 元

当我们谈论"先前知识"时，我们谈论的是某种物理意义上的东西。它基于脑物理结构的变化而形成，并且通过物理连接固定下来。我们可以这样说，先前知识其实是一种"东西"！

这听起来可能很奇怪。我们不习惯从字面上理解这些关于学习和认识的概念。但我发现，这种思维方式是理解如何帮助人们学习的重要一步。这也让我意识到，我不能仅通过简单地声明某些知识是错误的来消除学生错误的想法。这些感悟也是让我的教学方法产生巨大变革的开始。

但是我不指望你会不加怀疑地完全接受我的观点。如果你直接接受，那它们便没有任何意义了。这些建议只会变成你记忆中的东西，而不会成为你所理解的东西。你不会产生一个与这个想法相关的故事，所以你的情感脑不会参与其中。

我们需要了解这一切背后的故事。而要讲这个故事，我们必须从故事的主人公——神经元开始。

神经元是细胞。当我们第一次看到它们时，我们可能不会注意到这一点。一般来说，它们就像几乎所有细胞一样，长得很小，但如图 6-1 所示，它们的样子看起来更像住宅前院里的灌木，或者更像俄亥俄州冬天的无叶树，而不是细胞。

正是这些分支让神经元细胞看起来如此奇怪，并且，这些分支让神经元细胞看起来相当大，就像图 6-1 中的神经元一样。图 6-1 中的箭头指出，神经元细胞实际上有两种不同的分支。我们仔细观察，会发现其中一个分支通常看起来与其他分支有些不同。

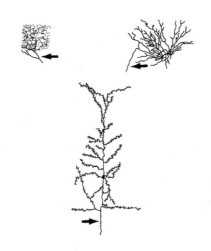

图 6-1　神经元细胞

你会注意到箭头指向的那个分支，它看起来比其他分支更长、更独

立。这个分支叫作轴突。

其余的分支被称为树突。一般来说，树突决定神经元的外观。这些树突和轴突从细胞体中分支出来（见图6-2）。

这就是我们主人公的样子。那么它们是干什么的？它们的行为是怎样的？

神经元是敏感且可观察的。它们接收信号并将其发送给其他神经元。例如，这些信号可以是来自外部世界的光或声音，也可以是来自其他神经元的信号。一般来说，树突会接收信号并将其发送到细胞的中心，即细胞体。

而轴突会收集来自树突的信号，并将它们一起从细胞体中传送出去。从某种程度上来说，这个过程一直在发生，并且这种信号所发生的特定背景也是随机的。

为了讲清神经元的故事，我们最后需要了解的一个神经元的特点是，它们很容易"交朋友"，它们会与其他神经元形成连接。轴突的末端是树突甚至其他神经元的细胞体。信号会从轴突传导到下一个神经元，如果这些信号足够多，第二个神经元也会以同样的方式传递这些信号。信号从一个神经元传递到另一个神经元的地方被称为突触。

　　所有的这些过程都很难在图片中直接观察到，但图 6-2 会以图解的方式来展示这个过程。到目前为止，这张图中我唯一没有提到的是左侧细胞轴突周围的带状物质。这种轴突涂层被称为髓鞘，它允许信号沿着轴突更快地传递，让信号可以在髓鞘覆盖层中从一个节点跳到另一个节点。当我们刚出生时，我们脑中的许多轴突没有髓鞘层，并且许多轴突永远不会有髓鞘。但是，部分其他轴突会在脑发育的不同时期形成髓鞘，这是脑功能自然增长的重要组成部分。

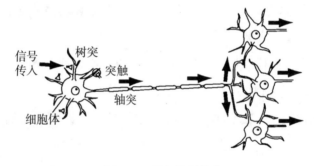

图 6-2　神经元网络[3]

大脑的神经元网络

　　图 6-2 显示了一个由 4 个神经元组成的网络，它也展示了我所说的神经元网络。你可以在这张图上添加一些新的神经元，从而形成一个更大的网络。事实上，仅仅通过简单的绘制，神经元网络就可能很快变得非常复杂！如果数一下，你就会在这 4 个神经元中发现约 30 个未使用的树突，与每一个树突进行一次信号传导就会产生很多的连接。

但这些都不算什么。在人脑中，实际上已经发现的神经元网络、连接和神经元的数量都是无法计数的。

人脑中大约有 1000 亿个神经元（11 个"0"）。[4] 据估计，每个神经元的连接数高达 1 万个。[5] 这意味着平均来说，人脑中总共有 1000 万亿个连接（15 个"0"）。我们脑中的神经元连接数量比我们身体中细胞的数量多 10 到 100 倍。[6]

如此庞大的数量意味着，即使是选择脑中的一小块区域，我们也不可能将所有的脑部连接以可视化的方式表现出来。但我们可以通过观察单个神经元上可能形成突触的部位来大致了解它们的范围。图 6-3 显示了一小段海马体神经元的树突分支。可以形成突触的部位用圆点标记。这些位点并不是真正的突触，但如果把这个神经元放回海马体，它们就会成为突触，并且这些神经元网络会通过学习和记忆变得更加复杂。

98

细胞体

图 6-3 一段海马体神经元的树突分支

最后，不管某个特定的神经元有多少个突触，它似乎都有潜力生长出更多突触。我们将在第 7 章了解神经元网络如何变化时讨论到这一点。

神经元网络就是先前知识

我在前文中提到过，先前知识是一种物体。现在你可以明白这个说法的含义了。我们每个人的脑中都有一个神经元网络，代表着我们所知道的一切。

让我们看一个例子。我们每个人都知道自己的名字。我们认识它，并且知道如何说它以及如何写它，它是我们已有知识的一部分。我们识别自己名字的能力来自我们感觉脑中的神经元网络。当简（Jane）看到黑板上写着"简"时，她视觉皮层细胞体中的一群神经元会被她名字中字母的形状共同激活。简的名字的书写体作为一种视觉刺激，每次都会激活相同的神经元网络。对她的脑来说，"简"这个名字就是一个神经元网络。

更进一步，由于简经常写她的名字，所以她可以不假思索地写出自己的名字。她记忆脑中的一个神经元网络与运动脑中的另一个神经元网络相连接，让简可以不假思索地写出自己的名字。写"简"这个名字的运动网络是独一无二的，这代表着简知道如何写自己的名字。而当简签写支票时，她调用的是更大的神经元网络，这个神经元网络包括了与她名字相关的记忆网络和运动网络，让她写字时产生手和手臂的运动。

我们知道的每一个事实，理解的每一个想法，以及采取的每一个行动，似乎都在我们的脑中形成了一个神经元网络。迄今为止，我们还未发现其他的形式。

分散 / 连接的脑

脑的构造使得各部分知识存储在彼此相互连接的小规模的神经元网络中。这些小规模的神经元网络与其他小规模网络连接，而产生了更大的神经元网络，并且这些连接几乎没有任何特定的限制。因此，复杂的经历或想法由大规模的网络组成。脑是一个几乎同时被无限分割和无限连接的结构。

这些小的知识模块的差异可能是直线和斜线之间的差异，演奏不同音符时所产生振动的差异，或者是立方体和圆形这两个几何形状的差异。这些小规模的神经元网络是由彼此靠近的神经元组成的，并且越来越多的研究发现了特定脑区的具体功能。我们知道有特定的脑区负责听觉、语言创造、工作记忆、长时记忆、图像创造、理解名词、理解动词、做算术题、做几何题、识别音高、记住甲壳虫乐队的《黄色潜艇》和回忆贝多芬《第五交响曲》的第一小节。

当我们听到钢琴的中央 C 时，某个特定的神经元群会被激活，当我们听到升 C 时，不同的神经元群会被激活。当我们看到红色时，特定的神经元群会被激活，当我们看到蓝色时，另一个特定的神经元群会被激活。当我们感到高兴、愤怒、悲伤或害怕时，不同的神经元群就会被激活。某些神经元在我们恋爱时会被激活，而另一些则只在有欲望时才会被激活。

当人们说出任何人类知道、思考、感觉到或者做的事情时，我们都能找到脑中专门负责这件事的某个脑区或者组合脑区。同时，这些神经元群的组合也可以被同时激活。任务越复杂，需要的脑区就越多，发挥作用的神经元网络也就越大。毫不夸张地说，只要人们需要，任何神经元网络都可能与任何其他神经元网络连接起来。例如，如果简不断哼着《黄色潜艇》这首曲子，则可以促使《黄色潜艇》的神经元网络与名为"简"的神经元网络连接起来。

因此，在认知任务中，脑的许多不同区域可以被同时激活。在我们生活中的一些复杂时刻，尤其是那些可能会对我们的心智和心脏（即我们脑的认知和情感部分）提出挑战的时刻，我们脑中的很多区域都会以难以理解的复杂神经元网络的形式被共同激活。

汤姆故事的后续⁷

我和汤姆正在吃午饭。我们已经讨论这些想法好几天了，但他没有说任何关于教学的事情。这让我再也受不了了。

"好吧，"我说，"你觉得怎么样？你能在课堂上使用这些吗？"

他用那种他常用的敏锐且好奇的眼神看着我。"我不能完全认可你，"他说，"但有一件事你是对的。我从来没有用那种方式来思考我的教学。如果学生们的知识是物理意义上的东西，那么真实神经元之间的物理连接确实听起来更有说服力。这让我意识到，教学生知识可能比我想象的要难。"

"这是什么意思？"我问。

"嗯，我只是假设，当我用文字、方程式或图表来解释事物时，他们会明白。但是，如果这些文字或图表必须与他们脑中已有的物理网络相匹配，就很有可能错配。即使是一个单词，或者我的绘图中的一小部分，都可能导致错配发生。这时，学生就会遇到学习障碍！"

"是会这样。"我表示赞同。

"如果我试图纠正一个错误或一个错误的想法呢？"汤姆话锋突转，"我如何让自己所说的话真正地改变学生脑中的一部分物理连接呢？"

"这并不容易，"我说，"你的学生的表现也让我们知道这并不容易。"

"嗯，如果我知道他们已经有了什么样的网络，这可能会有所帮助。"他想了一会儿说，"至少，这会给我一些线索，让我可以在此基础上教学。"

他停下来，认真地思考。"或者还有另一种办法。如果我能知道他们什么时候不明白我在说什么或知道他们何时遇到困难，我至少会了解他们没有什么网络。"

汤姆笑道："嗯，现在我们知道的是，他们还没有建立起一个动量守恒网络。"

沉默片刻后，汤姆问道："关于这些神经元连接最初是如何产生的，我们知道些什么呢？我能否做一些推论？或者能否假设有一些神经元连接是他们共有的？"

这些问题让我感到惊讶。他的思绪已经走到了我的前面，而我还在想如何让物体一直向前不要停。我自己的脑中有那样的神经元网络吗？

神经元网络是开始

汤姆很清楚一件事情，那就是无论学生脑中的神经元网络是什么，教师都无法移除它们。它们是物理事实。正如我们将在后文看到的，我们可以减少对特定网络的使用或者使用其他网络来代替它们，并且一些神经元网络可能会随着"废弃"而减弱或消亡。但是，没有哪一位教师能用一个手势、一支红笔甚至是一个令人信服且清晰的解释，移除学生脑中现有的神经元网络。

对于教师来说，有用的是了解如何在现有的神经元网络上建立新的连接。也就是说，以我们学生已有的知识为基础，构建一个基于生物学的教育学理念。我们应该找出学生所相信的东西，而不是贬低或试图忽视它，并将其作为教学工具。学生脑中已有的神经元网络为有效教学打开了大门。

汤姆的最后一个问题是非常有意义的。是否有共同的神经元网络可以作为我们教学的起点？我们能否假设学生们已经知道了一些东西呢？

我们可以肯定的是，学生脑中的神经元网络与他们自己的生活经历

102

有关。他们的所见、所听、所触、所闻和所尝共同建立了这些网络。他们曾经尝试过或成功做到的事情也会成为他们神经元网络的一部分。他们有对应自己真实生活的神经元网络。

所以汤姆可以至少进行初步的推论。他可以假设，当他谈到学生们都经历过的事情时，他的大多数学生都会理解。他们世界中的物体、他们共享的语言、音乐、形状、纹理、味道都会在学生共同的神经元网络中。当然，这些也会有差异，因为一个脑感知到的东西另一个脑可能感知不到，但是这种推论为我们提供了一个起点。

"具象"的重要性

正如我们将在第 8 章中看到的，我们的脑会绘制有关世界的物理地图，现有的神经元网络是这个世界中客观物体的物理形式的"复制品"，这些物体和事件构成了我们的具体体验。例如，从房屋或树木等物体反射的光以对所有人都相同的几何排列进入我们的眼睛（见第 8 章）。随后，眼睛会将这些信息发送到我们视觉脑的相同部位，并且通过物体本身的物理映射记录信息。因此，感知外部世界时形成的神经元网络很可能在我们每个人身上都是相似的。它们具有相同的来源，即物理世界。

我们如何解释或感知信息是另一回事。当我们继续阅读这本书时，我们最终会发现，几乎每个脑都会从同样的具体事实中获得某种不同的意义。事实上，我们的感知和理解受到脑其他非感觉区域神经元网络的影响。所以，我们不能对理解做任何假设。

尽管个人会将感觉体验转变为感知，但是似乎教师能采用的最佳的方式还是从具体的例子引入。因为，如果神经元网络没有与学习者的具体体验相关联，那么抽象和理论就更缺乏意义了。例如，医学教育可以

103

从患者开始，算术教学可以从商店购物开始。同样，对遗传学的理解可以从学习者的家庭特征开始，对经济学的理解可以从了解光盘的成本开始，对土木工程的理解可以从州际公路的具体例子开始。

这些建议实际上只是以另一种方式确认了奥苏贝尔的主张。"我们已经知道的"对我们来说是具体的。我们对它的了解使它成为现实，成为我们经验的一部分。

然而，尤其是在高等教育中，教师并不一定会从具体事实开始。我们对自己领域的深入理解会导致我们从原理而不是例子开始。我们可能认为，在向学生展示问题之前，我们应该为他们提供解决问题的"工具"，或者，我们应该从原子而不是物体开始，从方程而不是现象开始，从供求概念而不是经济故事开始。事实上，我们总是从自己的先前知识开始，而不是从学生的先前知识开始。

超越事实——关于概念的神经元网络

但汤姆希望他的学生理解一个抽象的概念，一个他们从来没有也永远不会真正体验到的东西。关于这个挑战，我们对神经元网络的了解告诉了我们什么呢？

我的建议是，抽象概念应该被嵌入具体的体验中。例如，观察或乘坐汽车是一种具体的体验，这种体验与速度和加速度的概念有关。在更基本的层面上，世界为我们提供了许多物体多样性的例子：汽车、苹果、人。这些具体的信息内在地包含了数字、算术和统计学的抽象概念。

通过我们的真实经历，我们的脑可能更容易理解某些抽象的概念。我们也许不能识别或说出它们的抽象性或名称，但是它们可能已经存在于我们的神经元网络中了。如果我们认可物理脑是所有事情的全貌（我

104

的一己之见），那么我们就会知道，所有的概念一定都有对应的神经元网络。这些"想法"让我们能够理解自己和世界，比如时间、形状、新奇事物、数字、因果关系、程度、品质、自我与他人、质量和硬度等。所有这些都来自具体的世界。[8]

由此，我认为，汤姆的学生已经有了一些可以利用的神经元网络。学生们可能还不知道，是因为他们从来没有把自己和动量这个词联系起来。但是他们可能知道重的物体比轻的物体更难停下来，而且他们也知道快速移动的物体，即使是小物体，也会猛烈地撞击你。他们有可以让汤姆作为教学起点的零碎的神经元网络，发现这些零碎的神经元网络就是汤姆的工作。[9]

学生们也很有可能缺少将事情联系在一起的网络。这个网络甚至可以只是一个词语那么简单。例如，他们可能没有一个很好的关于"动量"这个词语的网络。需要被连接起来的部分可能已经存在，只是最后的关键连接仍未形成。如果我们不知道缺少的是什么连接，那么我们就不知道如何教授他们。

混 乱 网 络

每个学习者都会把自己特殊的神经元网络带到课堂上，对此我们无能为力。我们没有办法在教室门口对此进行检查！

这些神经元网络真是混乱，它们的分支有些悬挂在一侧，有些散落一地，有些光秃秃的但仍在勇敢地往空中生长，有些微弱地与其他神经元相连接，有些与其他神经元有着很强的连接。在与学生相处的过程中，我们才开始了解他们的需求、误解、偏见以及天赋和技能。[10]

我们倾向于理顺这些"混乱网络"。我们希望纠正已经发现的错误，修剪松散的末端，剪掉无用的分支，并且构建更有价值的新分支。这很简单！我们只需要解释什么是对的、什么是错的，事实就是这样！

我们一直非常坚定地相信某个错觉。我脑中有一个栩栩如生的例子。我们中的一位老师正痛苦地抱怨她的学生总会产生某种误解，这时另一位老师真诚地建议："这很简单。我会在黑板上列出导致那个错误概念的五个原因，并立刻解决那个错误！"

但我们知道这是行不通的。我们是无法进入学生的脑去纠正错误的。

这是生物学能给老师们的一个最重要且简单的启示之一。我们必须让学生使用他们已有的神经元网络。我们不能凭空或仅通过写在黑板上的内容便创造新的连接。并且，我们也不能删除旧的连接。我们唯一的办法就是从学习者已有的知识开始。

教室里的"混乱网络"

我通过我的一个朋友凯茜·舒（Kathy Schuh）的研究，了解到了另一个我们在学习中遇到的"混乱网络"的例子。她的工作是探索儿童的知识建构，并且特别关注儿童在课堂上基于已有经验建立的与众不同的连接。凯茜观察课堂教学，并记录课堂环境和班级互动的情况，尤其是那些似乎对每个孩子都很独特的评论和问题。下课后，她会询问每个孩子关于课程内容的理解以及他们在上课过程中产生的其他想法。

根据这些信息，凯茜构建了一种"地图"来表征学生们构建的连接，图6-4就是其中一张。这节课是关于查理大帝的，所以你可以通过找到查理大帝在"地图"上的位置来确定起点。这只是其中一个学生的"地图"。凯茜研究了许多学生，每位学生的"地图"都是复杂且独特的。[11]

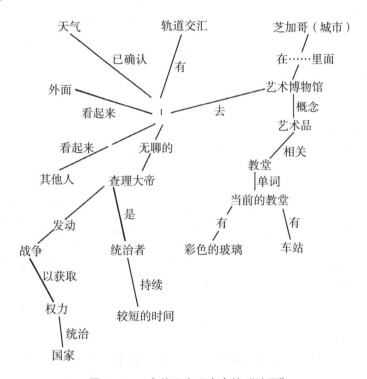

图6-4 一个关于查理大帝的"地图"

当然，我们知道这种"混乱网络"一直存在于所有的课堂中。即使是最专注的脑也会发现自己在讲座或课堂上会从一个神经元网络跳到另一个神经元网络。并且，这些联系是完全不可预测的。一个单词就可以让一个人的思维穿过一个个错综复杂的神经元网络。

在汤姆的办公室

第二天，当我来到汤姆的办公室时，我发现他正在制作纸飞机，并让它们飞向办公室角落的废纸篓。他看见我就笑了："你肯定认为这是我有意安排的，或者你会认为我大部分时间都在乱扔纸！"

我咧嘴一笑，坐了下来。

"我一直在想，"汤姆接着说，"如果我使用他们已经知道的更具体的例子，比如纸飞机，也许我可以更好地与学生已有的神经元网络建立连接。"

他从废纸篓里拿出三架纸飞机。其中一架长而光滑，飞机头非常尖。另一架是折叠起来的，飞机头很钝，翅膀很宽。第三架是最糟糕的，不仅飞机头是钝的，翅膀是宽的，而且两翼的后半部分是垂直折叠的。那架飞机根本飞不远！

我恍然大悟。"太机智了，汤姆！"我喊道，"我敢打赌，你那光滑的飞机会飞得最远，因为它的阻力最小。这样你的学生很快就会明白。如果你能制造一架'无阻力'的飞机，它会飞多久呢？"

"动量守恒！"汤姆说。

"如果使用大量的方程式和图表来解释动量守恒，那么你需要花费很长一段时间才能说清楚。但我敢打赌，通过这个例子，学生们肯定会立马明白。"我说道。

"值得一试。"

但过了一会儿，他又变得忧心忡忡："尽管如此，我还是很担心。他们会怎么想呢？如果每个人都开始在教室里乱扔东西，我可能会失去对课堂秩序的控制。"

"是的，"我说，"想办法让他们关注任务本身就是一个挑战。"

"这就是为什么我邀请你过来。"他狡黠地回答道，"还有一件事没有解决。我已经决定要更多地关注学生已经知道的东西。虽然我以前从未在物理课上做过这件事，但是现在我要让他们用英语单词和句子写出这些'物理知识'对他们来说意味着什么。在我看来，我之前一直在假设他们的神经元网络和我的一样。但是现在无论如何，我要尝试去发现**他们的**神经元网络！"

"写什么呢？"我问。

"首先，用他们自己的话，用他们自己的神经元网络说明，动量对他们意味着什么，是阻力，还是质量。"汤姆似乎很兴奋。

我知道自己也很兴奋，但我依旧有一点顾虑。"看起来你有一些很好的计划，但不要指望每个学生都喜欢，"我缓慢地说道，"他们也有关于教学应该如何进行，以及在物理课上应该发生些什么的神经元网络。他们已有的知识可能会成为你计划的阻碍。""当然，不是所有人都会这样。"我很快补充道。

他已经提前考虑了我的顾虑。"我知道，"他说，"但在我看来，这是值得的。现在，我自己的神经元网络已经有了一些新的连接，它们也很难改变！这些想法也符合'动量守恒'原理，它们可以克服很多阻力，即使它们不能永远飞翔！"他如同往常一样尽情地笑着。

揭示学习者的神经元网络

罗格·尚克（Roger Schank）说："一个好的老师不是一个只会正确解释事物的人，而是一个以有趣的方式解释事物的人。"[12]这句话表明，这样的老师知道学生会对什么感兴趣，知道学生们已有什么样的神经元网络。

我们已经讨论过，要从学生所理解的具体体验开始。汤姆的想法是，他可以通过让学生用文字而不是方程式写出他们对物理学的看法，来了解学生已有的神经元网络。这是很好的建议，我们还可以补充一些其他建议。

我在自己的小班教学中使用的一种方法是让学生分享他们以前的体验和关于主题材料的想法。可以用一些具体问题作为支架。例如，我可

108

能会要求学生在不使用专有名词的前提下，写出他们对基因的想法，或者画一幅画来表达他们的想法。然后，我会让他们交换他们的答案，并让每个学生试着解释另一位同学想表达什么。不可避免地，当他们听到另一个人描述自己的想法时，一场激烈的讨论将接踵而至。这个过程便会揭示学生各自神经元网络的很多信息。最终，我也会尝试利用这些从课程中获得的信息来猜测每个学生所感兴趣的内容。

如果你确信我所说的很重要，你肯定也会想到其他方法来了解你的学生的神经元网络。事实上，一旦老师们有了新的想法，即一旦有一些东西符合他们自己的神经元网络，大多数老师都是非常有创造力的！

我们所了解的

在本章中，我尝试指出我与汤姆对话中的一些关键观点。以下是十个值得我们记住的观点。

1. 所有学生都有影响他们对教学的反应的先前知识。

2. 学生的先前知识并不是虚无的，它是有形的、真实的和持久的。

3. 如果我们忽视或回避先前知识，就会阻碍教学。

4. 先前知识是复杂并且因人而异的。

109

5. 学生不一定能意识到他们所具有的先前知识。

6. "写作"作业有助于发现学生的先前知识。

7. 先前知识可能是具体的，教师应该从具体的例子开始。

8. 概念和原则应该从具体的例子中提炼出来。

9. 教师应该期待并尊重这些"混乱网络"，我们的工作并不是让它们变得井然有序。

10. 先前知识是给教师的礼物，它告诉我们从哪里开始以及如何开始。

下 一 步

我在前文中反复提到过，教师应该以已有的神经元网络为基础，因为它们是一种可以使用的工具。我还提到过，这些已有的网络是无法消除的，它们具有持久性并且力量强大。

但学习者的知识确实会不断增长。如果先前知识被证明是无用的，学习者就会停止使用旧的知识，并且学习新的知识。然而如果先前知识如此持久，改变又是如何发生的？是什么导致了神经元网络的变化？

这些问题是我们下一章的主题。当我们讨论这些问题时，我们将更清楚地看到教师是如何融入这一过程中的，以及我为什么会认为教师在物理层面上改变了脑。

7 "联系"至上！
教师如何做才能改变神经元网络

> "联系"至上！这是她一生致力于传播的内容。只有把散文和热情联系起来，两者才会发人深省……。不要再生活在碎片中！
>
> ——爱德华·摩根·福斯特（Edward Morgan Forster）

玛丽总是坐在教室左边的第二排——当我站在讲台上时，她坐在我的右手边。从第一天起我就记得她了。她的面庞是那样的明亮、紧张、严肃，但充满活力。她是真的想要理解课堂中的内容！

在此之前，科学还不是玛丽的专长。我的课程是对一个新方向的探索，尽管玛丽很聪明，但她不久就遇到了障碍。课程的主题是蛋白质折叠。听起来很深奥，但是如果不掌握这门学科，要理解生物化学几乎是不可能的。玛丽真的很挣扎。

有一个问题是，她一直在犯同样的错误。错误是什么并不重要（那样会在这里讲太多生物化学的具体内容），总之我花了很多时间来解释它为什么是错的。我们反复沟通，但似乎什么都不起作用。

有一天，她比平时更激动地走进教室，说："我弄明白了。""我终于找到了正确的联系！"

当她解释时，我大声笑了出来。"昨天我在宿舍旁边的池塘里看到一只鸭子。突然，我想起了小时候在农场的情景。我的兄弟们把一只鸭子放在一盆水里，水里面放了一杯洗涤剂。鸭子刚开始游来游去，但是之后却沉到了水底，惊恐地嘎嘎叫着！弄得一团糟！"

"祖尔先生，你还不明白吗？"她解释道，"这只鸭子沉下去了，因为洗涤剂把它羽毛上的油溶解掉了。这就是鸭子漂浮的方式，是羽毛上的油使它浮在水面上！这也是蛋白质折叠的过程，油的部分会浮离水面。"

她是对的，完全正确！从那时起，玛丽开始在生物化学方面出类拔萃。事实上，这最终成为她的事业。鸭子和生物化学之间的联系改变了她的一生！

*　*　*

现在我们已经到了可以讨论如何改变脑的时候了。它的基本思想直接来源于我们在第 6 章中所发现的，即我们的知识是由脑中的神经元网络组成的。因此，如果要增长知识，神经元网络就必须发生物理变化。

这就是教师想要创造的变化，它实际上是神经元连接的变化。我们可能希望有更强大的连接、更多的连接、不同的连接，或者更少的连接，但是除非连接发生变化，否则学习不会发生。

正如我们在第 6 章中所看到的，用神经科学的术语来说，改变连接意味着改变突触。虽然这听起来令人惊讶，但是教师有方法可以让学生的突触发生这些变化。这是大自然中会发生的事情，而我们可以效仿之。

从变化开始

如果你认为脑网络主要是由 DNA 控制的，那么你可能会觉得我们已经开始走上了错误的道路。我们实际上正以神经元网络的灵活性为方向，而不是遵照严格死板的 DNA 序列。

让我简要地解释我认为这是正确方向的原因。

毫无疑问，轴突、树突和突触的生长依赖于特定基因的表达，而这些基因的个体差异会导致神经元结构的个体差异，也就是说，基因的差异会导致脑的差异。

但是这并不等于说脑网络是被 DNA 控制的。每个神经元即将形成的突触并不只是 DNA 模型的表达。相反，基因赋予了突触灵活性，而突触的基本模式（例如皮层各部分之间或身体与皮层之间的正确连接）确保脑可以运行。

那么，人类的共同行为和偏好有多少是由基因决定的呢？

这个问题表明，人们有某些共同的基因，这些基因使我们具有人类的行为，并且偏好人类喜欢的东西。这是一个强大的想法，并由此产生了一个全新的研究领域，即进化心理学。事实上，我们已经在第 4 章中提到过这一观点，我们讲到脑已经进化到喜欢对人们生存至关重要的东西（例如糖和脂肪）。当谈到学习时，我们又碰到了这个概念。也许一切都是程序化的，也许学习根本不存在。[1]

但是，归根结底，这是一个技术问题。毫无疑问的是，无论我们如何定义获取技能和提升思维能力所带来的变化，这些变化都确实是会发生的，并且这种变化会受到我们老师的影响，无论我们的老师是不是我们自己选择的。

毫无疑问，我们能力和理解力的增长是身体发育和脑发生变化的结果，这其实也是神经元网络的变化。当我们回想自己的经历时，事实上指的是神经元的经历。这种经历是不可预测的，因为它来自我们生活中复杂而随机的事件，它是不能被程序化的。

直面复杂性

突触中会发生什么变化?

正如我们在本节中看到的,其中一种变化是简单地增加或减少。事实上,突触的数量可能每时每刻都在变化。但改变的不仅是突触的数量,每个突触的信号传递强度和模式也可以改变。例如,周期性放电的突触可能会开始爆发式放电。并且,更加戏剧化的是,突触可以完全改变特性,它们可以从兴奋变为抑制。

考虑到突触的庞大数量以及它们变化的不同方式,人们容易感到茫然。事情可能看起来非常复杂,但在生物学中,这样的复杂情形是很常见的。例如,不同物种的数量和多样性,确切地说,数以百万计的物种都拥有不同的形状和行为,这似乎不可能被人们理解或记住。但事实证明,一旦我们领会了自然选择的统一思想,这种复杂性似乎就变得不重要了。任何生物的结构细节都是进化的结果,也是生物生存发展的一部分。所有的生物都可以用相同的概念框架来理解,虽然它们各有不同,但本质上都是一样的。

这种统一性和多样性结合的理念也适用于脑。如果专注于细节,我们就可能会不知所措,因为我们不能观察到每一个突触和神经元,但如果认识到统一的理念,我们就不会感到如此无助。

接下来我要讲的其实很简单。事实证明,所有突触产生变化的起因基本上都是相同的,都是我们可以理解的。改变突触的两个因素是突触被使用的程度和信号的重要程度。在本章中,我们将以第一个因素为基础进行介绍,在第 12 章中我们将讨论第二个因素。

114

各种状态的突触

并不是所有在显微镜下能看到的突触实际上都在发送信号。有些突触放电很强，有些则放电很弱，事实上，有些突触发放的信号极其微弱以至于看上去处于静息状态。这些突触有物理结构，但它们不常发送信号，并且重复性低，以至于无法发挥作用。

我们应该注意到，当谈到突触时，强、弱和静息这些术语会有点误导人。更准确的说法是，不同的突触会或多或少地放电。一个强突触被触发时会产生很多次快速放电，而一个弱突触只会放电几次。单独的信号并没有强弱，但发射频率让它们看起来有强弱。静息的突触可能会偶尔随机地发出信号而不是稳定地发放信号。事实上，神经元一直在周期性地发送信号。从它们在子宫中发育的那一刻起，我们的神经元网络就如同星夜中忽明忽暗闪烁的星星一样，它们闪烁的方式会发生变化，而这些变化是由不同的星星改变了它们之间的连接方式而产生的，因此星星成了不同星簇的组成部分。[2]

这种突触强度的差异为学习奠定了基础。较少被触发的弱突触可以变得更强，并开始更频繁地被触发。静息突触发放的信号可以增强，而一个强突触发放的信号可以减弱。当静息的突触被触发时，它会产生一个新的神经元连接。当放电的突触停止放电时，我们就失去了一个神经元连接。突触的改变就是神经元网络的改变。[3]

变化的起源——自然

在动物脑的正常发育过程中，神经元网络是不断变化的，我们人类

115

的脑也一样。这种变化从神经元首次在胚胎的原始脑中形成开始，一直持续到我们死亡。

这种变化大部分仅仅与生物生长和发育有关。无论我们的个人经历和学习状况如何，它都会发生。就像我们身体其他部分的自然生长和变化一样，我们的脑也是如此。这种变化既取决于我们的基因，也取决于其他所谓的"表观遗传"[4]过程，这些过程不是遗传性的，而是由身体和细胞活动引起的。当然，这种生物变化大部分是在我们成长过程中的特定年龄段发生的。

变化的起源——后天环境

就像有人认为脑网络的变化是由基因主导的一样，我们确信感觉体验会改变我们的神经元网络。[5]这已经成为神经生物学的一个基本原则，并且以许多不同的方式展现出来，包括几十年前用海参等简单动物做的实验，到如今用哺乳动物和人类做的实验。

由体验驱动的神经元变化有时被描述为神经元的"可塑性"。脑网络是可塑的，因为它可以被重塑，或在物理结构上被塑造。有时这种变化是惊人的。例如，在聋哑人群中，脑的听觉部分可以被视觉部分的神经元侵入。或者，如果一只猴子失去了一只手臂，映射手臂的感觉神经元可以与映射面部的神经元形成新的连接。[6]

这些类型的改变在神经学层面上是巨大的。整个大脑皮层区域都发生了变化。但突触的变化用单个神经元就可以呈现。如果一个神经元被频繁地刺激，它的突触可能会变得更强。如果神经元足够活跃，沉默的突触甚至可能开始释放信号。并且，最引人注目的是，全新的树突分支可能会生长出来，全新的突触可能会出现。

116

在图7-1中，你可以看到一个即将形成的新突触生长的例子，它展示了被实验者电击的神经元树突上新"刺"出现的过程。每一根"刺"都是即将形成的突触，如图7-1所示，它们在被刺激后几分钟内就开始出现。[7]

刺激前　　　　　刺激后5分钟　　　　刺激后20分钟

图7-1　新突触的形成

像这样的新分支的生长解释了玛丽安·戴蒙德（Marian Diamond）针对幼鼠的实验结果。如果老鼠在所谓的"丰富的环境"中长大，这意味着它们有很多事物可以看、可以听和可以触摸，它们大脑皮层中神经元的树突的分支就会比生活在简单环境中的幼鼠更多。大量感觉输入可以产生复杂而广泛的神经元新分支。[8]

所有这些以及更多的实验都表明，经验会改变我们的脑网络，因为它改变了我们神经元的活动。当神经元更活跃时，它们可以产生更多的突触。

最简单的改变——开发我们的天赋

117

基因遗传、表观遗传和体验为我们每个人提供了一个独特的脑。我们每个人的脑都擅长一些事情而不擅长另一些事情。这些技能取决于我们的生理结构和经验之间的复杂的共同作用。我们大多数人的脑都非常擅长我们在意的事情和为我们日常生活服务的事情，这是我们的天赋。

我们脑中最基本的一种变化是建立在我们已有的基础上的变化——这是我们神经系统的天赋。没有比实践我们已知的东西更简单的学习方法了。突触越用越强。

这让我想起了特伦斯·迪肯（Terrence Deacon）在他的著作《象征性物种》（*The Symbolic Species*）中讲述的一个故事。他描述了自己去水族馆的经历。在那里，海豚被训练用尾巴表演令人惊叹的跳跃和舞蹈动作。迪肯去询问海豚是否因为特别聪明才学得这么好，令人惊讶的是，答案是"不！"。相反，事实证明，人们训练海豚的方法是当它们去做会在野外自然中做的事情时奖励它们。人们最终所做的一切，都是拓展和延伸海豚在没有训练的情况下就已有的神经元网络。[9]

这似乎是一种好的神经学思维方式。被反复使用的神经元会生长出更强的突触和更有效的神经元网络。而且它们被触发的次数越多，就越会长出新的分支，进而产生更多新的、有用的连接。它们进行的尝试越多，就越有可能建立新的连接，就像海豚用尾巴跳舞时发现了节拍中的伦巴节奏一样！

我想不出一个更好的例子来表达我想说明的内容。教师们常常把教学设想为从自己的知识出发，而不是从学习者的知识出发。即使某个学生向我们直接地展示他个人的神经元网络，我们还是会急着推进教学计划。我们完全并深深地相信，学生现有的脑网络几乎没有价值，但这是完全错误的。我们忽视了通过改善和增长已有的宝贵连接来改变脑的绝佳机会。

118

改变脑的艺术中的一部分是识别学习者现有的神经元网络，并为其创造出使用这些网络的方法。剩下的事情就可以交给学习者了。

我的学生玛丽和一位著名的神经生物学家

本章开头的故事是关于我的学生玛丽的，她提供了一个新突触生长的例子。接下来的内容是一位神经生物学家对于如何在一只下沉的鸭子和蛋白质折叠之间建立联系的解释。

玛丽从她的童年经历中形成了关于鸭子、油、水、漂浮和下沉的神经元网络。她也在我的课上形成了有关蛋白质和生物化学的神经元网络。当其中某些神经元网络被同时触发时,当她在思考蛋白质时看到了池塘里的鸭子时,这两个神经元网络就在物理层面上形成了连接。

同时被触发的神经元网络会连接在一起。

这个观点是五十多年前由神经生物学的先驱之一唐纳德·赫布(Donald Hebb)提出的。实际上,赫布也提出了,当突触活跃时,它们会变得更强,但他以一种巧妙但重要的方式拓展了这个观点。[10] 假设两个神经元(A 和 B)与第三个神经元 C 之间有突触,A 和 C 之间的突触连接很强,当 A 被触发时,C 也会被触发。但是 B 和 C 之间的突触连接很弱,所以当 B 被触发时,C 通常没有反应。

赫布提出,如果 A 和 B 同时被触发,不仅 A–C 突触连接会变得更强,B–C 突触连接也会变得更强。事实上,如果这种情况经常发生,当 A 被触发时,B 就会开始自行触发 C! [11] 赫布的理论或许可以解释玛丽的学习。我尝试用图 7-2 来说明这一点。

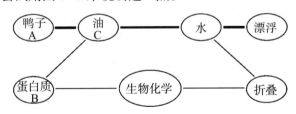

图 7-2 用赫布的理论解释玛丽的学习

图中的粗线代表玛丽大脑中现有的神经元网络。这些都是她在童年时建立起来的。较细的线是她了解了蛋白质折叠后形成的网络连接。玛丽在思考蛋白质时看到了一只鸭子,此时神经元 A 和 B 便同时触发 C,并且 B 和 C 之间的连接变得活跃起来。她现在建立了理解蛋白质折叠所

119

需要的联系。

这个模型最有趣的地方可能是，当新的突触连接建立时，一个新的神经元网络就形成了。这个网络目前包括了蛋白质、油、水和折叠，因此，它是新旧网络的结合体。油和水的网络是这个新网络的组成部分，但它们来自玛丽的童年经历。那些过去的经历与她对生物化学的理解和掌握永远地联系在一起了。

这似乎是我们学习的方式。我们不断地将新的经验添加到旧经验中。我们把新旧经验融合起来，并在融合中创造出全新的网络。我们利用一部分已知的东西和一部分新的东西来构建自己的理解。

因此，我们为教师找到了一个新的挑战。教师的部分工作是找到将现有的网络（或其中的一部分）与新的网络结合起来的方法——通过新旧结合的方式来构建新的概念。

寻找连接：教师能做什么？

教师如何知道哪些新的突触会有助于学生学习呢？没有人知道玛丽会使用什么网络，她只是偶然找到了正确的连接。这和教学有什么关系？

再一次，我们发现自己以一种不同的角度思考教学问题。与其把我们的工作看作给学生提供新的信息、事实或概念，也许我们应该把更多的精力放在发现学生的旧知识上。否则，新的东西可能就没有用了。

我们应该如何做呢？首先，我认为，我们必须记住这些旧网络是因人而异和个性化的。因此，在寻找过去的相关经验时，我们应该从广泛的视角看待问题。我们可以利用不同的感官途径，包括图像、音乐和不同形式的语言，如诗歌或对话。我将在第8章中详细介绍这些内容。

也许，如果我们具有创造力，我们就可以帮助学生在自己的脑中找到有用的神经元网络。例如，我们可能会问"这让你想到了什么？"或者"其中有没有什么地方让你恍然大悟？""当我们开始这个话题时，你首先想到的是什么？"又或者，我们可以求助于学习者的同伴。请班上的不同成员描述他们建立的联系很可能给班上的其他学习者提供线索。他们更有可能拥有相同的具体经历。有意识地努力引导学习者关注脑中已有的神经元网络可能会同时激活新连接所需的突触。

也许如果我问了玛丽在我们谈论油和水的时候她想到了什么，她会回答："鸭子！"

失去的突触

神经科学为我们提供了许多巩固现有突触和生长新突触的例子。对学习来说，它还存在另外一面。似乎学习也有可能涉及突触的丢失！

对于这个令人困惑的事实，我们必须感谢彼得·胡滕洛赫尔（Peter Huttenlocher），他花了很多时间计算不同年龄人群脑中的突触数量。在图 7-3 中，我向你们展示了我重构的一部分成果，即从出生到 70 岁视觉皮层中突触数量的变化。[12]

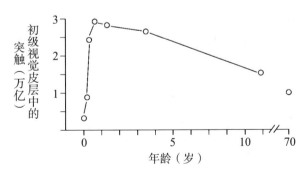

图 7-3　视觉皮层中突触数量的变化

121　　在最初的几个月里，婴儿脑中视觉部分的突触数量大幅增加。但是随后情况发生了变化，在 1 岁左右的某个时候，突触的数量开始减少，这种减少会在整个生命周期持续。除非我们想争辩说我们在 1 岁后不会通过视觉学习任何东西，否则学习似乎是与突触消失同时发生的。

此外，突触的消失并不是少量的。例如，在 4 岁到 10 岁之间，视觉皮层中大约有一万亿个突触消失。在 8 个月到 16 个月之间，视觉皮层中有数百亿个突触会消失。

这些数据的含义很容易被误解。我们可能会认为，在 8 个月左右的时间里，所有的突触都在增加，而在那之后，"所有"的突触都在减少，但这几乎是不可能的。更有可能的情形是，突触一直在消失，而其他的突触一直在形成。只是在长达 8 个月的时间里，它们形成的速度比消失的速度快得多；8 个月之后情况发生了变化，我们失去突触的速度开始比生成突触的速度更快。

可能在我们学习最多的那些年里，我们失去的突触比获得的突触更多！

从失去中学习

之前我们讨论了突触在不被使用时是如何变弱、变成静息态甚至消失的。但是"弃用"的价值是什么呢？是不是由于存在太多连接呢？

埃德尔曼描述了一种基于选择突触而不是产生突触的学习理论，这为我们提供了关于这些问题的观点。[13] 他指出，刚开始，大脑确实产生了比其所需要的更多的突触。出生后突触数量的激增可能不是为了学习本身，而是在为学习做准备。

也许，在早期发育阶段，我们的脑产生了所需要的所有突触，可以做任何它能做的事情。脑甚至会为一些它永远不会做的事情产生突触，比如识别世界上所有语言的发音。也许，正如苏格拉底式的希腊人所相信的那样，至少在一小段时间内，所有的知识都储存在我们的脑中。因此，学习仅仅是意识到并保持对我们个人生活有用的连接的过程。这将取决于我们在世界上的经历。我们会保留那些因我们的经历和文化而得到加强的突触，而那些无用的突触将不会被大量使用，它们甚至可能最终会消亡。例如，当我们识别母语的发音时，我们会保持使用过的连接，但对于从未听过的语言，我们会失去那些帮助我们识别这些发音的连接。在这个模式中，学习实际上只是在选择我们需要的突触，丢掉不需要的。或者，如果我们不丢弃它们，就搁置着，以备日后使用。

这个理论来自埃德尔曼的观点，即在生物学中，事情几乎总是通过选择来实现。生物不需要创造全新的方法或工具来满足需求，它们只需要使用手上已有的东西。这就像自然选择和进化，所以埃德尔曼的理论被称为"神经达尔文主义"。

选择与教学

埃德尔曼的观点给教学带来了一些重要启示。如果学习是神经元网络的变化，那么这种变化可能并不依赖于教学指导。如果我们所说的教学指导是指为学习的每一步提供具体方向，那么教学就无法负责神经元网络的建立。我们缺少的是教学指南。

对教师来说，这是一个哲学问题。这再次表明，我们不应该指导学生学习，而应该鼓励和支持学生使用脑中已有的东西。学生将从已有的神经元网络中选择正确的神经元网络来学习。

如果学生真的开始激活一些新的网络，那将是通过获得新的经验并将其与已有经验相联系而达成的，而不是通过教学指导和解释而达成的。

"错误的"连接

如果学生要以现有的知识为基础进行学习，那么教师就必须在事实上或概念上关注学生脑中存在的一切错误知识。以下是我在教学中经历的一个"错误的"连接的具体例子。

当我试着讲授身体中的快速反应和其他释放大量能量的反应时，一些学生会感到困惑。他们脑中已经形成了错误的连接，他们认为快速反应必须是充满能量的，反之亦然。这些想法都是不对的。

用神经科学的术语来说，我现在倾向于说这些学生有一个错误的现有神经元网络。这个网络可能认为速度等同于能量。我真想纠正这个错误！

我该怎么做呢？这并不容易。这种连接是根深蒂固的。它可能是从童年早期开始的，可能是当他们的父母说"看看她跑起来的样子，真有活力！"时建立的。

我发现强调这个错误在一定程度上是不起作用的。当我不断地纠正它并引起人们的注意时，我也在担心这会不会让事情变得更糟。我在想，如果不停地谈论错误，是否会加强错误的连接。也许我不断地重复"能量不等于速度"实际上强化了错误的已有网络；或者，也许我的学生只是听到了一些类似"能量""速度"的词。

当然，这都是猜测。但也有研究探索了其他方法，伊尔维萨克（Mark Ylvisaker）和菲尼（Timothy J. Feeney）称之为"无误学习"。[14]在研究脑损伤儿童时，他们发现反复利用正确的连接是儿童学习的有效方式。因此，他们的做法就是忽略错误，专注于正确的事情。这是我打算和我的学生一起尝试的实验之一。与其纠正错误，不如忽略错误！

不完整的网络

我们可能会对这种忽略错误的学习方法感到不适。简单地重复正确的事情可能会让我们感到空洞乏味。一份录音就可以做到！难道没有更积极主动的方法吗？

我想是有的。相比试图消除错误的想法或忽视它们，也许我们可以在它们的基础上更进一步。

让我们回到能量－速度的例子。首先，我们应该记住，"错误的"连接来自一些经验，所以从某种根源上说，它一定不是"错误的"。活跃的人确实精力旺盛，因此我们应该从这里入手。问题是，这并不是故事的终点。因此，我们可以告诉学习者："没错，但还可以更深入！试想一下，即使一个手榴弹和很多其他垃圾一起放在垃圾箱里，它也还是充满了能量！下面哪一个更有能量：是冰川在一年内把山的一侧推动 10 英寸①，还是苍蝇在你耳边嗡嗡作响飞快乱窜让你拍不到它？"

随着我们不断丰富学习者的经验，我们开始意识到有时"错误的"连接只是缺乏完整性。在我们的例子中，能量和速度之间的连接只是整个故事的一部分。这些不完整的网络本身是错误的，但它们可以成为一个复杂网络的一小部分，也是必不可少的一部分，而这个完整的网络则是完全正确的！

124

---

① 1 英寸 ≈ 2.54 厘米。——译者注

从"错误"的事实中建立更好的网络

当我有一次和一些中学老师谈话时，其中一位突然大声说道："我该拿我的学生怎么办呢？我试图教会他们马丁·路德和宗教改革，但不管我做什么，他们都认为我在谈论马丁·路德·金！"

有时我们发现，人们只是搞错了事实。他们可能认为那个名叫马丁·路德的宗教人士——他生活在几个世纪前，他宣扬的东西激发了人们的兴趣，却被当权者憎恨，但最终改变了世界——是马丁·路德·金。

我在图7-4中展示了这些连接。实线表示已经存在的所有连接。拥有这些网络的人可能很难意识到出了什么问题。

教师如何帮助这些脑做出正确的改变？我们也许不应该做大家最倾向于做的事情。我们不应该说："哦，忘了马丁·路德·金吧！这里说的与他无关。请注意！我们在谈论的是马丁·路德。"

问题的一个方面是，孩子们对时间没有清晰的概念。几百年前只是意味着一段很长的时间，在他们的经历中，马丁·路德·金也生活在很久以前。我们可以利用这一点，尝试改变他们关于时间的神经元网络。这对孩子将是一个有用的启示，当然这也肯定是值得的，但是我们不应该对任何快速的变化过于乐观。因为有些人永远不能对历史时间形成一个清晰的概念。

图7-4　一个错误的网络

但在这个错误的事实中，重建的方法可能会发挥强大的作用。假设老师这样说："是的！ 马丁·路德·金很像马丁·路德。事实上，你认为马丁·路德·金的父母为什么会给他取这个名字呢？他们为什么不叫他山姆·金呢？"

这是图中的虚线，它表明，由于许多神经元网络及其连接对马丁·路德·金和马丁·路德都起作用，我们的学生可以通过这些网络快速了解马丁·路德。它们可以成为教学的工具而不是障碍。

并且，非常重要的是，如果他们知道所有关于马丁·路德·金的事情，可能他们会问："为什么马丁·路德如此重要？""他是什么时候死的？""什么是一个世纪？"他们可能会有动力去理解更多事情。现有的神经元网络既为新的学习提供了基础，也为学习提供了情绪动机！

抑制信号，但保持网络

在本章开头，我提到一些突触释放的神经递质实际上会抑制而非激发下一个神经元的信号释放。这些神经元发出的信号会导致网络中断。

这听起来像是教师的指导可以发挥作用的地方。也许教师可以通过说"不！那是错误的！"来启动抑制性突触。但据我们所知，抑制性突触似乎不是这样启动的。在一个神经元网络中加入一个否定性的网络并不会中断这个网络，只会让事情变得更复杂。

但是，对抑制途径及其调节方式的认识可以让我们洞察到一种不同的自然运作法则，这是我们迄今为止还未提及的。

其中一个例子来自对仓鸮①的实验。[15]这些仓鸮非常聪明。它们很快学会了如何在谷仓里同时使用视觉脑和听觉脑找到老鼠。这种听觉和视

---

① 鸟类的一种，是著名的捕鼠能手。——译者注

觉的精确协调是通过经验习得的。如果有必要，它们可以调整自己的学习。例如，如果我们给仓鸮戴上小眼镜来扭曲它们的视觉信息，它们就会停止使用习惯的神经元网络，转而使用新的网络来处理新的感觉输入。

在这个例子中，有两个问题让我们感兴趣：新的网络起源于哪里？旧的网络会发生什么变化？

你已经知道第一个问题的答案了。它可能来源于一种筛选，也可能伴随新神经元的形成而形成，但无论如何，新的体验会触发新的神经元，这些网络中的突触会变得更强。旧的听觉网络和新的视觉网络同时被触发，成为一个新的、更大的"狩猎网络"的一部分。

关于旧网络的问题是更有争议的。事实证明，如果我们摘下眼镜，仓鸮就会再次使用旧的网络。这些旧的网络要么还在那里，完好无损，要么可以很快被重建。

这些实验最终证明了第一种说法的可能性。原来的旧网络只是被抑制了。旧网络仍然在那里，完好无损，但被抑制了活动。正如这篇论文的作者所说的，这似乎是出于"经验驱动的抑制模式的变化以及激活模式的调整"。

这一研究结果对教师来说是很有趣的。这表明，我们的脑可能包含一些已经有一段时间没有使用过的网络，但它们仍然完好无损。它们可能只是被抑制了，在未来的某个时刻可能会重新被使用。

这可能是个机会，也可能是个风险。如果旧的网络重新变得有吸引力，教师就可能会发现学生很容易重新使用旧网络。如果我们向学习者提出"旧的"挑战，其很可能会重新发现"旧的"解决方案。如果是好的解决方案，那很好；但如果是从来没发挥过作用的方案，我们也并不希望学生再次使用它们。

例如，几年前我决定停止讲授式教学，从那以后，我的学生们一直很活跃，从一开始就积极参与课堂教学。但偶尔我会重新回到那种讲课的习惯，而当我这么做的时候，我的学生们也会重新陷入那种让我从一开始就放弃了这种做法的麻木状态！

神经元网络、隐喻、类比

在第 1 章中，我提到了莱考夫和约翰逊的《肉身哲学》这本书。我认为这项成果标志着人们对理解、思考和学习的认知的重要一步。[16] 我想简要介绍一下他们观点中的神经元模型，并基于这个模型给人们提出一些有助于学习的建议。

正如我们所注意到的，莱考夫和约翰逊说，抽象的想法和思想来源于我们身体的物理体验。在某种程度上，没有什么是真正抽象的。我们的思想是以我们身体的具体行动为基础的。例如，他们全面、详细地叙述了"生命是一场旅程"的隐喻，以展示我们对生命的过去、现在和未来的抽象思考，这些是在我们对生命旅程的切身体会里获得的。

我希望在这个观点的基础上，提出一些帮助人们学习的建议。"隐喻"似乎是在脑中具有特定物理关系的一组神经元网络，因此它本身体现出关系的概念。让我试着用"生活是一碗樱桃"这个隐喻来解释。我的一些朋友说，我在这个隐喻中学到的东西比实际情况要多，不管如何，让我来告诉你我所理解的内容。

这个隐喻对我的含义如图 7-5 所示。左边是这个隐喻的含义，右边是表征这个含义的神经元网络。首先，我们有一个具体的物体——一碗樱桃，我们的视觉脑让我们看到它，愉悦脑让我们体验到情绪。接下来，这些感知网络与表征吃和味觉的网络连接在了一起。突然，我们发现樱桃不够多了，这破坏了我们的好心情。我们开始吃更多的樱桃，樱桃被吃完了，直至最后，我们发现碗空了。

128

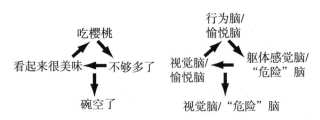

图 7-5 "生活就像一碗樱桃"：一个隐喻及其神经元网络

如果我们用生活来代替那碗樱桃，就会认识到这个隐喻所包含的强大且抽象的概念。生活中充满了看起来很美好的事物，但它们同样会给我们带来巨大的打击，并且最终消耗殆尽。

这个隐喻的关键来自构建它的神经元网络之间的物理关系。网络本身指的是脑中特定部分之间的特定连接，而图中的箭头赋予了其意义。任何有同类型神经元网络的具体例子都可以用来创造这种概念性或抽象性的生活观点。

这就是为什么当我们想要教授一个概念时，隐喻、寓言和故事的作用是如此强有力。除非我们创造出反映某种物理关系的内部神经元网络，否则我们不能理解任何东西。这些物理关系准确地映射了概念中的关系。至少，我们必须确保我们的学生建立了这种联系，并且必须迫使学生告诉我们他们的隐喻或故事。

类比也是如此。同样，我们应该为学生提供观点的物理类比，并且我们应该让学生告诉我们他们自己的类比。如果学生无法做到，那么他们很可能还没有学会。如果他们向我们展示了错误的类比，我们就可以洞察他们之前学会的知识（现有网络）。如果他们已经形成了很好的类比，那么这些类比将成为对每个人都有用的教学工具！

帮助人们学习

奥利弗·温德尔·霍姆斯（Oliver Wendell Holmes）说过："一旦我们围绕一个新想法展开思考，它（我们的神经元网络）就永远不会回到原来的状态。"这在很大程度上符合我一直在说的"如何学习"的思想。当新的、不同的神经元网络因为我们的感觉输入——我们的经验——而被激活时，这些网络就会不断变化，它们建立新的联系，失去其他的联系，大脑会发生物理变化。

让我们来回顾一下教师改变脑的一些具体方式：

1. 关注内在的网络（天赋）并且鼓励学生实践。

2. 重复，重复，再重复！

3. 安排"关联触发"。有关联的事情应该一起发生。

4. 专注于"无误的"感官输入。

5. 不要强调错误。不要强化没用的神经元网络。

6. 试着去理解现有的网络，并以此为基础进行构建。没有什么东西是全新的。

7. 错误连接的网络通常只是不完整，尝试去完善它们。

8. 注意不要让旧的网络重现，错误是难以被轻易根除的。

9. 构建隐喻，并坚持让学生构建他们自己的隐喻。

10. 也可以使用类比和明喻。

你可能会注意到这个清单是新旧教学观点的结合。例如，它包括实践和练习以及知识的构建。这一点很重要，因为它展示了脑的工作方式，让我们对教学有了独立的见解。我们可以明白在哪些地方可以保留甚至完善历史悠久的传统教育实践，在哪些地方必须采用建构主义的新理念。

130 　　神经生物学中没有教育哲学，这是一件好事。如果我们按照脑告诉我们的去做，我们就可以把自己从教育战争中解放出来！

132 # 第二部分总结

　　在本书的这一部分中，我试图更加具体地说明在我们的学习过程中会发生什么，以及教师如何从这些知识中受益。我认为，最重要的是学习建立在现有知识的基础上这一理念，即学习基于现有的神经元网络。即使这些神经元网络可能是错误的，它们对教师来说仍然是有用的。事实上，它们是最有价值的信息来源，可以告诉教师学生已有的神经元网络可能缺少什么，以及已有神经元网络发挥作用的必要条件是什么。

　　让我们一起重温本章的一些关键词或短语，回忆本章中最重要的概念：神经元网络、先前知识、结构、具体体验、混乱网络、固有天赋、联想、无误、构建而不破坏、隐喻和类比。

　　现在我们准备重温我们在第一部分中讨论的大脑皮层部分，使用我们在第二部分中建立的概念，继续了解它们如何应用于我们的五个大脑皮层区域：感觉皮层、后脑整合皮层、前脑整合皮层、运动皮层和边缘系统。

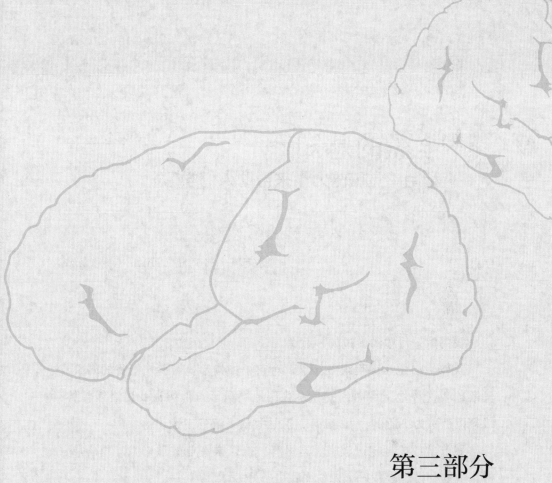

第三部分
向学习的更深处走去

教师是如何利用感觉脑的力量的呢？我们如何利用后脑整合皮层来产生更深层次的理解？我们有什么方法可以鼓励学习者使用前脑整合皮层来构建自己的知识？我们所说的行动是什么意思？我们如何帮助学习者积极地检验他的想法并完成学习的循环？什么样的教学模式能最有效地调动情绪脑，从而得到最佳的学习效果？

8 丰盈的感知

利用感觉脑的力量来帮助人们学习

这个世界带给我们的感知是多么丰盈啊!

——黛安娜·阿克曼(Diane Ackerman)

我仍然记得曾经上过的一节课。

我教生物化学课程很多年了,对它了如指掌。因此,当我的同事克里斯请我代替他上课时,我毫不犹豫地同意了。他想让我讲讲线粒体,线粒体被称为细胞的"发电厂",这是我最了解的主题。

我非常放松地走进教室。这里有一群医学专业的预科生,和往常一样,他们都已经准备好上课,而我也备好课了。

在接下来的 50 分钟里,我就细胞如何从糖和脂肪中获取能量进行了自以为精彩的讲解。我没有笔记,但随着时间的推移,我写满了整个黑板。每个知识点都在我的脑海里井然有序,它们从粉笔的末端倾泻而出。我把每个细微差别都讲得非常清楚,对底层概念的讲解也具有感染力且通俗易懂。我很激动。

上完课后,我放下粉笔,在裤子上掸了掸手上的粉笔屑,开始答疑。我有点惊讶,竟然没有任何人提问,但是我把这归因于我的讲解很清晰。只有一个学生留了下来,但那只是为了拍我马屁。"这是一堂精彩的课",她说,"我想我真的明白了!"

之后,克里斯需要我再去上一节课,所以我利用第二次给他的学生上课的机会,想看看他们从上一节课中学到了什么。当然,我也希望让他们看到自己学到了多少东西。

你可能已经猜到结果了。在那节"精彩"的课之后，我遇到了一个大大的"惊喜"。当我用越来越简单的问题来试探他们的理解时，他们鸦雀无声。就连那个留下来的"粉丝"学生也什么都说不出来。

终于，教室后面有人举起手，我松了一口气。"你有问题，对吗？"我急切地回应道。"祖尔博士，"他说，"您能再解释一下线粒体吗？"

* * *

在第 2 章和第 3 章中，我谈到了脑的自然学习周期，以及大脑皮层的后部和前部在这个周期中扮演的非常不同的角色。我还建议教师应该平衡他们的教学，以便学生调用前脑皮层和后脑皮层，并且我也承诺，将会回到这个话题，多谈谈我对如何使用这种方式教学的想法。

现在，我将努力兑现这一承诺。本章以及接下来的每一章都将关注教师如何调动大脑皮层的特定区域。

本章讲述的是首先接收感觉输入的后脑皮层部分，即所谓的感觉皮层。实际上，来自不同感觉器官的感觉输入会到达脑的不同区域，因此，当我使用"感觉脑"这个术语时，并不是特指大脑皮层的某个区域。更确切地说，这里指的是第一个接收到感觉输入的任意大脑皮层区域。例如，听觉皮层和视觉皮层都是感觉脑的一部分。

就学习周期而言，感觉脑是大脑皮层首次记录我们具体体验的地方。感觉脑为反思、抽象和行动收集原材料。

我们可能低估了这些原材料的丰富性。阿克曼说这个世界所给予我们的感觉是如此丰盈，这是对的。当我们在这个世界上生活和经历事物时，脑会接收来自身体内外的信号。我们将在本章中阐明感觉脑有多么强大。关于我们如何感知世界，真的没有必要创造出任何特殊的、非物质的理论，我们的脑完全可以胜任这项任务。

尽管我们生活在光、声和感觉的美妙组合中，但我将主要关注有关

137

光的感官体验，即视觉。我们接下来将遇到的基本概念可以通过视觉进行非常好的说明，一旦理解了人们是如何看到事物的，就很容易将这些概念延伸到其他感觉器官上。视觉对我们拥有的任何具体体验来说都至关重要。在很多方面，我们的脑是一个"视觉"的脑。

再谈后脑皮层

让我们用图 8-1 来回顾一下到目前为止我们所说的关于后脑皮层的内容。在具体体验中，来自世界和我们身体的物理信息通过感觉器官（眼睛、耳朵、鼻子、皮肤、嘴巴、内脏、关节和肌肉）进入脑。然后这些信息被并行发送到情绪监控器（杏仁核）和负责每种感觉的特定皮层（视觉皮层、听觉皮层、躯体感觉皮层等）。如果杏仁核意识到这种经历是危险的，它将触发本能的身体动作，例如往后跳或僵直，这是极端的反应。通常情况下，情感和认知内容都被送到大脑皮层，由顶叶和颞叶的整合皮层处理。这就是认知意义开始形成的地方。在这一章中，我们将主要讨论这一过程的感知部分，也就是整合和赋予意义的过程。

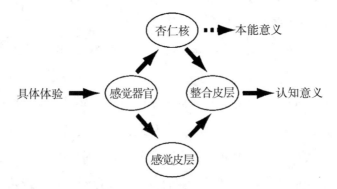

图 8-1　后脑皮层的运作过程

"看见"事物

当我们理解某件事时，我们会说"I see"[1]。这不是偶然现象。脑的视觉能力可以说是认知最重要的方面。当我们试图帮助人们学习时，我们希望他们"弄明白。"[2]

因此，我们将从视觉开始讨论感觉脑。当我们看到事物时，我们的脑会发生什么呢？

这个问题的部分答案是视觉脑中不同的神经元"看到"事物的不同部分。脑首先感知视觉世界的一小部分，所有的部分都是同时被探测到的。我们认为，每个部分的信息都是与其他部分的信息并行发送的。

这种视觉信息的"分解"实际上是从眼睛开始的，甚至在信号到达脑之前就开始了。眼睛里的某些特定细胞能感觉到物体的颜色，而其他细胞能感觉到物体的形状。这两种类型的细胞都会向感觉脑中不同的神经元发送信号。尽管如此，关于颜色和形状的信息仍旧是同时到达脑的，因为它们是通过并行通路传送的。

视觉皮层中接收信号的第一批神经元会对输入信号的特定方面做出反应。为了确定物体的形状，这些信息包含了向不同角度延伸的边或线。它们整合在一起，在视野中构成了物体和特征的轮廓。从根本上来说，我们看到的每一个物体都会变成一组线或边。例如，当我们看一扇窗户时，我们的脑会看到窗框的垂直和水平边缘。脑中的某些神经元会对垂直边缘做出反应，而另外一些神经元会对水平边缘做出反应。如果透过那扇窗户，我们看到树枝从树干斜向上伸向天空，这种感知依赖于神经

---

[1]　"I see"的意思是"我懂了"，see直译为"看见"。——译者注
[2]　原文为"get the picture"，直译为"获得图像"。——译者注

元对边缘倾斜的反应。

细　　节

图 8-2 描述了我们早期视觉皮层"看见"事物的一种方式，它将字母 O 和 C 显示为不同角度的边缘集。这是一种粗略的呈现，但它隐含了一个要点，也就是说即使物体实际的物理差异很小，我们也可以立即检测到两个字母之间的差异。细节决定一切！

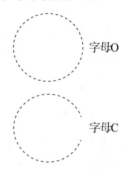

字母O

字母C

图 8-2　大脑对字母 O 和字母 C 的识别

139

我们的脑已经习惯于辨别这样的细节，但如果我们粗心的话，脑也会犯错。比如最近发生的一件事就证明了这一点：我的女儿贝丝（Bess）在俄亥俄州买彩票中了一小笔钱，但是她的支票上写的是本（Ben），而不是贝丝（Bess）。我对此很困惑，直到我把这两个词并排写在一起，才意识到这两个词之间的区别是多么细微。我是这样写的（见图 8-3）。

Bess   Ben

图 8-3　Bess 和 Ben

我和开支票的人都忽略了两个单词中字母 B 的差异。但是"ss"和"n"之间的区别对我们每个人都很重要。这个差别造就了 Bess 和 Ben 之间的差异。现在把这个问题留给你，你是否能够辨别哪个是 Bess，哪个是 Ben？

注重细节的教师

对教师而言，备受鼓舞的一点是脑完全有能力观察到细节和细微差别。我们不应该怀疑学生是否能够看到细微的差异。假如他们做不到，那么教师应该反省自己，寻找补救办法。下面是一个例子。

* * *

我正在教化学反应中的能量变化，化学家称之为 ΔG（"Δ"代表能量的"变化"，G 代表能量的总量）。随着教学主题的深入，我解释说，在一些特殊条件下，这种能量变化被称为带上标符号"′"的 ΔG，记作 $\Delta G'$。

在考试之前，学生对此似乎没什么疑问，但是在测试中，我很快发现他们中的一些人甚至从来没有注意过"′"。当我为此扣分时，他们指责我太挑剔了！

我以前也被人说过"挑剔"。这正好与另一种常见的指责相对应，那就是我给学生布置了"繁重的任务"。在这两种情况下，我都把重点放在了学生眼中微不足道的事情上。我认为重要的细节，他们却几乎看不见！

这一次，我没有对学生的指责置之不理，而是决定做点什么。我决定改变我的教学方式。

我所做的改变是以我对感觉脑不断深入的认识为基础的。我开始意识到脑有能力感知最细微的细节。我认为，如果我更加努力一些，学生应该能够意识到这些细节。

事实上，我所做的改变很小。首先，我只是更关注"′"。我在很长一段时间内都使用彩色粉笔来写这个符号，并且每次说到 $\Delta G'$ 时，我都会停下来着重强调。其次，在备课时，我开始更加注重细节。我有意识地寻找那些通过小细节带来大改变的地方。最后，我向我的学生解释我正在这样做，并要求他们也这样做。

我对这种改变的效果感到惊讶。它几乎变成了一个游戏：谁能找到重要的小细节？谁是第一个注意到这些细节的？例如，有一天，一个学生注意到我把 Δ 写得小了一点，他想知道这是否重要。我的学生开始以一种更高效的方式使用他们的感觉脑。他们逐渐意识到，一个细节可以代表一切，也可以什么都不代表。关键是要分清哪些细节是重要的。

新手、专家和细节

我刚才描述的经历让我认识到一些很重要的事实。无论我们是专家还是新手，我们的脑基本上都能感觉到相同的信息。不同的是，专家知道哪些感觉到的信息是重要的，哪些是不重要的。例如，化学家知道 " $'$ " 很重要，但书写时 Δ 的大小并不重要。然而，化学新手则认为每一个小细节都同样重要，对他来说，这些都只是感觉输入。

我们早就知道这一点了。霍勒斯·曼（Horace Mann）在 1840 年的《论教学的艺术》（*On the Art of Teaching*）中写道："对他（学习者）来说，消除小小的障碍，揭开细节的面纱，比大量相关的学科知识更有价值。"霍勒斯·曼进一步指出："可以说，教师的心智应该迁移到学生的心智中。"[1]

这让我们意识到以学生的视角看待事物的重要性。我们必须从学生的角度看问题。这意味着我们必须重新审视我们的学科，就像初学者一样，只把它作为感觉输入！

141

为什么有些老师做得很好，而有些老师则完全做不到，这仍然是一个谜团。我的猜测是，我们中的许多教师甚至从未想过这一点。有时，我们可能只是完全投入到了自己所教的科目中，以至于几乎忘记了学生。

无论如何，有一点可以证实：有意识的、坚持不懈的努力让我变得不同。经过思考后，我更善于理解学生看到的东西。

注　意　力

发现细节需要注意力。但要集中注意力并不容易。许多障碍使我们无法集中注意力。

杏仁核就是这样一个障碍。正如我在本章前面的部分和第 5 章中所概述的，杏仁核不断筛选感觉输入来寻找可能的负面情绪。如果我们本能地感觉到困难或威胁，我们的行动将不会被我们的感觉皮层所控制，而会被我们的生存捷径——杏仁核所控制。两者的区别在于：感觉皮层会将事物分解成细节，而杏仁核的反应速度很快，它忽略了细节。

另一个可能更为常见的障碍是我们对"注意"一词含义的误解。当我们注意的时候，我们应该做什么？

142

在一次与大学教师的教学讨论中，我提出了这个问题："当你试图集中注意力时，你会做什么？"他们把自己的回答写在一张纸条上，然后我把纸条念给大家听。

以下是其中的一些：

"我试着专注于主题，忽略外围的东西。"

"我会静静地坐着，看着那个人，仔细听他说话。"

"我把我的性幻想放在一边，试着把注意力集中在他们说的话上。"（没错，这是一个真实的回答！）

显然，注意就是专注。这似乎也意味着身体保持静止将可能有助于我们集中注意力。然而，正如埃伦·兰格（Ellen Langer）在《专念学习力》（*The Power of Mindful Learning*）[2]一书中所指出的那样，这些关于集中注意力的概念可能对专注没有很好的效果。如果我们盯着一样东西看，图像就会变得模糊，我们的思维就会陷入混乱而无法保持专注的状态，我们会发现自己专注于"专注"这件事本身。

注意力绝对与生物学有关。集中注意力并不意味着持续地关注一个焦点。我们的脑进化到通过将焦点从一个区域转移到另一个区域，并反复扫描周围环境来注意细节。这样有利于生存。脑在扫描时会比聚焦时更容易注意到细节。如果我们持续使用相同的神经元，这些神经元的能量将会耗尽。我们需要调用不同的神经元从而让某些神经元得到休息，然后回到重要的细节上来。

图 8-4 就是一个例子，这是一个关于人们在学习名为"伏尔加河姑娘"的图片时的眼动实验。右边这张看起来很奇怪的图片显示了当眼睛聚焦在图片的不同区域时，眼睛是如何移动的。这些线显示的是眼球运动的轨迹，这些点是观察者关注的区域（眼球运动停止的地方）。因此，黑色的区域是被关注最多的地方。这个实验清楚地表明，眼睛不会在照片的任何一个区域长时间聚焦，而会从一个地方跳到另一个地方，并更频繁地回视感兴趣的区域。我们通过移动眼球来"学习"图片，而不是让眼睛静止不动，或者枯燥地盯着某个区域。[3]

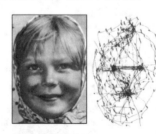

图 8-4 人们在学习"伏尔加河姑娘"图片时的眼动轨迹

重要的是，这些眼球运动是无意识的。这就是我们视觉脑的工作方式。它寻找细节的方式不是长时间关注一个区域，而是更多地回视最感兴趣的区域。

这样看来，与其让人们集中注意力，还不如让他们从许多不同的角度看问题。我们可以让他们四处走动，而不是一动不动地坐着，这样他们就能看到更多细节。事实上，兰格曾尝试过这种方法。她让学生们在一幅名画前走来走去，而不是一动不动地坐着来观察这幅画。如你所见，她的实验是非常符合生物学逻辑的。她只是利用了脑自身的功能。这一理论似乎得到了良好的应用。四处走动的学生比静坐的学生对图片的"注意力"更加集中。用这种方法学习的学生比那些安静地坐着注视画的学生的记忆效果更好。

看见世界就是绘制世界

我们已经知道视觉脑会把事物分解成不同部分。现在我们来关注脑最非凡也最必要的一个功能，即如何整合不同的部分。

基本上，当我们看到一个物体时，神经元的物理布局就是这个物体本身物理结构的映射。

我很难用语言来有效地解释这一点，所以让我们利用视觉脑的力量来说明这点吧。图 8-5 描述了一个展示这个想法的实验。左边这张看起来很奇怪的图片是猴子脑的一部分，它实际上是视觉皮层的一部分。图片上的黑点显示了神经元特别活跃的地方。当猴子看到一个特定的物体（图 8-5 右边所示的"半轮"）时，这些神经元簇就会被频繁地触发。[4]

144

图 8-5　猴脑视觉神经元对物体的映射

　　这个结果是令人震惊的。最活跃的细胞以几何模式排列，包含了图像本身的所有物理关系！图像的每条线都对应着一条大脑中活跃的神经元线。这些线在中心汇聚，就像图像上的线一样，它们相互交叉着，就如同对图像的精确复制。

　　这个实验和其他实验都表明，视觉世界在我们的脑中存在真实的物理映射。当我们看到某个物体时，神经元网络就会发出信号，这些神经元网络保留了我们所看到物体的物理关系。我们视觉的具体体验以一种具体的形式留存在脑中具有物理连接的神经元中。[5]

图像带给我们什么？

　　我们闭上眼睛就能想象世界。神经科学还没有对这些想象做出完整的解释，但毫无疑问，它们始于由脑中相互连接的神经元组成的物理地图。我们的脑中充满了这样的网络，而且似乎可以肯定的是，我们所谓的思考和记忆就是基于这些网络的。[6]

145　　这些画面的意义是多么丰富啊！一个人走路的画面也同样把这一动作本身的图像带入我们的意识之中。两棵树相互挨着的画面激活了神经元网络中比较和数字这两个概念。一个人在另一个人上方的画面蕴含着关于地位的象征。苹果核的画面包含包围或包括的含义。事实上，图像还包含那些可以构建语言本身的概念，包括动词、名词、介词（在……之上；在……旁边）、量词、词性，甚至冠词［例如，"它是那只（the）狗"还是"它是一只（a）狗"］。

世界上的物理实体会包含概念上的关系，我们脑中的神经元网络也如此。当我们意识到图像的核心地位时，就不难理解为什么到目前为止它们是人脑最容易记住的东西了。图片记忆的实验产生了惊人的结果。例如，人们可以回忆起看到过的数百甚至数千张照片，即使他们只看了几秒钟。这一领域的研究人员甚至提出，脑可以存储的图片数量没有上限！[7]

我们的具体体验包含了理解事物所需要的大量信息，因为它为我们的脑生成图像，以进行分析、重新排列、操作并付诸行动。我们的脑中有曾经经历的画面，我们可以像观看电影一样浏览这些画面。我们的脑可以随时切换到记载生活画面的视频中。

最好的图像

体验学习最重要和最有力的一个方面是，我们脑中的图像来自体验本身。这些是目前为止最丰富的图像。它们是未经更改且直接的，而不是通过文本、电影、电视或演讲来传播或过滤的。它们包含同时来自所有感官的信息，而不仅仅是视觉或声音。它们是"感知充盈的"。

我的猜测是，这种丰富性会影响情绪脑。体验对脑来说是一种"感觉"，通过直接体验获得的图像感觉更好。当我们无法用语言表达完整的体验时，我们会说"你必须去体验"。

我们也更可能相信来自体验本身的感觉输入。我怀疑，这种对"真实事物"的感觉输入的自信和信任，对我们的杏仁核有镇静作用。杏仁核越平静，思维就越清晰。

我想起了第一次去看美国职业棒球大联盟比赛的场景。我一进入体育场，就感觉到空气中好像有电流一样，这种兴奋是显而易见的。当我看着球员们热身时，我惊讶于我所感受到的东西。球在空中呼啸而过，球员们的投掷动作有一种难以置信的美，这是我在电视上看比赛时从未注意到的。我可以看到投掷的完成，以及球员们毫不费力地进入下一个动作时所表现出的流畅性。这就像是一场宏大的芭蕾表演，我能感受到它的整体性，而不局限于摄影师选择展示给我的东西。这是一种自由的体验。它给人一种清晰、完整和安全的感觉。这是我所看到过的最好的图像。

图像与高校教师

考虑到图像的核心地位，教师似乎可以广泛地利用图像来帮助人们学习。如果我们能把一个想法转化成一幅图像，我们就应该这样做。只要有可能，我们就应该要求学生展示他们的图像。这应该是双向的。

通过图像来教授某些学科很常见。例如，大量的化学或生物学知识完全可以通过图像来教授。其他学科可能一开始看起来难以通过图像学习，但只要有创造力，几乎任何一个人想学的东西都可以以图像的形式呈现出来。

以数学为例。数学的教学过程中充满了图像。比如，微积分产生了运动、运动中的变化以及填满空间的图像。它可能是最依赖图像的学科之一。又比如，指数给出了增长、损耗、爆发和消失的生动画面。

图8-6说明了我们学校的音乐教授罗布·邓恩（Rob Dunn）是如何使用图像教学的。他将音乐转换为视觉图像。这个图形代表了他对施特劳斯《查拉图斯特拉如是说》第一行的印象。

图8-6 展示了这部具有戏剧性的作品的动态、结构，甚至是乐器
本身。它始于以管风琴发出的一个稳定的声音，接着是不同长度的强烈
的小号声，最后以六声响亮的鼓点结束。这些图像也暗示了声音的特
性。例如，小号声往往是稳定且清晰的带状，而不是细线。并且这些图
像揭示了作曲家在引导听众、激发热情和吸引注意力方面的策略。视觉
图像是帮助学生理解作品的教学工具，也是增强记忆和帮助学习音乐的
工具。[8]

通过展示的方法教学

在我最近参加的一次教学研讨会上，讲授者描述了一些教师帮助学
生学习的实验。讲授者反复强调，教师为学生提供了"支持"。于是我问
他"支持"是什么意思以及教师实际上做了什么。

他的回答出奇得简单。他只是说："向学生们展示。"让学生看到你
认为好的答案或好的榜样。

这让我想起了一些事情，因为我刚刚发现 teacher 这个词的起源似
乎是一个古英语单词 techen，意思是"展示"。教师是展示者。当然，这
和我们之前所说的视觉脑带给我的启示是完全一致的。人们看到的是我
们展示的东西，当他们真实地看到的时候，当他们睁开眼睛的时候，他
们便不再需要我们的解释。

一些人可能会有异议，一名教师不能仅仅向学生展示教学内容，这种教学方式似乎不能令人满意，因为任何人都能做到！

我认为不是这样的。如果我们的任务是展示，那么我们必须决定展示什么以及如何展示。以下是一些需要考虑的问题。

第一，我们必须仔细考虑并选择所要展示的内容。仅仅拼凑一些东西是不够的。我们必须决定哪些例子可以最好地展示教学重点。我们真正希望学生学习什么内容？我们需要选择既能展示全局，又能展示细节的东西。我们应该展示的是希望学生最终能够自己做到的事情。

第二，我认为我们应该尽可能地展示贴近具体体验的原始画面。这是我们与学生的脑所感知到的最接近的东西，也是我们与学生共鸣最多的地方。如果可能的话，我们应该给学生提供直接体验的机会。实地考察、实习、研究项目、真正的实践经验、合作、角色扮演和其他积极的学习方法正是因此而有效的。我们应该和他们分享这些经验。重点是让教师和学生尽可能地在他们的具体经验中紧密联系在一起，然后他们会获得相同的画面，教师因此可以理解"学生已经知道的东西"。这正是我们在第 6 章中所讨论的。

第三，指出图片中重要的部分。在很多情况下，我们不需要说明为什么这些部分是有趣的或者解释原因。我们只需要鼓励学生"注意到这一点"，或者问"你看到这部分了吗？"。学生必须注意到重要的事情，以便获得有用的图像。通常，寻找已经成为我们的第二天性，但通过体验如何注重细节、把握重点，学生便可以开始形成观察和学习的习惯，这在教学的领域中是最有效的。

我们可以在这种"展示"中发挥创造性。我们甚至可以向学生展示犯错后会发生什么。例如，我们可以向他们展示把酸加到水里的错误操作，而不是单纯强调把水加到酸里是多么重要。我们不需要解释。他们会自己观察到的。

我们需要更多地展示，更多地分享。

"听见"事物

当然，具体体验不仅包括看到的东西。事实上，关于体验学习最重要的一点是它涉及我们所有的感官。但当我们审视其他感官的体验时，我们仍然会发现和视觉类似的要点。让我们通过听觉来说明这一点。

与视觉系统类似，我们的听觉皮层接收少量的感觉输入。但接收到的不是线条，而是频率或音高。耳朵里不同的细胞会对不同的音高做出反应，这些细胞与听觉皮层的特定细胞相连接。这意味着我们的听觉对细节也很敏感。我们提出的关于细节在教学中的重要性的观点对学生的所见所闻都是适用的。

脑也以某种类似于视觉的方式注意声音。我们不能长时间把注意力集中在一个特定的声音上而把其他声音排除在外。如果我们这样做，声音就失去了意义。相反，我们会在短时间内集中精力聆听新声音，然后发现另一些声音更有趣。我们的脑期待的是声音的变化，而不是把注意力集中在一个声音上。

事实上，如果我们在一段时间内重复听一个声音，它就会变得有催眠作用——甚至让人镇静。最终，我们开始忽视它，直至我们真的听不到它。这被称为习惯化，这是神经元和神经元网络的一种特征。当我们反复听到相同的声音时，突触放电的频率就会降低。这就解释了为什么我们在高速公路旁的公寓里住了几个星期后，就会感觉听不到嘈杂的交通噪音了。

没有什么比一堂课更能说明习惯化了。除非我们每隔几分钟就改变一种声音，否则，几乎可以肯定的是，我们会让学习者的脑适应这种声音。即使我们认为我们正在打破它，我们都有"自己说话的方式"，但是随着时间的推移，学习者也会习惯我们的方式，不管这种方式是什么。你可能会注意到，当一个陌生人开始在课堂上讲话时，你的兴趣就会增强。这种兴趣能维持一段时间，即使讲话的人最终被证明是一个"无趣"的人。但是起初，只要他是新人就足够了。

另一个与视觉的相似之处是，我们对于声音的感知是与图像网络相互联系的。我们能听到事情发生的地点、时间和样子。这些信息都被整合到声音地图中，就像视觉地图一样，声音地图保留了许多与体验本身相关的实际物理特征。这就是为什么我们可以闭上眼睛去聆听，并想象正在发生的事情。

声音的特殊力量

声音还具有一种特殊的力量，它能丰富我们的具体体验，这是视觉无法做到的。

其中一种力量是声音可以绕过转角处。如果能听见，我们就能知道看不见的地方正在发生的事情。我们可以通过声音让世界意识到我们的困境，并且我们可以通过声音向外部世界传达我们的身份。就像在《霍顿听见了呼呼的声音》（*Horton Hears a Who!*）中一样，我们可以大喊："我们在这里！我们在这里！"更不可思议的是，我们还可以大声喊出："我在这儿！吉姆在这儿！"在动物世界中，这种能力是天生的，且相当复杂。例如，海豚似乎会通过特定的声音相互交流它们的"名字"。[9]

使用声音也是一种非常个性化的交流方式。我们可以哭、笑、尖叫、交谈。当我们打电话给朋友时，他们能辨认出我们的声音，他们能从声音中分辨出我们的感受。声音是由每个人的发声装置产生的，它具有独特的形状、大小和构造。我们所有人的声音都不一样。我们的确是在使用不同的声音说话。并且，当我们交谈时，我们很难隐藏自己的感受。尽管我们尽了最大的努力去隐藏，我们的情感还是会在不经意间流露出来。

因为脑既能产生声音，也能感知到声音，而且因为声音是因人而异并具有情绪性的，所以声音是一种学习的自然载体。我们在动物世界也能看到这种现象。鸟类向其他鸟类学习歌唱，也能模仿人类发出许多不同的声音。鲸鱼的歌声似乎随着经验的积累而变化，这有点像语言的发展过程。文字出现之前，人类的文化历史是通过故事和歌曲来保存的，因为它们学起来很容易。

其他感官体验的重要性

尽管我说过要重点关注视觉感官的体验，但在感觉经验这一章结束时，我必须简要地提到其他感官对教师的潜在意义与启示。

也许体验是最好的感觉输入的原因之一是，它包含的不仅仅是听觉和视觉的体验。具体的体验会让各种感觉丰富地融合到一起，我们能够感受到这种体验。

没有比嗅觉和味觉更强烈的情绪感官刺激了，正如我们在第 4 章和第 5 章中看到的，情感是学习的关键。所以很明显，提供味道可以帮助人们学习。这在学校学习中并不常见，但我认为是有可能的。例如，当我们在物理课上谈论摩擦时，可能可以结合轮胎燃烧的气味。或者，当我们描述内战的战场时，我们可能可以引入腐烂肉体的气味（有机化学家知道该使用哪种化学品）。我相信你可以想出许多其他的好办法来丰富学科的感觉内容。

151

触觉也可以丰富学习体验。我有一个同事在神经科学系，她有一个密封的塑料袋，里面装满煮好的燕麦片，当她谈论脑时她会用这个袋子做触觉的展示。在她讲课的时候，那袋燕麦片就在教室里传来传去，捏着那袋燕麦片的学生们都清楚地记得，手里拿着新鲜的人脑会是一种什么样的感觉。

事实上，触觉和视觉在映射功能上是相似的。我们可以闭上眼睛，通过感觉来判断物体的外观。盲人在阅读盲文时会使用脑的视觉部分，记得有一次，一个盲人通过触摸我的脸和头来判断我的"表情"。

还有对身体姿势的感觉。我们知道自己是坐着还是站着，放松还是紧张，身体前倾还是懒散。我们能感受到握在手中的物体的重量，它们的重心和平衡。当我们工作时，我们会感到压力。这种进入我们脑的感觉输入成为我们具体体验的一部分。

最后，我们会感受到自己的情绪。在所有的经历中，我们都能感觉到自己是害怕还是自信，是兴奋还是冷静，是被吸引还是被排斥。情绪是我们感觉体验的一部分，为我们脑中的映射增彩。

毫无疑问，如果我们更多地关注这些，就可以更好地帮助人们学习。

我的课堂教学和教室里的具体体验

到现在，我应该可以理解为什么我的课堂教学是如此的枯燥乏味了。我真的没有考虑我们在这一章讨论的任何事情。我的学生几乎没有获得我脑中的图像。有太多的细节他们没有注意到，也没有练习过。我没有向他们展示任何关于线粒体的东西，我只向他们展示了一位教授对这个学科的热情。尽管这并不是毫无意义的，但这并不能帮助学生学习线粒体。

在很多时候，我的课堂就像加里·拉森（Gray Larson）的卡通片，小狗金吉尔在认真地、满怀希望地听主人说话。主人说："好了，金吉尔，我受够你了！离垃圾远点！"但是站在另一个角度，金吉尔听到的是："啦啦，啦啦，啦啦，金吉尔！啦啦，啦啦！"可怜的金吉尔只是听到了声音，并没有理解其含义。

正如我们在第 2 章中提到的，课堂首先是一种具体的体验。学生在课堂上看到的情景和听到的声音首先通过感官进入他的脑。它可以是声音，甚至是"啦啦，啦啦，啦啦"；可以是老师站着或四处走动的视觉形象；可以是一个表示支持或威胁的画面；可以是粉笔在黑板上写字的声音和视觉符号在黑板上出现或消失的画面；可以是黑暗房间里，伴随着嗡嗡作响的声音或兴奋的声音，在屏幕上呈现的一系列画面。

或者，也可以是与学生已有知识相联系的图像、声音和情感。它可以是对一个专家模型如何解决问题的观察，可以是学习。但它一定是具体的体验，是脑的感觉输入。

9 等待整合
帮助人们理解他们的经验

> 整合令我着迷。
>
> ——乔尔丹诺·布鲁诺（Giordano Bruno）

埃里克是一位新来的数学老师，他渴望尝试他的教学理论，但是他遇到了麻烦。开学后不久，就有将近一半的学生退课，所以他来找我谈。我听他说着，表现得很耐心，至少我希望是这样的。

"那些学生太懒了。"他开始说。我准备和他展开一场激烈而激动的对话！"我确实给他们出了难题，"他继续说，"我想让他们知道自己可以思考！但他们还是放弃了。如果不能马上解决问题，他们就会放弃！"

"你知道我是如何解决难题的吗？"埃里克继续说，"我会思考几天，这个问题会一直萦绕在我的脑海中，我从不指望马上就能解决它。所以，学生为什么要期待马上得到答案呢？"

然后他继续说道："通常情况下，灵感会在我意料之外的时候出现，可能是早上洗澡的时候，或者是遛狗的时候。多么完美的整合！这从来都不是计划之中的。它就自然而然地发生了。"

说到这儿，他非常兴奋："这是令人激动的，几乎和性爱一样美好！"他笑了，"困难的问题确实需要前戏！能够立即解决的问题毫无乐趣可言！"

他停顿了一会儿，然后继续说下去。"你知道吗？"他说，"我不知道我的学生在课堂之外是否也会思考数学。他们可能从来没有花时间去反思或思考一个问题。"

我认为自己至少应该为学生辩护一下，所以最后我开口了。"他们的确承担了相当繁重的任务。"我试探着说。

沉默了一分钟后，埃里克慢慢说道："说得对，我忘记了这一点。我上大学时，每学期至少选六门课。我的成绩很好，因为我的思考速度很快。从来没有人提醒我反思这一点！"

这似乎使他感到沮丧，当他再次开口时，我明白了原因。"恐怕我的理论行不通。大学生没有时间思考。事实上，我们可能会奖励那些思考得最少的人。"

＊ ＊ ＊

前面的章节探讨了后脑皮层如何获取碎片化的信息然后将其重组。这种重组的关键发生在后脑的整合皮层。在学习周期中，这个整合过程是我们期望在"反思性观察"中发生的。正如"反思"一词所指的那样，我们可能需要相当长的时间来整合所有的东西，并理解我们经历的全部意义。我们必须思考事物（反思）并检查记忆（观察）中的画面。我们从自己的经验中跳出来，审视它，思考它。我们寻找的是符合我们所有经验的画面。我们寻求整合。

教师的任务是在这个寻找的过程中为学生提供帮助。但这种寻找本质上是个人的，我们不能直接强制他人执行。我们的工作是布置需要反思的作业，引导学习者反思正确的事情。在这一章中，我们将研究这些东西是什么，以及后脑整合皮层是如何把这些反思整合在一起的。

整合什么?

图 9-1 说明了感觉皮层和后脑整合皮层之间的结构关系。视觉、听

觉和触觉这三个感觉区域在图中有所显示，因为这些皮层给我们提供了关于这个世界的大部分认知信息。正如我们在第 8 章中提到的，这三种感觉告诉我们形状、空间关系和位置等信息。它们提供了我们所谓的"客观"信息。

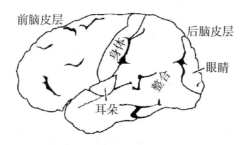

图 9-1　感觉皮层与后脑整合皮层

　　这张图告诉我们的关键信息是：整合皮层与感觉皮层的三个主要脑区是相邻的，实际上整合皮层正处于这三个区域的中间。因此，信号从这些感觉皮层传输到后脑整合皮层的路程很短。

　　事实上，我们从这三种感觉中获得的信息有很多重叠的部分。例如，物体的形状可以通过触觉或视觉来确定，物体的位置可以通过听觉或视觉来确定。

　　然而，我们必须记住，每一种感觉都给了我们独特的信息，我们需要整合所有这些感觉输入才能理解事物，以构成我们在这个世界的具体体验。

"是什么"和"在哪里"

　　我们对后脑整合皮层的了解大部分来自视觉系统，所以我们将以这些信息为基础。

　　从视觉皮层发出的信号经由两条不同的通路传输到后脑皮层的整

合区域。如图 9-2 所示，一条通路向上向前传输，另一条向下向后传输（上、下两条路线）。事实证明，后脑整合皮层的上方和下方负责截然不同的事情。上方的通路可以让你了解物体的位置。它通过分析空间关系来关注事物是如何排列的，尤其是当我们想要复制这种排列时（比如模仿某些东西时）。

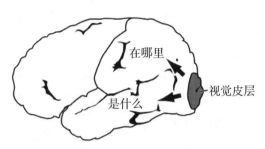

图 9-2　"是什么"通路和"在哪里"通路

　　上方的通路也是所谓的"注意网络"的一部分。当我们试图集中注意力时，它就会变得活跃。这是有道理的，因为关注某件事首先需要我们找到它的位置。

　　下方的整合区域则有所不同。它通过分析神经元地图来获取脑所看到的信息并将其分类，例如判断是人还是物体、有生命还是无生命。"是什么"区域不仅能够识别类别，还能够识别类别中的特定对象，例如该区域是负责人脸识别的。它不仅告诉我们对方是人类，还告诉我们对方是谁。

　　在后脑整合皮层中还发生着其他重要的事情，但我们将在后面展开讨论，我们现在主要考虑如何使用这种"是什么"和"在哪里"的信息来帮助人们学习。

理解的开始：类别和关系

　　正如我们在第 8 章中看到的，我们感觉脑所产生的神经元地图保留了其与物理世界之间的关系。因此，当信号被传递到后脑整合皮层时，这些关系被继续保留下来。正如我们前面提到的，这让我们可以识别不同物体的类别。最好的假说似乎是，脑之所以能够分辨出某些事物属于同一类别，是因为这些事物触发了相似的神经元网络组合。

知道我们所看到的是什么并不等同于命名。例如，类人猿能够区分猫狗，但类人猿似乎并不会使用语言。[1] 命名和分类是分开的，使用的是脑的不同部分。

知道"是什么"是开始理解经验的重要一步，但知道"在哪里"可能更为重要。知道物体"在哪里"能够帮助我们获取位置关系。我们只能通过参考其他物体来获取物体或物体某个部分的位置。例如，我们知道烟囱在房子的顶部，但是这种关系也可以表述为房子在烟囱下面。我们可以用其中一个来解释另一个的位置。关系是重要的，它不是什么绝对坐标。事物间没有绝对的关系。

空间关系告诉我们物质世界的详细结构，这种结构可以产生功能（我们在第 3 章中讨论过）。如果我们要理解周围的事物——我们所存在的客观世界和其中的物体——了解关系就是我能想到的最重要的事情了。

教人航行：关于"是什么"和"在哪里"

这里有一个关于我努力教我的朋友蒂姆驾驶小船的故事。我希望它能阐明在教学中思考关于"是什么"和"在哪里"的重要性。

* * *

蒂姆对航行非常感兴趣。他喜欢看着帆船掠过伊利湖波光粼粼的水面。在蔚蓝的夏日，这是一种多么美妙的放松方式啊！

因此我同意教蒂姆航行，我的教学从教蒂姆一些新词语开始。

"看那根绳子，"我指着桅杆说，"它叫升降索。"

蒂姆点了点头，重复道："升降索。"

"还有那一条，"我指着放在甲板上的一卷绳子说，"那是控帆索（sheet）。"

"我以为 sheet 是风帆（sail），"蒂姆说，"那为什么有这样一个俗语，大致是'三个风中凌乱的帆'（three sheets to the wind）？"

"不是，控帆索是绳子，"我说，"风帆有主帆（mainsail）、前帆（jib）和球帆（spinnaker）。"

蒂姆耸耸肩。"好吧。"他说。

不久，我们驶出港口，从北方吹来的 10—15 节①的风，产生了 3—4 英尺②高的海浪——虽然并不危险，但足以让我们保持警惕！

我迎着风向蒂姆喊："可以了，拉升降索。"

我们越来越兴奋，蒂姆急切地环顾四周，想找根绳子。当然，他抓住了控帆索！这是他看到的第一条绳子。

所以他就拉了控帆索。如果说最后是我自己在操纵船只航行，你应该也不会感到惊讶。因为蒂姆既兴奋又困惑，他将控帆索和风帆弄混了，再加上那个奇怪的"升降索"一词，他在波涛汹涌的水面上，帮不上什么忙。

但是当时，我在思考我的教学方法。一定有更好的方法来教航行新手！因此，当我们安全返回时，我决定尝试另一种方法。

我们的帆船在港口轻轻地摇曳着，我说道："蒂姆，别管升降索和控帆索了。先研究一下船，注意每个物体的位置。看看所有的物体，包括所有的绳子，不要担心它们是什么。只要尽可能多地注意它们的位置就行了。"

---

① 约为 15.52 千米—27.78 千米 / 小时，所产生的风力大约为 4 级。——译者注
② 1 英尺约为 30.48 厘米。——译者注

蒂姆了解到有一根绳子连着桅杆顶部的滑轮，然后再下来，显然是想把什么东西从桅杆上拉上来。他看到另一根绳子系在帆角上，显然是用来收放帆角的。当他看到这些物体的位置时，它们的用途就变得显而易见了。

过了几天，我们又尝试了一次。是的，我们都做得更好了。当我喊"扬起帆"时，他拉住系在帆顶的绳子。当我喊着"撑开帆"的时候，他松开了绳子，让帆的一角从船上飘开。我们从来没用过升降索和控帆索这样的词，但我们航行得很好！

当我们再次航行时，蒂姆突然问："你把那条绳子叫什么来着？扬起风帆的那条。"

* * *

在这个故事中，我试图阐述三点。第一点是我们在第8章中提到过的。最好的教学往往只是展示。我带着蒂姆看了船，并让他思考自己所看到的。

第二点是，我在蒂姆身上发现，当我不再以事物的名称开始教学时，我的教学效果更好。蒂姆知道那些东西是什么——例如，他了解绳子，知道它们在哪里——但他不需要立刻知道它们的名称。

最后一点是，当蒂姆理解了事物的工作原理后，他询问了这些物体的名称。这些名称象征着概念，而不仅仅是声音。他首先创造了意义，然后才需要词语。

"在哪里"的更多含义

"是什么"的含义和作用似乎是显而易见的，但"在哪里"似乎值得更多思考，它包含着比表面上看起来更多的含义。

"在哪里"不仅可以指物体的物理位置。在一个故事中，它还可以表示在什么时间。它可以代表"何时"！当我们在脑海中想象故事的时候，我们通过记住第一、第二和第三件事，并在脑海中把这些事件联系起来，从而形成时间线。

"在哪里"也可以指个人关系。我的配偶在我的生活中处于什么位置？这个问题并不总是那么简单，人们理解了才能回答！

"在哪里"也告诉我们一个角色是如何融入故事的。只有当我们清楚地了解角色之间如何相关，以及他们处于哪层关系之中，我们才能理解故事本身。

"在哪里"也可以指程度。我们可能跟朋友很亲近，但跟爱人更亲近。这种关系可能是强大而直接的，也可能是微妙而无关紧要的。

"在哪里"还可以帮助我们理解自己。当我们站在别人的角度换位思考时，当我们重新定位自己时，我们能够更加深刻地理解自己。随着我们对"在哪里"的了解越来越多，我们的理解能力也就加深了。

"在哪里"的两面性

之前我说过后脑皮层所在位置的脑区是注意力网络[2]的一部分。当我们集中注意力寻找周围的事物，或者注意到有什么重要的东西出现时，大脑皮层的这一部分就开始起作用了。

多年来，人们已经知道，我们对周围空间的感知主要是由右上侧的后脑整合皮层负责的。该区域受到损伤的人不会对周围有完整的注意。他们可能会忽视其中的一部分，所以这个问题被称为"忽视综合征"。例如，如果让他们画一个钟表的正面，他们可能只会画时钟右边的数字，而没有意识到左边的数字。

160

然而，事实证明，当我们注意特定物体，或者通过在物体周围划出边界来限制注意区域时，我们使用的是左侧脑的相同区域。如果我们特别注意自己的手，而不是我们周围的空间，或者如果我们在某个物体周围画一个圈，脑左半球就会变得非常活跃。[3]

换句话说，存在一般注意力（右侧脑）和特殊注意力（左侧脑）。它们都会告诉我们"在哪里"的信息，当我们注意事物时，左右两侧的脑都要用到。

当我们为了重现或模仿而分析动作时，我们也会用到"在哪里"脑区。脑可以绘制出动作的各个部分的位置。但这似乎与人们一般的空间意识不一样。事实上，研究者现在普遍认为"忽视综合征"是由右脑上下通路之间的区域受损引起的。[4]

所有这一切看起来可能令人困惑，但也许有一种方法可以简化它，并有益于人们的学习。更简单的设想是，我们应该给学生布置需要使用不同脑区的作业，例如，布置既涉及全局信息也涉及细节信息的空间问题作业。

例如，我们可以让学生描述葛底斯堡战役的全局，即背景。这可能包括地理、整个战场上军队的大致位置，以及其他有关战争的重大问题。但我们也应该让他们关注战争中的特定事件，比如个别的士兵、作为转折点的特定时刻，或者特定的桥梁或树木的位置以及它们在时刻变化的战争中发挥的作用。为了充分利用脑的"在哪里"通路，我们可以让学生表演特定的事件，或者制作一张地图来展示作战计划。

数学与"在哪里"

我的一个同事经常抱怨他的学生解决定量问题的方式。"他们不知道自己的答案是否合理，"他抱怨道，"他们甚至没有注意到，1米是1

个分子的大小这种答案是荒谬的。他们只是通过计算写下得到的答案。他们从来没想过去估计！"

我对这种哀叹并不完全感到惊讶，因为他的大多数学生都在上医学预科课程，因此他们认为自己可能永远不必做定量计算。但我也很惊讶于听到类似的事情发生在工科学生身上。其中一位数学老师说："他们只是记住方程式来得到答案。""有时他们似乎不知道为什么要使用某个特定的方程，或者为什么这个方程对他们适用。他们只是直接套用。"

我相信你也认识到了这个问题。这很像我们之前讨论过的记忆和理解之间的区别。但还有另一种思考方式，一种脑成像研究结果支持的方式。

这些脑成像研究表明，相对试图通过估计得出可能的答案而言，当我们计算数学问题的准确答案时，我们会用到脑的不同部分。事实上，当计算准确答案时，前脑皮层比后脑皮层更加活跃。并且，非常有趣的是，在算术计算中，前脑皮层最活跃的区域与负责产生语言的区域是一致的（我们将在第 10 章中对此进行讨论）。[5]

但当我们试图估计答案时，我们依赖于之前提到的老朋友，即后脑皮层上方的"在哪里"通路。当我们比较事物时，我们想象它们的相对位置。例如，在尺度大小上，分子介于原子和细胞之间。这一事实对我之前提到的医学预科生会有所帮助。这个例子表明了为什么人们想要探索分子的大小：想看看它的大小在哪个范围。

这些想法提醒我们，计算实际上并非反思活动。根据我之前提到的影像学研究，它更多地使用前脑皮层而不是后脑皮层。计算似乎更像是一种语言活动，语言活动的行为规则和通路是已知的。计算只是应用了这些规则和通路。它是以行动为中心的。

但是，理解通过计算得到的答案及其含义，会更多地使用后脑皮层。它需要反思。

162

考虑到这一点，教师应该专注于让数学更具有反思性。计算一个正确的答案很重要，但这不会产生理解。为了帮助学习者理解计算结果，我们应该让他们思考答案，回忆生活中与答案相关的事物，并思考事物的相互关系是怎样的。

速度与学习

数学问题和对速度的重视让我们回到了本章开头在埃里克的故事中提到的观点，即反思需要时间。

即使是学得最快的人也需要时间进行反思。他必须让整合皮层发挥作用。如果不这样做，他的想法和记忆就会失去关联，并缺乏深度。这些想法和记忆可能在当下是够用的（例如通过考试），但这是暂时的，无法长期保持。

然而，我发现许多同事都认为最聪明的学生是反应最快的。有一天，一位工程学教授让我大吃一惊，他说："优等生和差等生之间唯一的区别就是学习速度。"得 A 的学生学得更快。抛开分类标签（标签为"得 A 的学生"和"得 B 的学生"）或者教师的工作是找出谁"学得最快"的说法，我记得我曾反驳说，最好的学生是思考得最深刻的学生。而思考需要时间！

关于智力与速度脱节的一个戏剧性的例子是关于尼尔斯·玻尔（Neils Bohr）的，这位杰出的物理学家因其对原子结构的研究而获得了诺贝尔奖。显然，玻尔是一个思维迟钝的人。事实上，据说他去剧院时必须得带个人一起去，因为他的思维跟不上故事的情节。凡是与他同行的人都被要求给他解释故事的情节！[6] 他总是在寻求整合。

163

快速的 / 缓慢的脑

我们很容易理解为什么有些老师痴迷于学习速度。事实上，感觉脑的速度非常快。我们感觉事物的速度很快。因此我们可能认为学习也应该很快。砰！砰！砰！它发生了，我们注意到了，现在它结束了，我们知道了！

我们大多数人都意识到这不是学习的方式。我们自己的学习经验告诉我们时间的价值。感觉脑和整合脑之间的物理差异解释了其中的原因。

感觉输入速度快的第一个原因是，许多从感觉器官传递信息的神经元都被髓鞘包裹。这意味着感觉输入信号的传输速度几乎是没有"包裹"情况下的 100 倍。快速获取信息对于我们的生存而言是很重要的。

感觉输入速度快的第二个原因是，它仅需要几个神经元（也许只有三个或四个）就可以将信息传递到感觉皮层。传输通道浅且宽，很多信息可以快速进入脑。

第三个原因是，实际参与直接感觉输入的脑神经元数量相对较少。你可能已经注意到，在本章前面的图中，初级视觉、听觉和躯体感觉皮层加在一起，在后脑皮层中所占的比例仍然小于整合皮层。

所有这些都有助于感觉输入的快速传输。然而，一旦脑需要整合信息，它们就会发生改变。第一，整合皮层中大多数神经元都没有髓鞘化，因此信息传播速度较慢。第二，在整合皮层中，信息传递的路径变得更加复杂。感觉信息似乎可以到达整合皮层的任意位置。确实，如果要整合事物，它们最终就必须在物理结构上被整合到一起。第三，用于整合的神经元比用于感知的神经元更多。

我们可以快速获得数据，但需要更长的时间才能看出数据的整体性。有些事情可能要花一辈子的时间！这种差异在"信息时代"并没有减少。正如我们在第 3 章中讨论的那样，能够快速获取信息并不一定是件好事。信息来得太快，就难以理解。它可能会成为整合的敌人。

反　　思

我们对整合的物理描述是，来自后脑皮层不同区域的信号会花很多时间在所有现有的连接中来回穿梭。有些连接可能是遥远的，有些可能是微弱的。有些连接可能会立即被触发，而另一些可能只有当原始输入信号在神经元簇中停留很长一段时间后才会被触发。连接最弱的通路最终可能仍然会被激活，但我们可能需要等待。

反思就是在寻找连接，确实如此！

一个关于反射的物理现象可能有助于我们理解这个概念。反射是一个循环的物理过程。例如，光从窗户反射回来并传送到我们的眼睛中。然而，它是以某种改变了的形式传回来的，它通过反射的过程发生了改变。它可能被减弱、分散，或被其他光源污染。循环反射的东西越多，光线就变得越复杂——它们与原始光源的差别就越大，就更多地融合于世界上其他物体中。

我们需要反思来发展复杂性。我们可能从直接的，有时相对简单的具体体验开始，但当我们的脑可以自由地寻找那些仍然未知的联系时，这种体验会变得更丰富。当我们发现这些联系时，我们的脑就会改变。我们把当前的经验网络与表征先前经验的网络连接起来。

引导和支持反思属于改变脑的艺术。它是引导学生走向理解的艺术。

反思的内容

我们来做个小实验。把这本书放在一边，花一分钟思考一下你刚刚读到的内容，然后试着潜入你的脑，看看它在做什么。

当我这样做的时候，我发现了两件事。一件事与我们所谓的心理意象有关。无论主题是什么，脑中都有模糊但可辨认的图像。这些图像有时会瞬间闪过，如果我尝试将注意力聚焦于这些图像，它们可能会消失。但是，如果我的脑海中没有事件的图像，那我似乎无法思考这件事。

我发现的另一件事是语言，或者更加恰当地说，是我找到的语言的元素。我可能会发现句子的片段，或者我可能在心里自言自语。我可能在说单词、哼曲调或唱歌。我可能会发现自己在说东西的名称或数数。我似乎数了很多，唱了很多。它们都在我的脑海里！

对我来说，这就是反思的内容：图像和语言。

反思的图像

我在反思过程中看到的图像并不是我所看见的场景。事实上，当我在思考的时候，我的眼睛通常会偏离焦点，我看不到外面世界的任何东西。我甚至会闭上眼睛。我看到的图像是内部的。它们来自我自己的脑！

现在我们知道当我们想到一个图像时，脑的哪个区域是活跃的。你可以通过记住图像是一组重新组合或整合的神经元连接，来猜测所激活的脑区是什么。例如，我们在第 8 章中讨论的"O"的图像就是字母片段的组合。我们的图像是一个完整的"O"，而不是我们的感觉脑最初感知到的虚线边缘。这是一个整合后的图像。

当我们反思时，我们会从过去的经历中提取图像，这些图像是我们在脑海中看到的。脑成像研究中最令人满意的发现之一是，我们用想象的眼睛和用真实的眼睛看到的图像会激活相同的脑区。如图9-3所示，脑中用于通过眼睛感知图像的区域被标记为三角形，用于在脑海中想象图像的区域被标记为圆圈。[7]（这也涉及前脑皮层，我们将在下一章讨论。）

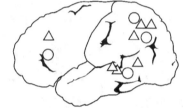

图9-3 想象和真实图像激活的脑区

事实上，当我们提取记忆中的图像时，脑中被激活的区域就是我们在本章前面提到的"是什么"和"在哪里"脑区。

赋予意义：过去和情绪

在大多数情况下，只有那些能让我们想起过去的事的事物才有意义。否则，我们就会感到困惑。

但是，意义的产生还有另一个条件。即使我们经历了之前发生过的事情，也很难理解它的意义，除非它触及我们的情绪。

我们在脑海中形成的图像首先是通过眼睛呈现给我们的。基于真实经验产生的位于后脑整合皮层的神经元网络是它们唯一的来源，或者至少是主要来源。如果想在脑海中创建一些新事物的图像，我们会尝试基于部分旧图像来实现，不存在全新的图像。

你可能会觉得这是错误的。有创造力的人不会创造出真正的新图像吗？例如，某些现代艺术难道不是真的很新吗？这些绘画中的图像通常不会使我们想起我们以前见过的任何事物。

让我们来简短地看看这个现代艺术的例子。在电影《波洛克》（*Pollock*）中，有人问杰克逊·波洛克（Jackson Pollock）："现代艺术是关于什么的？"他是这样解释的："艺术家总是专注于他们的激情。……希腊人创造了身体的形象，埃及人创造了法老的形象，中世纪的画家创造了十字架的形象，而印象派画家描绘了自然、色彩和光线。现代艺术家也这样做，但他们的激情不再是外在的。在这个时代，我们关心的是我们内心的东西，那才是我们绘画的内容。"

这对我来说很有意义。如果说波洛克的画是他内心的写照，我可以理解。他感到不安、愤怒、困惑、激动。当我看他的画时，我可能也有同样的感觉。

或者我可能不会有同样的感受。我对波洛克的看法取决于我自己的经历。油彩在画布上散落，使我感到困惑和沮丧，因为那是我的体验告诉我的。每当我遇到这样的图像时，都是因为某些东西被破坏、溢出或产生混乱。没有有关这些过去图像的神经元网络，我可能根本不会理解波洛克。他的工作对我而言可能没有任何意义。

终 极 反 思

反思就是寻找联系。这种探索可以有意识地继续下去，我们将在下一章讨论控制和前脑皮层时继续这一话题。但这种寻找也会在潜意识中进行，即使是在我们睡觉的时候。

如果我们能回避感官体验的干扰，反思的效果似乎会更好。这样，我们的脑就不会因为在处理旧信息的同时又接收新信息而分心。我们在思考时可能会闭上眼睛，即使我们不闭上眼睛，眼睛也会失去焦点。我们经常开始一些"无意识的"活动，比如踱步、皱眉、挠头或揉下巴。我们做的事情并不需要注意力，因为我们的注意力是向内的。

当然，这样的反思是最理想的。在现实生活中，当来自世界的感觉输入违背我们的意愿进入我们的脑时，我们会不断地受到干扰。电话铃响了，或者有人进来了，可能都会让我们愤怒地举起双手。我们会要求："让我想想！"

但做梦的时候，我们会避开这些干扰。事实上，梦的一个重要特点是，对脑的感觉输入被切断了。我们的感觉脑得不到任何信号，我们看不见、听不见或摸不到东西。做梦的另一个重要特点是，在很大程度上，我们处于无法行动的状态，我们的身体在梦中不能做出动作。例如，我们可能会在梦中跑步，但我们的身体不会移动。[8]

一般来说，做梦是一个独立的脑活动。在做梦时，脑不能感知外界的事件，也不能对身体内部发生的事情做出反应。

脑成像研究表明，在做梦时，后脑皮层变得更加活跃，而前脑皮层的活跃程度会降低。这是我认为反思发生在后脑皮层的一个原因。当我们做梦时，我们的反思脑开始工作。它能看到图像和听到语言。并且，最重要的是，杏仁核在我们做梦时也很活跃。我们似乎在监控自己内心经历的情绪内容，并且可以肯定的是，我们做梦的时候会有强烈的情绪。

这似乎是反思的理想状态。独立于感觉输入或需要计划的任何行动，生活经验在我们的记忆神经元网络中来回穿梭。并且，这些网络中情绪内容占主导地位。这才是有意义的东西！

这些研究结果导致一些睡眠研究人员假设梦境会帮助我们建立连接。在这个理论中，我们在梦中建立的连接是重要的并且是核心的。这些连接让我们洞察全局。我们会发现什么对自己来说是重要的，因为我们梦到的就是最重要的。[9]

教育和做梦

我们需要时间来理解。我们可能需要几天，几周，或者几年的时间。睡眠和做梦可能会有帮助，所以，当我们要做重要决定时，我们需要时间。我们会说："让我睡一觉想一下。"

这样看来，在以学习为目标的环境中，应该更多地考虑睡眠和做梦。当然，这种想法是有问题的。即使我们能够减少对速度和信息的强调，增加反思的可能性，我们仍然必须给学生创造一种产生梦的体验——激发他们情感的体验。正如我们在第 4 章中讨论的那样，如果我们要从体验中学习，那么这些体验就必定对我们的生活至关重要。这种情况发生在年轻人进入研究生阶段或找到一份新工作的时候，但在K-16 时期，大多数教育体验似乎太过薄弱，不足以产生这种影响。学生每天都要接触好几门课程，他们接触这些科目的方式通常不会对情绪产生太大影响。

你可以思考我们能够做出哪些改变来应对这一挑战。我们可能一次只教一门课。例如，我们可能可以花一周的时间学习数学，然后再花一周的时间学习阅读，等等。如果我们让学习体验足够强烈，并将其与生活联系起来，我们的学生就能真正梦到它，这也会对学习有所帮助。这听起来可能就像在做梦，但如果想要促成深度学习，我们就必须认真对待情绪。

语言和图像

之前我曾说过，当我们自由地进行反思时，我们就会从记忆中唤起图像。 但是我也指出，除了图像之外，我们可能还会从记忆中唤起语言（或声音）。语词、语调和声音可能会在我们的脑海中闪现。

这听起来可能和图像不一样，事实上，语言有一些特殊的特点，使它成为一种很棒的学习工具，以及展示我们所学到东西的基本工具。但从本质上讲，语言也是关于图像的。

首先，语言是一种产生图像的工具。如果一幅画胜过千言万语，那么一个词也可以产生许多图像。事实上，我可以说，每个人的脑从同一个词中产生的图像都多少有所不同。我对"女孩"的印象可能在某些方面就和你不一样。

但"女孩"这个类别确实有特定的共同元素，所以学习的一个重要部分是我们有能力产生一幅包含共同特征的图像。如果我让你给我展示一个女孩的图像，你却画了一棵树，这就出现问题了。

通常，学习就是在我们听到或读到语言时形成正确的图像。正确的图像可以很精确。当我们成为某门学科的专家时，我们的图像就会变得越来越精确和复杂。一个学化学的新生可能认为电子是带负电荷的粒子，但是高年级的学生会认为它是最有可能发现负电荷的空间区域。新手可能会把诗歌想成打油诗或童谣，而诗人会想到莎士比亚的十四行诗或艾略特（Thomas Stearns Eliot）的《荒原》（*The Waste Land*）。

当我们展示自己对一个词语产生的一个精确和复杂的图像时，我们就展示了深度学习。我们展示了对自己所在领域的语言的理解。

提问图像

老师可以通过要求学生展示所学科目知识"是什么"和"在哪里"的精确图像来帮助学生进行反思。以下是我亲身经历的一个例子。

* * *

哈罗德是我所教授的生物化学课程的护士专业学生。在学期初，他就表现出了学习困难。我注意到，当我转过身在黑板上画简单分子的结构时，他会停下手中的笔。他会环顾四周，注意力显然不在我所描绘的分子结构上。

最后，在考试的时候，哈罗德没有考好。这毫不奇怪，我注意到他画的化学结构很难解读。它们看起来似乎是对的，但又有些模棱两可。所以我请他来我办公室跟我谈一谈。

"哈罗德，"我说，"我们来谈谈结构吧。我认为你可以做得更好。"

他睁大眼睛看着我，什么也没说。

我继续问："你能告诉我羰基是什么吗？"

令人惊讶的是，他毫不犹豫地回答对了。"它是一个碳原子、一个氧原子与一个双键。"他说。

"很好，"我说，"那你为什么不在黑板上画一个羰基呢？"

他不情愿地拿起一根粉笔，对着我办公室的小黑板，非常缓慢地，画了一个大的 C（碳）和一个大的 O（氧）。然后，他做了一件我从没见过的事。非常缓慢地，他画了两条波浪线，但没有一条线与两个原子相连。然后，他用一种我只能理解为希望和绝望交织在一起的悲哀神情看着我。

这一幕惊醒了我。哈罗德大脑中没有羰基的图像。这个最简单的结构的图像并没有出现在他的脑中。他已经记住了描述结构的语言，但并没有将其与有用的图像联系起来。他根本不理解自己所使用的语言。

我开始坚持让哈罗德绘制结构。我们从头开始，但绘制结构图像的是他，而不是我。直到我比较满意的时候，我在课程结束时给了他及格的分数。

* * *

理解往往需要我们从语言中创造图像。这可能是人脑的终极整合。我们整合了文字和语音的感觉输入，并利用它们绘制复杂的内部图像。如果我们的学生在这方面做得很好，我们就可以证明他学到了东西。

语言的另外一面

语言理解是大脑皮层的功能，该区域位于后脑皮层的听觉皮层后侧。对于大多数人而不是全部人来说，该区域位于左半球，并且，左侧后脑皮层的损害会使人们难以理解语言。[10] 具体表现为言语混乱和无法识别混乱的语言。例如，他们可能会说："我想的是绿豆，但想到的是网和不加糖的小麦穗。"[11] 他们不仅会说混乱的语言，而且不会注意到你在用混乱的方式说话。

然而，这种理解单词和句子含义的过程只是理解语言的一部分。正如我提到的，它只由两个大脑半球中的一个控制，通常是左半球。在另一个半球的相同区域中，还有另一种语言的功能，它可能同样重要。[12] 这个区域通过对特定音节的强调来理解语言的意义，包括节奏、音高、音调和它们的变化。语言的这些方面一起被称为韵律，它们对意义极其重要。

以下是韵律的阐释。

我们可以用不同的方式来表达"你看起来很棒"这样简单的句子，下面展示了其中三种。在每种情况下，句子的含义都超出了词汇和语法的解释范畴。我们学习的不仅是事实。

你看起来太棒了！（其他人可能不是。）

你看起来太棒了！（也许你表现得并不好，或者，也许你自己感觉不太好。）

你看起来太棒了！（我很惊讶？我很高兴？按照你自己的意思理解！）

这是超越字典和语法的。它在学校里可能不会被强调，但如果没有它，我们对语言的理解就会平淡而简单。往好了说，这些图像会缺乏丰富性和复杂性，往坏了说，我们可能会完全误解所要理解的内容。

我猜测，改变脑的艺术在很大程度上与韵律的有效使用有关。教师如果能通过自己在语义和韵律上的表达来传达更深层次的意思，就更有可能会打动学生。在学校里，我们也要强调让学生使用右侧的语言脑。我们应该把语言的认知方面和韵律结合起来。一种可能有效的方法是大声朗读，可以对自己或对他人（不仅仅是对孩子）大声朗读，并请别人大声朗读给我们听。

也许我们过于关注语言的符号和规则了，也许我们忘记了脑拥有超越它们的能力。[13]

过度依赖语言

很少有人怀疑语言对学习的重要性。在学校里，我们对语言的关注可能比其他任何科目都要多。但在我看来，这种对语言的持续强调存在一个陷阱，并且许多学生发现自己已经陷入其中了。

让我用另一个小故事来说明这一点。

* * *

最近，我在车里收听国家公共广播时，听到一位女士在采访一位作家，这位作家写了一本书，讲述了自己作为工厂工人孩子成长的经历。这位作家描述了她在学校里是如何感觉到别人"看不起我们"[①]的。

采访者显然很聪明也很健谈，她问道："你认为他们一直都从鼻子下俯视你们（look their nose down at you）吗？"

是的，你理解得对。我本以为是我听错了她说的话，但后来她又说了一遍又一遍。这是毫无疑问的。她说的是："他们从鼻子下俯视你们。"

作家非常有礼貌没有做出改正，或者也许她不相信自己的耳朵。但我却在自己的车里放声大笑。"她不知道 look down their nose 是什么意思。"我想。

也许我太无情了。也许采访者有阅读困难症或其他语言障碍，但她以极大的勇气克服了这些障碍。但我想到的另一种情况是，她并没有描绘出一个人扬起眉毛，把头往后仰，并从鼻梁上向下看着另一个人的画面。

更确切地说，她只是记住了一个短语。她有语言，但是由于没有图像，因此无法正确地组织语言。她只知道这个短语是关于鼻子和外观的，但仅此而已。

* * *

我讲这个故事是因为我认为这是教育的一种风险。我们如此强调语言，但我们却没有关注到语言要创造的图像。因此，当学生掌握了这门语言，他们就会认为自己理解了。如果他们知道某个事物要用什么词来描述，他们可能就会认为自己理解了事物本身。

---

① 英文为 look down their nose at us，直译为"从鼻子下俯视我们"。——译者注

当我们试图在学生掌握正确的图像之前教给他们东西时，这种对事物的浅层的理解是一种危险。当我们尝试向高中生讲解 DNA 的结构，但是他们没有关于原子如何形成分子的图像时，我们就只是教给了他们一些术语。他们没有形成图像。

但是他们会认为自己学会了！因此，当他们上了大学，我们尝试教他们有关 DNA 的知识时，他们会感到沮丧。他们会认为："我已经学过了。"但是他们只学会了语言，没有形成图像。

整　合

我希望你们能从我关于后脑皮层的讨论中感受到整合。即使不是这样，我仍然希望你能理解读到这里的主要目标。我想展示的是后脑皮层的不同功能是如何共同作用进而产生理解的。"是什么"与"在哪里"、"情感"与"事实"、"宏观画面"与"精确细节"、"符号语言"与"韵律语言"、"图像"与"语言"的结合，都在学习者发展深入理解的过程中发挥着作用，并且这一切都需要时间。

如果你能掌握所有这些内容，我相信你会找到方法成为一个更有技巧的老师。你可能会发明新的方法来帮助学生反思和整合他们的经验，并用新的方法来发挥他们后脑皮层的作用。

但无论成功与否，显然是时候放下后脑皮层并继续了解学习周期了。理解了经验后，脑就可以对经验有所行动了。如果获得了真正的理解，我们将能够制订计划，并对这种经验可能对未来的影响提出新的想法。新的整合现在可以带来新的假设和创造性的想法。学习者可以掌握自己所理解的内容，这样一来，他将从一个接受者和理解者转变为一个可以与他人分享新知识的生产者。学习者脑中的变化可以引发世界的改变！

174

10 勇敢的飞跃
通过前脑整合皮层创造知识

> 敏锐的猜测、丰富的假设、大胆地跳跃到试探性的结论
> ——这些是思想家在思考时的最宝贵财富。
>
> ——杰罗姆·布鲁纳（Jerome Bruner）

从上第一堂课开始，韦罗妮卡就有她自己的想法。有一些学生认为她说得太多了，但他们的否定并没有阻止她。她还是会情不自禁地谈论自己对事物的含义的看法。

并不是她不听别人的意见。事实上，她是一个认真的倾听者，并且她总是能注意到我说话中的漏洞和假设。对我来说，韦罗妮卡只是一个非常投入的学生，并且给她上课让我很开心。

然而有一天，我注意到她异常安静。我不知道她是悲伤还只是闷闷不乐，但一定有什么事困扰着她。所以下课后，我邀请她到我办公室聊一聊。

"你今天好像不太一样，"我说，"是有什么麻烦吗？"

"不完全是，至少不是什么大事。"她回答。但她很快又说了下去："祖尔博士，你总是鼓励我们提出自己的想法，并利用学习周期。好吧，我一直对此很热衷，因为我喜欢思考事物，并尝试对它们意味着什么提出我自己的假设。我喜欢抽象假设的部分！"

她停下来喘了口气，然后继续说下去："好吧，我在别的课上也试着使用学习周期。但是昨天，我真的大吃一惊。"

"什么意思？"我说，"你被吓了一跳？"

"嗯。"韦罗妮卡脸红了。她回答道："我的一位老师突然开始批评我把自己的想法告诉他！你知道他说了什么吗？"

"我想我马上就知道了。"我回答道。

她喊着说："没错！他说他不想听我们的想法。他说他会向我们解释，我们思考自己的想法是浪费时间。他说他完全知道每件事的确切含义，我们应该只学习他告诉我们的！"

说完，她开始哭泣。

* * *

正如我们在第 2 章和第 3 章所讨论的，如果我们要学习和成长，我们就必须从知识的接受者转变为知识的创造者。我们必须开始创造我们自己的成果，而不是复制别人的成果。这就是人类的优势所在。我们的创造能力使我们成为世界上最好的思想家。

创造的过程发生在前脑皮层。所以，我们的下一步是探究在那里发生的一些事情。这将帮助我们认识到创造的过程是什么，以及它是如何运作的。它也将使我们直面教师最大的挑战之一——把控制权交给学生。如果做不到这一点，我们就会成为学生学习的障碍而不是支持者。被动接受的学生只会忘记我们教的东西，那些主动学习的学生会变得悲伤和愤怒，这就是为什么韦罗妮卡哭了。

前脑整合皮层小结

让我们用图 10-1 回顾前脑整合皮层在学习中的作用。大脑皮层的这一区域在解决问题、创造性思考以及将这些想法组合成我们称之为语言的符号形式时最为活跃。此外，我们脑的这部分区域负责监督一切、做出决定并监控自己的进程。

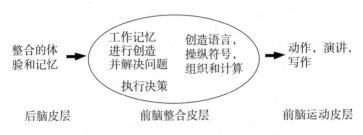

图 10-1　前脑整合皮层在学习中的作用

179　　　前脑整合皮层这些活动的最终结果影响身体的活动，包括说话和写作。我们将在第 11 章讨论这些行为。在这里，我们将重点关注图中圈起来的几项，以及如何通过帮助人们做这些事情来帮助他们学习，实际上，是通过坚持让他们做这些事情来帮助他们学习。

艰难的一步

　　与安全舒适的后脑整合皮层相比，在新思想的未知领域的冒险似乎是相当有风险的。当我们不需要做任何事情，甚至不需要告诉任何人信息中的隐藏意义时，简单地接收和整合信息是容易的。相反，前脑皮层的重要作用是投入某事并行动。基于我们的想法和假设来计划一次对未来的冒险会是很可怕的。我们的想法仍然是抽象的。我们以前从未见过这些想法在现实世界中出现，具体性的缺乏增加了风险。这些只是想法，它们可能是错的，并且往往会是错的！

　　此外，由于这些抽象的思想来自个体的脑，它们必然会不同于其他脑的思想。抽象的想法可能会产生冲突。如果我们都有自己不同的想法，就会造成麻烦。这就是为什么我们会有宗教战争。

　　但尽管有风险，我们还是会爱上自己的想法。我们热爱它们，即使它们是不理性的并且事实上是错误的。这些想法包含了我们的经验、我们的反思、我们的判断和我们的努力。抽象的思想是人脑最强大也最危险的产物。

开 始 工 作

创造抽象的想法需要我们的脑开始工作。只接收感觉输入并等待连接出现的免费旅程结束了。创造新东西是一件全新的事情。这很艰难而且需要大量的精力。

所以，前脑整合皮层的主要功能之一被称为工作记忆并不是偶然。这项工作始于在短时间内记住一些东西，并持续几秒钟到几分钟，有时甚至是几小时。记住这些东西的目的是想出一个主意或解决一个问题。这是"工作"的部分。

当然，短时记忆[①]本身是有用的。例如，当我们想要记住一个电话号码直到我们可以拨打它，或者我们想记住一个电子邮件地址直到我们能在电脑上输入它时，都会用到短时记忆。我们每天每时每刻都在用短时记忆来应对这些短暂的挑战。

但如果我们要创造东西，就需要付出努力。

平凡的工作

我们已经提出了关于工作记忆和新想法的一个相当宏大的视角。但

[①]　短时记忆分为直接记忆和工作记忆两部分，经工作记忆加工的信息才有可能转为长时记忆。——译者注

事实是，我们通常会利用工作记忆来解决日常生活中遇到的最简单的问题。下面就是一个例子。

*　*　*

当我吃早餐时，我的妻子提醒我要去看医生。我查了一下日程表，发现预约时间是上午 10 点，这时我想起今天还要去买杂货，而且我得为下午 2 点的课备课。所以，我需要处理好这些事。我把它们简短地记在我的工作记忆里，然后用不同的方式把它们排列起来。我会估计每一项任务需要多长时间：买杂货需要半个小时，看医生需要一个小时（时间总是比我们希望的要长），备课需要两个小时。然后在我制订计划时，我会把这些估计的时间放在我的工作记忆中（注意，现在这些事件开始的确切时间与正在思考的内容是不相关的，所以我暂时忘记了这些信息）。最终，我判定我有足够的时间先去商店，再去看医生，然后准备上课。

*　*　*

我还可以继续列举其他的例子，但我希望这足以说明我们是如何使用短时记忆来保存少量的事实的，然后我们操纵这些事实来做决定和制订计划。我们解决任何问题都必须这样做。

发现抽象思维

我刚才举的例子太普通了，你可能根本看不出其中有什么抽象思维。毕竟，伟大的头脑不应该是用来进行抽象思考的吗？难道抽象思维不应该是宇宙膨胀、电子波动或康德哲学之类的理论吗？

在我的字典里，"抽象"的首要定义是这样的："思考，没有具体事例或者实物，不具体。"所以我认为，当我在说无论前脑皮层的想法和计划多么普通，它们都仍然属于抽象思维的时候，我是有根据的。我关于如何安排我的一天的想法基于一个计划，一个还没有在具体的物理世界进行过测试的计划。这只是个想法！

工作记忆不是什么

人们很容易认为记忆就像接力赛，信息首先传递到短时记忆，然后再传递到长时记忆。

但是这并不是一个非常有用的比喻。事实上，工作记忆和长时记忆在脑中有独立的通路。如果我们努力地关注某一事物，就有可能将相当多的信息保留一段时间。但这些信息有时会很快消失，它可能永远无法进入长时记忆。在学校，为了考试而死记硬背的方式就是阻隔工作记忆转化为长时记忆的典型例子。

我们都知道，长时记忆在某些情况下可以立即形成。正如我们在第 5 章中讨论的，如果产生了强烈的情感，我们可能会记住那些只发生过一次的事情很长时间。

虽然这两者是独立的，但工作记忆与长时记忆并非毫无关系。当我们使用工作记忆中的东西去做一些工作、去创造一些新东西时，这个新的东西就会成为我们长时记忆的一部分。例如，如果我们遇到一个新的人并试图记住他的名字，我们经常会失败。但如果我们把这个名字和这个人的一些信息联系起来，让它成为包含一两个线索的小故事的一部分，我们可能就可以在很长时间内都记住这个名字。事实上，我们记住的不是名字，而是里面的故事及其线索。

当我们创造故事、理论、概括、诗歌、歌曲等时，它们包含了曾经存在于工作记忆中的细节。但是现在我们已经完成了一些事，并且我们

182

可以记住这些事所产生的内容。我们之所以记得，是因为我们创造了它们！

分 配 工 作

和后脑整合皮层一样，前脑整合皮层也有自己的分工。不同的部分会负责做不同的事情。一个例子是，和后脑皮层一样，前脑皮层负责判断事物"是什么"和"在哪里"的区域也是不同的。

图 10-2 描述了脑中负责空间信息（在哪里）的工作记忆（空间工作记忆）和客体信息（是什么）的工作记忆（客体工作记忆）的不同部分。[1]

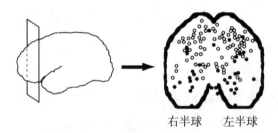

右半球　左半球

图 10-2　前脑皮层负责"是什么"和"在哪里"工作记忆的脑区

图中的空心圆表示在使用空间工作记忆时处于激活状态的区域，实心的圆则表示在使用客体工作记忆时处于激活状态的区域。一般来说，空间工作记忆更频繁地使用前脑皮层的上部，而客体工作记忆则更多地使用前脑皮层的中下部（注意，这与第 9 章讨论的后脑皮层负责"是什么"和"在哪里"区域的分布相似）。

这些结果再次提醒我们在教学过程中同时处理空间信息和客体信息的重要性。但是现在我们必须超越在第 9 章中提出的关于让学习者识别和分析"是什么"和"在哪里"的建议。现在，我们要让学生创造他们自己的想法、假设，以及定义类别的空间关系和客体特征。例如，基于

183

这种空间工作记忆，我们会让学生说出李将军在葛底斯堡是如何以不同的方式部署他的军队的，或者在遵循化学规则的基础上，说出一个分子中的原子是如何在空间上重新排列的。而对于客体工作记忆，我们可能会要求学生提出在进化中一种过渡物种的结构特征（一个缺失的联系），或者我们可以要求他们设计一种用于在崎岖的山区追捕恐怖分子的新型车辆（一种新结构）。

学生应使用基于前脑皮层的空间工作记忆和客体工作记忆，充分发挥其所拥有的心理能力。

有限但功能强大

工作记忆是一种有趣的东西。在某些方面，它似乎是非常有限的，但在另一方面，它实际上是无限的。

工作记忆在容量、韧性和时间上都是有限的。它一次只能保存几个（平均 7 个左右）孤立的项目，比如不相关的单词。它无法牢牢记住任何东西。只要稍微分散一下注意力，我们工作记忆中的内容就会消失。

与此同时，我们使用工作记忆来帮助创造新的想法，而这些想法似乎是没有限制的。它们会倾泻而出！脑这个区域的能量几乎是取之不尽的。

乍一看，这似乎是矛盾的，但仔细想想，矛盾就不存在了。事实上，要想发挥创造力，就需要不断涌入的新的想法。如果工作记忆能长久地保存信息，或者容量更大，这可能对创造来说是一种劣势。

我们可以把它（工作记忆）想象成一个纸牌游戏。如果我们要发新牌，就必须不断地洗牌。手的灵活性是取得成功的唯一途径。手不一定要大才能变化多端。事实上，手小是很重要的，因为它能让我们专注于

184

特定的可能性。我们很难看到 50 张牌全是同花顺，但 5 张牌的同花顺就很容易。

如果工作记忆能够储存更多的信息，或者储存更长的时间，我们可能就无法像现在这样进行推理了。我们可能会把时间浪费在不相关的事情上，忽视重要的事情，进而制订过于复杂的计划，最终发现我们的思考速度大大延缓，甚至可能严重到导致我们无法生存。

工作记忆与教学

让我就教师在支持工作记忆的作用上谈谈自己的一些看法。

可能最明显的一点是，我们应该注意不要让工作记忆超载。大学教师的一个典型错误是，他们不断地从自己的工作记忆中输出，而没有意识到这些信息正在被输入到学生的工作记忆中。教师讲课时包含了大量的事实，但学生们从中只获得了许多孤立的事实。最近的研究表明，我们在工作记忆中存储的东西越多，就越难专注于最重要的东西。[2]

如果我们想让学生处理我们告诉他们的信息，就必须限制他们需要处理的信息的数量。我尽量最多保留三到四条信息。例如，当教授学生化学溶液的制作时，我只要求他们记住两个概念（体积和重量）和两个特定的术语（升和克）。然后，他们可以用不同的方式来处理这四个信息，从而形成自己的想法，并解决关于浓度的问题。

这种关于工作记忆的观点表明，教师应该把事情分解。这是一件好事，因为它不仅降低了工作记忆的负荷，而且符合脑的自然倾向，即通过探索局部来分析整体或复杂的物体。脑习惯于从一个点跳到另一个点。脑喜欢分解的事物，并且能自然地接受它们。

185 与其他科目相比，将某些科目分解成较小的单元似乎更加困难。如果我们教历史，我们可能想要形成一个复杂的画面，让学生以整合的方式来学习。这可能需要教师花一整堂课的时间来建立这个画面，并且，把它分解成更小的部分反而会让人觉得是刻意的。但我们应该记住，学习者的脑正在分解这个画面。事实上，优秀的学生可能会找到属于自己的富有想象力的方法，将事物的各个部分自然而然地进行分解。这么做可能会有助于他们理解我们讲解的内容。

把事情分解成简单的部分看起来像是"简化"。"这难道不是对我们学生智力的侮辱吗？""我们不是在幼儿园，对吧？"

但这种观点没有抓住要点。当我们对某件事不熟悉时，我们基本上就处于幼儿园的水平。正如我们在第6章和第7章所讨论的，我们只能从自己已有的知识开始建构。所以，如果我们的学生已经有了关于这个主题的先前知识，他们就可以把新的知识连接到这些旧的知识网络上，新知识很容易成为他们长时记忆的一部分。但是，如果要求他们单独地记住新事物，工作记忆就会被占用，并且工作记忆是不会随着成熟或经验的增加而扩展的。新的知识依旧是新的！在某些方面，我们都是新手，一般情况下，我们工作记忆的极限都是一样的。

困难的部分

正如我之前所提到的，创造新想法有两个步骤：短期存储信息和调控或重新组织信息以形成新的关系。这种对工作记忆中信息的调控为学习者创造了新知识。当学习者以新的方式组织信息并将信息连接到自身的先前知识中时，他们就创造了自己对信息的理解。这种对工作记忆中信息的重新组织和调控就是我们常说的思考。

调控信息的过程是在前脑皮层中完成的，这个脑区通常被称为脑的执行器。脑成像研究表明，这种执行活动比工作记忆需要更多前脑皮层的参与。这可以体现在图 10-3 中，图 10-3 显示了脑在短暂存储语言信息时最活跃的左侧额叶区域（如图 10-3 左侧所示），以及在同时需要保存和处理信息时最活跃的脑区（如图 10-3 右侧所示）。思考可能要比单纯记忆调用更多的脑区。

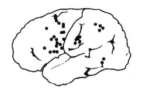

图 10-3　思考需要调用的脑区比单纯记忆更多

负责执行功能的脑区

执行过程也可以被分解为不同的部分（不同学者的划分方式不同）。让我们来看两个至关重要的部分：注意相关信息和任务管理。后者需要个体在头脑中调控相关信息以实现目标。[3] 也许另一个故事将有助于说明执行过程的这两个部分。

* * *

有一次，我和妻子去度假，就让八岁的儿子给花园浇水。我告诉他如何捏住水管形成喷雾（因为喷嘴丢了），哪些植物需要更多的水，每种植物浇多长时间（从 1 慢慢数到 10），以及浇水完成后，如何把水管缠绕到钩子上。

然后我们就去度假了。

我希望我的儿子能用他的执行功能来给花园浇水。我期望他会注意到我给他的信息，并利用这些信息来弄清楚如何完成这项任务。

他确实做了。但是当我们度假完回家后，我马上注意到，水管伸在地上，而且需要多浇水的植物长得并不好。事实上，它们都蔫了，几乎平躺在地上。

直到经过我悉心的照料，它们才最终重新焕发了生机。

* * *

我儿子的执行脑在处理这项任务时的方式与我想象的不同。至少有两种不同，一种涉及注意相关信息，另一种涉及调控信息。

注意的部分与收拾水管有关。对他来说，水管如何收起来无关紧要，所以他没有在意。他没有把收水管作为他计划的一部分。毕竟，他只是打算第二天再拿起水管浇水。为什么每天都那么麻烦地把它放回去呢？所以他解决了这个问题，去掉了收起水管的步骤。

但是他也以一种我意想不到的方式调控了信息。当我们在讨论这件事时，我明白了。他说："我认为让这些植物获得更多水的最佳方法是不要捏住水管，这样水流才能变得更大。"

他根据所接收到的信息给花园浇水制订了一个计划：打开水，从地上拿起水管，给所有植物浇水（从 1 数到 10），给大多数植物浇水时捏住水管，给需要更多水的植物浇水时不捏水管，以产生更大的水流，最后，关闭水管并将其放在地上。

事实证明，这个想法并不奏效，但这是他的想法。我无法批评他。他只是刚刚经历了这个学习周期！

执行加工与教师

为了帮助学生操控工作记忆的执行处理部分，教师可能会发现：分别关注注意部分和任务管理部分是有效的。

注意似乎容易一些。它只需要把相关的信息从不相关的信息中挑出来。当然，每个学习者都有能力选择他认为相关的信息，就像我儿子没有把水管放回去一样，这些选择可能与我们做出的选择不一样。但是我们可以告诉他们，并向他们展示我们的选择是怎样的。

在帮助学生关注问题的重要部分时，我们可以做的另一件事是指出他们是在自己的脑中做这件事的。我们可以要求学习者列出解决特定问题或产生特定想法所需的重要事实或步骤。我们可以具体询问他们完成任务时所需的信息，并将我们自己的列表与他们的列表进行比较。

任务管理可能是最个性化的过程。学习者如何管理和调控事实与信息在很大程度上取决于学习者过去的经验以及他现有的神经元网络。因此，如果真的要提供帮助，教师就必须关注我们在第 6 章和第 7 章中讨论的主题。

例如，我儿子关于从软管中流出的水的想法。我应该意识到他没有足够的经验知道用拇指捏住水管并不会显著减少水流量，因为他并没有形成关于这个经验的神经元网络。

但是，当然，我们无法知道别人脑中所有的神经元网络。而且，无论如何，在学习周期的这一部分，我们经常必须退后一步，给学习者自由。我们试图通过解释来节省时间，但正如我多次指出的那样，我们的解释往往是无效的。只有当学习者积极尝试自己的想法时，他们才会知道其中的意义。更多关于这方面的信息，请参见第 11 章。

相信脑会思考：一个故事

我们所说的思考的本质其实就是使用执行脑，所以我一直鼓励让学生自己思考。尽管我看上去很有信心，但事实是，我仍旧难以给我的学生这么多自由。事实上，我有时很难相信他们会思考。这种情况经常发生在我试图传达一个概念，但是学生无法理解的时候。我会开始认为他们不会思考。

但是，我几乎总会发现是我错了，问题出在别的地方。这里有一个例子。

* * *

我一直在努力向我的学生传授克隆的概念。我想让他们明白的一件事是克隆人已经存在于世界上了。所有同卵双胞胎都是克隆人。人类卵子基因内容的复制在生殖世界中并不是什么奇怪的新事件。

我对自己遇到的困难感到惊讶。首先，他们并没有真正理解双胞胎是什么样的——不同人的细胞中有相同的基因信息。并且，解释这一点似乎也没有多大帮助。我的学生们仍在谈论克隆人，好像克隆人是一件可怕的新事物。他们似乎缺乏推演的能力。因为如果双胞胎是克隆人，那么克隆人根本就不是新鲜事物。

有一个学生似乎遇到了很大的麻烦。她在课堂上一直很挣扎，我承认我开始对她产生了一些负面的看法。但后来，我在讲课过程中被这个学生打断了。

我当时正在讲母亲和父亲共同创造一个新生命时，他们的基因是如何发挥作用的，以及每个兄弟姐妹的基因是如何以不同的方式组合起来的。突然，那个我认为没有思考的学生开口了："你是说我和我哥哥不同，因为我们有不同的基因？""是的。"我立刻说，但仍然有些不满。

"那么，双胞胎一定是克隆人，因为他们有相同的基因，所以世界上有很多克隆人。这好像没什么大不了的！"

* * *

类似这样的经验让我意识到，当我们担心学生会不会思考时，我们可能会错过其他的事情。他们可能只是还没有注意到一些关键的事情。

一旦学生理解了事实和概念，思考部分看上去就会变得简单，并且几乎不费吹灰之力。"世界上当然有很多克隆人！"

自 然 思 维

　　尽管这很难被付诸实践，但我认为我们应该相信我们的学生会思考。思考是自然的。这是人类前脑整合皮层所做的事情，就像感觉是感觉脑的功能一样。我们都有感觉，我们都在思考。

　　关于脑是如何思考的，已经有很多文章阐述过了。这是一个伟大的理论主题，我并不想在这里假装对这个主题做了任何新的贡献，但我确实希望你不要被那些不着边际的理论吓倒，那些理论认为脑中的推理和计算机制还不能被解释（或无法被解释）。我不走那条路。相反，我会以常规的、脚踏实地的、客观的视角来看待问题。

190

　　如同感知和理解一样，我相信脑在思考时依赖于它所获得的物理经验。执行脑会整理通过物理经验获得的图像，将这些图像的一部分保存在工作记忆中，关注相关的部分，并以与物理经验一致的方式安排（和重新安排）这些部分。例如，执行脑会根据时间、大小、复杂性、空间特征、数量或概率来排列它们。在这一点上，我遵循莱考夫和约翰逊的观点，他们的观点在第 1 章已经讨论过了（见第 1 章的注释 2）。我不禁相信，在这种神秘的思维背后，我们将会发现平凡的大自然母亲和她坚实的物理事实。

生命体验中的自然思维与概率

　　那么什么才是"自然思维"呢？大自然会产生什么样的思维？

如果我们在日常生活中寻找关于这个问题的想法，那么我们得到的答案之一就会与概率和统计相关。我在这里不会再谈论那些奇幻的方程式，而会讨论那些平凡的经验。例如，如果某件事以某种方式发生了很多次，那么它下一次可能还会以这种方式发生。相对地，如果某件事在我们的经验中从未发生过，那么它在未来就不太可能发生。

另一个常见的经验是事情是很难预测的。即使我们知道某些事情可能会发生，我们也知道有时它可能不会发生。经验告诉我们有很多不同的可能性。生活是多变的。

这种变化的极端形式是完全随机。很多发生的事情没有明显的模式。我们总是试图为我们的经历寻找理由，但往往没有理由。正如人们所说的："事情就这样发生了！"这种经验构成了随机性的概念。

因此，这里展现了统计学的四个基本概念：可能的、不可能的、可变的和随机的。它们自然地进入我们的脑，因为这就是生活的方式。这些关于概率的自然概念与思考和推理有关，因此也与学习有关。

统计学习

我们不会太关注那些看似随机的事件。例如，一片树叶从树上掉下来可能会引起我们的注意，但如果其他树叶继续时不时地飘落下来，我们就会断定它们是随机飘落的。我们会继续我们的生活。但是，如果我们注意到有一天飘落了一些，第二天飘落了很多，然后在接下来的每一天都飘落了更多，我们就会注意到这一规律，并知道现在是秋天，冬天快来了。

模式引起我们的注意。它们可能不是偶然的。

我们从童年早期就开始使用这种方法了。这是我们学习的方式。有时，它被称为统计学习。例如，婴儿用统计学的方法学习语言。他们注意到语言中的声音不是随机的，他们发育中的脑能很快识别出声音被分成了几个部分，并且这些部分并不是随机出现的。[4]

这种统计学习也与我们对因果关系的信念有关。一个婴儿推他的奶瓶，奶瓶总是会移动，这种结果发生的概率是100%，等同于这个关系具有确定性。确定性等同于原因。婴儿相信推的动作会导致移动，是因为婴儿总是可以通过推的动作来引发移动。所谓因果关系的抽象概念实际上只是我们的具体物理经验，也就是瓶子总是在移动的一个说法。

通过这种方法，我们可以发现许多逻辑规则。例如，"必要但不充分"概念的神经元网络可能源自与该概念相一致的物理经验。如果有一天婴儿推了他的奶瓶，但奶瓶不动，那么他就会有这样的经验：需要用别的动作来移动奶瓶。也许这时奶瓶是靠在婴儿床的边上的。那么在这种情况下，推动是必要的，但是还不够。

我们可以教授推理吗？

如果推理和逻辑是脑的自然产物，我们可能会问：教授推理是否可行？如果可行的话，教师应该怎么做呢？

我的同事对这个问题有不同的看法。有些人相信"推理者"是后天形成的，而有些人相信他们是天生的。

我们中那些认为可以教人推理的人常常相信，如果学生学会做我们所做的事情，他们就学会了推理！这是一个幽默的想法，如果我们能嘲笑自己的话！我很长一段时间都是这个想法的牺牲品。在我看来，学习生物化学相当于学习推理。但当我意识到我的许多同事也在提出类似的主张时，我开始怀疑这一点。我发现生理学、物理、数学、拉丁语和哲学的老师都认为推理这个领域存在于自己学科的范畴内。"任何在我的课程中获得 A 的学生都真正学会了思考！"我们总这样自夸。

不只是教师有这种感觉。我们从雇主那里也听到同样的说法，他们开玩笑说，既然他们的新员工只有一个大学学位，那么是时候让他们学会思考了。同样有趣的是，我们也从父母那里听到过这种说法，他们不能理解为什么他们的孩子在学校无法思考，而在家里这些孩子总是能够看透父母对他们一生的思考。

当然，这并不是一种新出现的困境。我们总是对教授学生推理感到担心。柏拉图支持将几何学的学习作为教授推理的途径，中世纪的学者则偏向于使用三段论。但现在看来，所有这些努力都是基于一种关于学习的错误信念的。这种信念认为，如果我们教某人某种特定推理的规则，他们就会把这些规则用一般的方式应用到其他任何事情上。

幸运的是，这似乎不是脑工作的方式。我说幸运，是因为它免除了教师的所有责任。如果我们的学生在参加课程后没有表现出出色的推理能力，我们也不需要责备自己。这不是我们的错！

一般的推理规则并不容易教。我在第 6 章和第 7 章中对此进行了解释。神经元网络是在现有网络的基础上发展起来的，因此我们在一个主题中进行推理的基础是通过神经元网络获取该领域中的信息。通常，我们没有连接一个学科和另一个学科的神经元网络。这些学科的神经元网络是分开建立的，特别是在将知识分成数学、语言、科学和社会科学等标准课程中学习时。[5]

一个有用的例外

对于学科之间缺乏推理技能的迁移似乎有一个非常有趣的例外。尼斯贝特（Richard E. Nisbett）和他的同事几年前在一项关于推理教学的研究中描述了这一例外。[6]

在大多数情况下，这项研究证实，通过教授规则来教授推理是很困难的，比如通过教授逻辑规则教授推理，但有一个显著的例外。这个例外是我们的老朋友——统计推理，或"大数定律"。当然，这些定律我们在前面几节中也讨论过。这些定律表明，如果某件事发生了很多次，它很可能会再次发生（反之亦然）。

我不会在这里详述，但请看一看尼斯贝特文章中的这段引文："这些结果支持了人们拥有大数定律的抽象版本的观点，并且表明对它的进一步掌握可以迁移到更广泛的内容中。"你可以去查看这篇论文的细节，但我们在这里感兴趣的是"人们拥有大数定律的抽象版本"的这个评论。

大数定律的抽象版本可能是什么？当然，我相信它包含了我们之前讨论过的经验法则。这是自然思维。人们已经拥有了这些概率定律的神经元网络，因为它们是生活的一部分。连接已经存在。

我们对神经元网络的理解和关于推理教学的经验证据都表明，如果我们想要增强额叶皮层的逻辑推理能力，我们就应该更多地考虑机会、概率和统计的概念。也许我们不应该把重点放在形式逻辑、数学或生物化学上，不应将其作为通向推理的途径，这种途径应该建立在学生生活中的统计经验上。

从前脑到后脑

从我们到目前为止的讨论来看，前脑整合皮层似乎是单独起作用的，因为它能够产生想法和解决问题。但事实并非如此。实际上，它的执行功能还包括向大脑皮层的大多数其他区域发送指令和请求。

脑中的许多（如果不是大多数的话）信号通路都包括向一个方向发送信号的神经元和向另一个方向发送信号的神经元的组合。我想举几个直接的例子，以说明它是如何丰富我们的体验，从而丰富我们的体验学习的。

我们知道，来自后脑皮层的感觉信息会被传送到前脑皮层。这就是我们在本书大部分篇幅中所讨论的信号传递方向。但在第9章，我们也看到了相反的情况。当我们回忆图像时，前脑皮层似乎在向后脑皮层发送信号。在执行功能中，前脑皮层会告诉后脑皮层要记住特定的东西，包括图像和语言。这种前脑皮层的控制在脑左右半球具有不一样的功能。我们称对事实的回忆（提取）为语义记忆，它是由脑的左前半球控制的；而对故事的回忆被称为情景记忆，它是由脑的右前半球控制的。[7]

最近还有一项研究描述了猴子身上这种前后脑的信号传递。具体来说，当猴子必须在其工作记忆（前脑皮层）中保持视觉体验几秒钟时，其视觉皮层（后脑皮层）中的神经元会更频繁地放电。[8]

这种在前脑皮层和后脑皮层之间的往复扩展了我在第2章、第3章和第8章中提出的体验的概念。体验可以不仅仅是感觉脑接收的来自外部世界的信号。由于感觉脑也能接收来自前脑皮层的信号，这似乎代表了体验的另一种来源。大脑皮层中的想法可以成为我们体验的一部分。我们可以称之为内部体验。

对于教师来说，认识到学习者的想法对其感觉脑和反思脑的这种内在影响可能是非常重要的。当一个学生错过或误解了一个关键的感觉体验时，这可能是由于他的反思脑对他的感知产生了影响。我们必须仔细地理解和探索这种影响。学习者喜欢自己的想法，这些想法的影响可以深入到他们的感觉脑。这发生在我们所有人身上！

通过模仿进行学习

现在我们将注意力转向前脑皮层的一个更具体的功能。这一功能涉及执行脑，但似乎是出于一种对生存具有重大价值的特定作用进化而成的。这个功能就是模仿，我之所以选择它，是因为它似乎与教师有着特殊的关系。

人类和其他动物都会模仿自己的经历。我们模仿声音、动作和想法。事实上，几乎没有任何东西一开始就是起源于脑的。但是，我们能够使用左脑和右脑提升思维和行动。

这是怎么发生的？我们如何根据对行动的观察制订行动计划？

对这个问题我没有详细的答案，但我可以告诉你一些有趣的发现，它们似乎是答案的一部分。其中一项发现来自对猴子的研究，研究表明，当猴子观察到一个特定的动作时，其前脑皮层中的某些神经元会被激活，当猴子做出这个特定的动作时，激活的是相同的神经元！例如，当猴子看到一张用手抓取香蕉的图片以及当猴子自己去抓取香蕉时，前脑皮层中的相同的特定神经元会被激活。[9]

恰当地说，这些神经元被称为"镜像神经元"。它们通过模仿来重现观察的结果。它们似乎证明了那句古老的格言："猴子看到什么就做什么！"

脑成像研究已经证实，人脑中的某些区域也有类似的激活方式。[10]你也可能疑惑过，但神经科学似乎证实了我们模仿事物的自然本能。脑天生会模仿我们观察到的东西。

是我的吗？获得决定权

本章的主题是掌握知识，但现在我们谈论的是模仿，所以我们可能会问："我们能拥有模仿的东西吗？"

我认为这里有三点需要考虑。首先，我们需要回答我们是否真的能通过模仿来学习。也许我们只是通过观察别人来获得学习的基本思想或原材料，正是我们调控这些信息的方式使这些信息成为我们的。例如，我们可能听到有人骂人，从而学会了一些尖酸刻薄的短语，但直到我们在生活中创造了自己的使用形式、用法和习惯用语，我们才真正学会骂人。在本章前面介绍的执行过程模型中，听到骂人的话给我们提供了要注意的事实（新的骂人的话），但当我们组织和应用这些事实并说出骂人的话时，我们才真正学会了骂人。

其次，我们要考虑不同事物在本质上的不同。这把我们的注意力吸引到了前脑皮层的另一个非常重要的功能上。事实上，这是极难用物理术语解释的功能之一——做决定。

拥有我们所观察到的事物不是仅仅通过复制或模仿就可以了，它还需要我们自己的前脑皮层做出决定。我们有意识地或在潜意识中做出选择。我们既可以选择模仿也可以选择拒绝，但无论我们怎么选择，这都是我们获得决定权的关键点。

最后，模仿这一过程似乎仍然需要我们构建自己的抽象概念。我们会想象被模仿的事物是怎样的。如果我们模仿一些我们见过的东西，再借鉴一些我们听过的东西，我们就可以构建一个新的自我。这是说得通的，是的，我们确实拥有这种想象的新自我。

196

镜像神经元与作弊

关于镜像神经元的讨论自然会引出欺骗。人们会抄袭别人的作品。

我并不是说因为我们的脑中有镜像神经元，剽窃就应该被宽恕，但我确实认为两者的边缘是模糊的。我们模仿的本能一直在发挥作用。我们看到自己欣赏的行为，就会想要模仿它。我们看到或听到一个令人信服的措辞，便会开始使用它。即使是强有力的观点也常常是模仿得来的。我们听到有人以令人印象深刻的方式提出一种观点，于是我们决定接受这种观点，这并不是因为我们自己已经对它进行了分析，而是因为我们喜欢他人解释它的方式。我们甚至可能会模仿信念和意见！

教师实际上鼓励学生模仿某些东西。例如，我们想让学生模仿我们的工作方式。如果他们处理项目或问题的方式和我们完全一样，我们会认为这是好事。我们向他们展示一个复杂的分析或推导。当测验时，我们会根据学生模仿我们的程度来评价他们的表现。我们给学生打分的依据是他们内化我们想法的程度！

然而，我们不希望他们一字不差地把所教的东西还给我们。我们希望他们用自己的话表达自己的想法。我们看到了记住推导和实际理解推导之间的巨大差异。但对于学习者来说，这种差异可能不大，甚至不明显。

所有这些都表明，我们在处理剽窃问题时必须小心谨慎。例如，有人曾告诉我，有的学生可能认为使用准确的引语可以证明自己对它的理解。如果在正确的上下文中灵活使用引用，这难道不代表学生已经理解了吗？如果一个学生把许多引语串在一起，那么整个引用的部分还是原创的吗？难道这些内容不能由学生组织吗？就像他通过整理从别人那里

197

抄来的单词或脚本来造句一样？

我们都有镜像神经元。我们需要准确地向学生解释什么时候可以使用它们，什么时候不能使用它们。但划定这条分界线可能并不容易。

从模仿到语言

镜像神经元只有在观察到特定行为时才会被激活。例如，一些镜像神经元在抓取动作时被激活，而另一些在撕东西时被激活。这些镜像神经元听起来几乎像"动词神经元"。当抓握或撕的想法在脑中被触发时，它们就会被激活。

如果这听起来有点像语言，你不应该感到惊讶。镜像神经元和模仿神经元位于脑中几十年以来被认为与语言有关的区域，即布洛卡区。它与后脑皮层中负责语言理解的威尔尼克区紧密相连。事实上，这两个关键语言区域之间的连接是通过我们在第 3 章中描述的主要神经束（弓状神经束）形成的，这种连接在不同脑区的平衡中很重要（见图 10-4）。

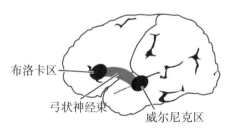

图 10-4　脑中与语言有关的区域

布洛卡区是负责在说话之前对语言进行组织的脑区。脑这一区域受损的人通常可以理解语言，但不能说出连贯的句子或短语。他们可以清晰地说出单词和一些短语，但不能把它们组合成有意义的内容。

镜像神经元与我们用来组织语言的神经元一样吗？语言是否起源于手语？手势和其他身体动作是否通过模仿来接收并传递信息给他人？这些身

体手势是否涉及嘴巴、舌头和横膈膜的运动，从而引导了口头表达？这是人类语言的诞生方式吗？

当然，我们不确定，也可能永远不知道，但这似乎是我们目前对语言的理解中最受偏爱的解释，即我们也许要将这一脑拥有的最强大的工具归功于我们模仿所见所闻的能力。

组织语言——行动的计划

在第 11 章中，我们将更多地讨论通过行动产生语言的问题，这些行动包括口头表达和写作。但在我们真正产生语言之前，我们必须为它做计划。我们必须将想法组合成逻辑关系，进而构成我们语言的语法，这是布洛卡区的功能。

组织语言就是为行动制订计划。这是前脑在进化中所发挥的主要功能。让我举个例子。

假设你正在学习有关美国内战的内容，这时，一个画面开始在脑海中形成。这是一个你自己组织的画面，你对它感到满意。你想用语言来分享它。

因此，你可以组织将要使用的语言。你可以识别画面的各个部分，并将它们放入工作记忆中。你将它们保持在工作记忆中并按顺序排列它们，以显示它们之间的关系。你可以用名词识别画面中的任何物体或人物，可以通过用一个名词作为宾语并用另外一个名词作为主语来表达这些对象之间最基本的关系，可以通过使用介词和其他语言结构来完善这些关系，还可以用过去式、现在式或将来式的动词来解释这个画面的动态变化。

199

你创造了一个句子："我认为内战不太可能起源于奴隶制问题。"

在你说这句话之前，它是你头脑中的一个抽象概念。这是一个有关说话和行动的计划。这个计划的第一步就是决定要说些什么。你的主题将是内战和奴隶制问题。所以你需要使用"战争"和"奴隶"这样的名词，使用"to be"（存在）的过去式和"fight"（战争）的过去式，以及其他一些表示关系的词。最后，你需要让听众明白你只是在告诉他们你自己的想法。

句中大部分内容已经用"我认为"、"内战"和"奴隶制问题"等词语组合起来了，但是如何组织这些内容取决于你。你正在创造你自己的想法，思考如何表达你的想法、如何描述你的画面。

当然，这一切发生得很快，我们不知道脑在做什么。有时，我们甚至需要把话说出来以了解自己的想法。但是，如果我们对事物保持仔细的追踪，我们可以在说话时跟踪它，从而获得新的连接（产生新的想法或纠正原有的想法），再次说话，循环往复。其中发挥重要作用的是位于脑中布洛卡区的神经元，它们把你的想法组织成了语言。

需 要 语 言

根据我的经验，学习者无法熟练地使用语言是教师面临的最大挑战之一。罗伯特·莱姆森（Robert Leamnson）在《思考教与学》（*Thinking about Teaching and Learning*）一书中讨论了这一挑战。[11] 其中，我感兴趣的一个方法是，他坚持让学生用完整、准确的句子与他谈论学科的学术内容。

这与我脑海中的想法很接近。它要求学习者为说话仔细地整合计划。这个计划必须有具体的内容，内容的安排必须准确地传达他们脑中的画面。没有清晰的画面，就没有清晰的计划！

整合计划是使画面变得清晰的方式。当我们必须识别画面的相关内容，并将它们组织成有逻辑的句子时，画面会迅速聚焦。一个具体的计划会让事情变得清晰。

无论遭到多少反对，我相信学生在将他们的画面组合成特定语言时都迈出了一大步。除了一些例外情况，我认为我们应该坚持让学生这样做。[12] 如果语言是一个行动计划，那么我们坚持让学生"用自己的话"（in your own words）解释某件事就有了新的含义。它意味着"告诉我你的行动计划"。它不仅仅意味着一个个单词，更意味着"用你自己的句子，用你自己的段落描述"。这意味着你希望看到学生的计划，你希望它有的放矢。

如果想要这样做，我们就必须考虑自己的习惯。我们必须整合自己的行动计划。我们需要仔细计划我们将对学生说什么。要求学生为他们的发言制订一个计划与仅问他们"怎么想"是完全不同的事情。

当我们问"还有什么问题"时，我们也同时在要求学生制订行动计划。我们要求学生组织一些表达不确定性或困惑的语言。但我们的方式和措辞可能会误导学生。也许我们不应该如此轻率。如果语言像我们说的那样重要，我们可能要花一些时间来更好地使用它。我们可能会想出更有效的方法来引出我们想要的反应。例如，我们可能会对学生说："花点时间找出让你感到不确定的东西，然后用完整的句子描述这种不确定性及其来源。"

最后，如果我们像这样认真对待语言的组织，那么我们很可能会想要改变我们对时间的安排。我们自己需要更认真地对待这一问题，而不是期望立即得到答案。制订计划需要时间——至少几秒钟，在许多情况下可能需要几分钟。但这是值得的。好的问题需要时间，好的答案也需要时间。

我的学生韦罗妮卡

让我们回到韦罗妮卡的故事来结束这一章。

如果创造新知识是学习的关键部分，那么我们似乎必须允许像韦罗妮卡一样的学生自由发展和表达他们的想法。那么教师的作用是什么呢？ 如果我们一生都在某个领域做研究，我们可能知道"该领域的意义"，或者至少是我们和其他专家都认同的意义。向学生解释这些事情不是我们的责任吗？ 如果我们允许他们在没有我们控制的情况下天马行空，这难道不是浪费时间吗？

这就引出了我们的下一个主题。学习者在形成自己的想法时可能需要指导。学习周期告诉了我们指导的本质。我们提出的任何想法都必须经过行动的检验。我们必须引导学习者发展可检验的想法。我们不只是要寻找以往的行动，更是要寻找由学习者的想法所直接产生的行动。

在第 11 章中，我将试图解释我有关于此的观点，并阐述教师如何引导学生朝着这个方向前进。

11 / 检验

用运动脑结束学习循环

> 知识必须来自行动，除了尝试，没有一种测试不是空想的。
>
> ——索福克勒斯（Sophocles）

从一开始我就知道塞缪尔才华横溢。他似乎很快就能明白一切。他也很有学习动力。如果要说哪个学生有前途，那就是塞缪尔。

如果你听说他也很自以为是，你可能不会感到惊讶！他习惯了自己总是正确的。他的观点和想法总是比同龄人的好。

我和塞缪尔的危机时刻发生在第一次测试之后。他在其中一个问题上做得不好，我觉得他可能不太满意自己的成绩。当他手里拿着试卷出现在我的办公室时，我并不感到奇怪。

"这个答案哪里错了？"他直接向我发出挑战，"我完全理解这个问题，我知道我做对了！"他目不转睛地看着我。

我深吸了一口气。"好吧，"我说，"让我们从头到尾做一遍，看看能发现什么。"

"我不必从头到尾做一遍，"他说，"我从来没有这样做过。我不需要全部做完就明白了。我从来不会从头再做一遍。这对我来说是浪费时间！"

"那么好吧，"我回应道，"你能帮帮我吗？能让我看看你在想什么吗？"

他不情愿地开始在黑板上做这道题。起初我仔细地看着黑板，但随后我的注意力转移了一会儿，看向他的脸。当我看着他的时候，他的脸开始变成粉红色，然后是鲜红色。这与他乌黑的头发形成鲜明对比，令人难忘。塞缪尔看到了自己的错误，这对他来说是一种新的、强有力的经历。

"我知道发生什么了。"我平静地说，"你当然知道怎么做这道题。你只是忘记了一些东西。当你真的把它写出来时，你立刻就看到了。"

我希望他能克服自己的尴尬，但在那一刻这个要求太高了。塞缪尔一声不响地拿起他的试卷，从我的办公室逃走了。

* * *

塞缪尔发现的问题是显而易见的，但同时也常常被学习者忽视。他发现，想象自己已经解决了这个问题和实际解决这个问题之间有很大的区别。无论我们的前脑皮层产生了什么样的想法，我们都无法知道它们是否正确，除非以具体和积极的方式对它们进行检验。正如索福克勒斯所说的，在我们做到这一点之前，我们的知识是"空想的"。

我们通过行动来检验自己的想法是否正确，但还有另一个原因使行动成为学习的关键部分。行动使学习周期成为一个周期。我们需要行动来将抽象的心理概念与新的具体体验联系起来。生物学为行动在学习中起到的双重作用提供了支持。这里可以看到，身体和脑之间具有明显的关联，对此我们在第 5 章已经讨论过。脑获得想法，身体才能行动。同时，身体的行动向脑提供感觉反馈。正是通过行动，学习的生物整体性才变得显而易见。[1]

什么是行动?

正如我们在前面的章节中所看到的，学习的行动部分是神经系统生物学序列中的最后一步：

感知→整合→行动

事实上，行动是神经系统有用的原因，也是它们进化的原因。思考那些可能有助于我们生存的行动固然重要，但除非我们采取行动并坚持下去，否则它们就是无用的。

从生物学上讲，行动是在我们的身体肌肉运动（收缩或放松）时产生的。当这种情况发生时，我们身体的某些部位也必须移动。这是一个宽泛的概念，可能与我们的一些先入之见不太相符。例如，我们可能认为行动是引人注目的和明显的。但是，根据这个生物学定义，人们可以在静止的同时保持活跃。

阅读就是一个很好的例子。阅读时，我们必须用眼睛的肌肉来集中注意力，并跟随页面或屏幕上的文字移动眼球。每只眼睛都有一个小透镜，它由眼球内的小肌肉不断调节，使我们能够专注于所看到的东西。而且，每个眼球都被其他小肌肉推着向上、向下或侧向转动，从而使我们能够沿着页面跟随单词。当我们阅读时，晶状体会改变形状，眼球会移动。阅读是对运动脑的一种高强度和专注的运用。阅读就是行动。

没有行动的想法

如同我的学生塞缪尔一样，我们经常对自己的想法充满信心。对我来说确实如此。当我有了一些新的经验并对其产生了一些想法时，我理所当然地相信我学到了一些东西，并且我非常确信我知道自己学到了什么。所以我经常推迟或者干脆忽略学习的测试部分。"那真的很有趣，"我想，"我真的学到了很多！"

但随着我生活的继续，我注意到这种学习效果并不好。如果我从来没有抽出时间对这些想法采取实际行动，它们似乎就会消失。它们可能会在我的脑中停留一段时间，但最终它们会消失。

2001 年秋天，美国发生了恐怖袭击，世贸中心的两座塔楼被摧毁。让我们以这一历史背景为例，来说明没有行动的想法意味着什么。由于阿富汗的塔利班支持了这场恐怖袭击，你觉得你想更多地了解这场恐怖袭击背后的原因，所以你决定读拉希德（Ahmed Rashid）的书《塔利班》（*Taliban*）。

当你阅读这本书并对其内容进行反思时，你会发现自己对塔利班、阿富汗甚至美国有了一些新想法。你可能会认为，即使你现在对事情有了更好的理解，这本书中仍然没有任何东西可以为恐怖行为辩护，或者你可能会得出不同的结论。但无论你开始对恐怖主义有什么样的看法，你都是通过学习周期达成这一点的，包括阅读体验、对所读内容进行反思以及产生自己的想法。

那么现在发生了什么？

你可能会说这已经足够了。你学到了一些你觉得有价值的东西。有时你可能会用到这些知识，但现在你不会对此做任何特别的事情。拥有这些知识很好。你会感到豁然开朗甚至充实。

但我想说的是，你还不能说你已经学会了。相反，你拥有了怀特海（Alfred North Whitehead）所说的惰性知识："……这些知识只是被头脑接受，而没有被利用、测试或被组合成为新的知识。"[2] 这种学习是惰性的，在它被检验之前，它没有鲜活的生命。

206

主动检验的形式

你可能不认可以上说法。"我当然学到了一些东西！"你可以抗议。"我对阿富汗了解了很多！"如果你真的抗议，我会马上感觉好点。事实上，我会完全放弃我的论点，因为当你站起来为自己的学习辩护时，你已经开始检验它了。

主动检验可以以多种形式呈现。为你的不行动辩护也是一种主动检验，甚至只是阅读相关主题的另一本书也是主动检验。任何受到想法启发的行动都是主动检验。这是真的，因为新的行动将产生新的经验，然后学习就可以继续下去。

你还可以如何检验你的想法呢？你可以和某人谈谈这本书。在谈话中，你会有很多机会解释你学到了什么，并听到别人对它的看法。或者，你也可以通过查看网上关于塔利班的信息来更直接地检验你的学习。如果你够有决心，你甚至可以找一位来自中东的朋友问一些问题。

如果你更倾向于使用分析的方式，那么你可以将主动检验发展成一种更具科学性的形式。你可以设置对照实验，这样你就可以确定结果。你可能会以仔细和严格的方式计划行动，并且可能会多次重复测试，以确保结果具有统计学意义。实际上，你可能会陶醉于学习循环的这一部分。

你也可以采取其他形式进行主动检验。有关塔利班的书可能会提高你对教育或妇女权利重要性的认识，你可能会从事其中一项事业。这可能是所有检验中最彻底的。

事实上，生活似乎是一个不断主动检验我们的想法和假设的过程。学习来自我们有了新的体验和想法后在行动中的不断调整。

207

运动脑、语言和主动检验

你可能已经注意到了，主动检验通常基于语言。我们可以就自己的想法进行对话，甚至可以自言自语。我们可以把事情写下来。写作能让我们明确自己的想法，这是最好的主动检验之一。我可能认为自己有一个好主意，但如果不把它写下来，我就不能确定它是一个好主意。将脑中的画面转换成语言是一个严格的检验！

事实上，任何语言的使用都需要动作。说话需要使用和控制面部、舌头、嘴和手的大量肌肉。婴儿首先通过嘴、喉咙和舌头的反射运动产生口语。因此，无论婴儿最终学会了何种语言，最初产生的声音似乎都是一样的。[3]这些是简单的动作带来的，例如上下移动下巴和"伸缩"舌头，它们会让婴儿发出"呀呀"或"哇哇"的声音。稍微收缩舌头或张开鼻子会产生让我们听到宝宝说"爸爸"或"妈妈"的激动时刻。

手语与动作的关联更显著。事实上，一些理论家认为手语是进化过程中真正语言的先驱。最近的研究表明，父母失聪但听力正常的婴儿在学习手语或口语之前就已经学会了手语的手臂和手部动作。他们用手默默地说话。[4]

说话可能比其他任何动作都更需要运动脑。它需要在更复杂和更快速的模式下协调更多肌肉的收缩和放松，比我们学习任何其他事情时都要多。事实上，运动脑中有几乎一半的神经元用于控制嘴唇、下巴、舌头、声道和呼吸器官（所有这些在产生声音时都需要用到）。

语言是我们将思想转变为行动的主要方式。

208

让学习物理化

当然，语言不是检验我们想法的唯一方式。我们可以把它们表演出来，用手势展示它们，或者画一些计划或图像。不管我们如何检验自己的想法，结果都是产生了一些改变我们周围物理世界的物理过程。如果我们说话，就会在空气中产生物理振动和声音。如果我们写作，就会在纸上留下物理标记，或在屏幕上留下单词和句子的物理图像。如果我们画画，我们就会创建以特定方式反射物理光的物理物体。

当我们检验自己的想法时，我们就在把抽象事物变成具体事物。我们将我们的思想转化为物理事件。行动迫使我们的心理概念脱离脑，进入现实的物质世界。

无论我们如何检验我们的想法，这个检验几乎总是一个物理层面上的澄清过程。通过将脑中的图像转换成语言并使其具体化，我们可以看到图像中的细节，或者创造出这些细节。我们努力寻找正确的词语，舍弃其中的一些，添加其他的内容，或者在我们看到想法的具体形式时意识到它的缺陷。我们可能会注意到，我们的思想缺失了一些东西，如果不把抽象的想法转换为物理形式，我们就永远不会看到自己思想的缺失。

如果我们通过改变自己的行为或在生活中尝试一些新事物来实现一个想法，我们就会看到这个想法以身体动作的物理形式与世界上的人和物体进行感官互动从而得以表达。在我们努力表达自己的想法时，我们创造了具体的体验。这种体验给予我们关于想法有效性的信息。它是以最直接和最具体的形式进行的主动检验。

最终，物理检验是真理的终极仲裁者。例如，爱因斯坦的相对论在被物理实验验证之前只是一个想法。如果实验与理论不一致，那么必须改变的是理论。

由内向外，由外向内

我刚才描述的是一个学习模型，它依赖于脑内部神经元网络的物理结构与具体世界的现实之间的相互作用。一个是脑内部的世界，一个是脑外部的世界。如果我们要学习，就必须使它们彼此一致。

这一点在学习过程中表现得最为明显。我们与具体世界的接触给了我们脑内部的连接和想法，而它们让我们能够理解和操纵外部世界，从而得以生存。

所以我们既通过具体的体验从外界获取信息又通过行动将信息传回外界来学习。我们由外向内学习，又由内向外学习。[5]

这些观点如图 11-1 所示，这个学习周期既发生在脑的内部，也发生在脑的外部。

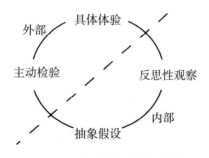

图 11-1　脑内外部的学习周期

主动检验是由内而外的学习，在这个过程中，我们的想法会接触到具体的世界。如果没有这种接触，我们就无法判断自己的想法是对还是错，就不能说我们学到了什么。

210

在运动中感知

来自运动脑的信号通过我们的肌肉组织产生运动。但这些运动也不是终点。事实上，学习没有终点——它是一个循环。运动被感知，行动产生感觉。正如我们在第 8 章中所学到的，这是通过身体的各种特定结构产生的。脑知道身体在做什么。所以，行动成了学习周期中一个循环的最后一步。它产生了新的具体体验，循环又开始了。学习变成一个螺旋，每转一圈，就会产生进一步的理解。

这不是神秘莫测的神学。这是一个生物过程。其发生的一种方式是通过埋藏在肌肉中的感觉器官进行。图 11-2 呈现的是一个叫作肌肉梭形器官的感觉器官。如你所见，这些肌肉梭形器官排列在周围肌肉组织的中间。

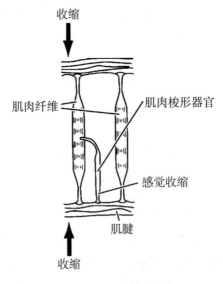

图 11-2　肌肉梭形器官

事实上，肌肉梭形器官既是肌肉组织又是神经组织。它既能收缩

（微弱地），又能感觉到收缩。当周围的肌肉纤维收缩并产生运动时，肌肉梭形器官就会被直接压缩，这种压缩会促使肌肉梭形器官的神经元向脑发送信号，告诉脑它正在发生什么运动。肌肉的动作经由肌肉梭形器官产生感觉，这是动作和感觉之间的直接物理联系。

这些感觉结构发出的信号与分散在我们关节和身体各处的压力感受器结合在一起，告诉我们的脑已经和正在进行的动作。它们传回的信息包括我们移动的方向、我们付出的努力，以及特定肌肉的紧张程度、收缩的速度、收缩的强度以及收缩和放松的节奏。

当然，在其他运动和感觉之间也存在着类似的联系，尽管不那么直接。如果有东西在我们的视觉感官范围内移动，我们就能看到它。如果有人在我们的听觉感觉域内说话，我们就能听到。虽然信息必须经过一段距离，通过外部世界传播才能被我们接收，但是如果有动作，我们就会尝试去感觉。

这是学习周期的第四阶段。它是学习循环的最后一个阶段。

进入动态学习：一个故事

这一章的其余部分将集中在教学上，所以让我来谈一个教学的故事。

* * *

沃尔教授是我上大学时的哲学老师。他甚至看起来也很"哲学"，他健壮、严肃，当他思考和说话的时候，浓黑的眉毛会上下移动。他看起来非常坚定！

沃尔教授不是一位富有激情的老师，但他是引人注目的。他就像斗牛犬一样带着全班同学，紧扣教学内容而不偏题。

最引人注目的是，沃尔教授善于倾听他的学生。他想了解我们这些学生的哲学思想和一般想法。

　　但我不习惯讨论课。我习惯性地离开教室，回到自己的房间，利用书本和课堂笔记进行学习。这就是我检验自己的想法和理解的方式。

　　我的朋友弗雷德也在这个班。弗雷德更主动一些。他立即开始参与讨论。

　　我很了解弗雷德。他很聪明，但我不认为他比我聪明，但他得到了沃尔教授的所有关注，这让我很困扰。

　　有一天我再也受不了了。我们正在讨论英国的经验主义者，弗雷德又一次成为大家关注的焦点。所以，我举起了手。当沃尔教授提问我时，我发现他对待我和对待其他学生一样认真。他认真地听着，并就我没有很好地表达的部分想法提出了一个问题。我用更好的语言解释了我的想法，当他明白后，他点点头，并建议我课后到他的办公室拿一本关于休谟（英国的经验主义者之一）的书。

　　当沃尔教授和我交换意见时，我充满了信心。我们在进行一场交谈，一场舒服的来回交谈，就像我们是同龄人一样。随着课程的进行，我看到沃尔教授正朝着我建议的方向前进。我的想法很好！

　　那是我大学生活中最成功的一节课。并不是我让它成功，相反，事实上是学习对我来说变得生动了。我开始行动了。

一 个 需 求

　　很多事情使我在沃尔教授的课堂上的经历变得很有价值，但最重要的是，他没有寻找一个答案，他在寻找一个过程。当我谈到对想法进行主动检验时，检验本身就是我们发现价值的地方。

　　这似乎特别重要。有太多测试仅仅是为了得出答案。把得出答案当作目标时，测试可能不会产生有价值的行动。这对学习来说可能是无用的。

当我读到最近一篇关于美国高中毕业生学术能力水平考试（SAT）的文章时，我发现了一个有说服力的例子。美国高中毕业生学术能力水平考试是一种用于选拔大学生的标准化考试。这篇文章描述了学生如何通过练习和分析答题模式来准备这次考试。考生被训练去分析答案而不是去思考问题！ [6] 当我思考这篇文章时，我开始意识到，既然所有的重点都放在测试和不需要知识就能获得正确答案的可能性上，那么我们就不应该惊讶于学生经常认为答案就是目标。这是一个脱离实际的答案，如果你愿意的话，答案甚至与解决问题所需要的知识无关。

当然，这在真正的主动检验中是不可能发生的。当我们寻找的是过程时，这种类型的检验就开始对人们产生影响了。它的价值在于学习的过程，而不是答案。我们应该坚持注重过程！我们必须看看学习者是如何得到答案的。

谁 的 想 法?

我在沃尔教授的课堂上学到的另一个经验表明，正如我们在本书中讨论的几乎所有事情一样，学习者是控制者。我是那个不得不采取行动的人。主动检验必须由学习者完成。必须由学习者的运动脑产生行动。

的确，沃尔教授可以向我提问。但那不会是对我的想法的主动检验。那是在检验他的想法！

只有当学习者知道自己的假设时，他们才会对假设进行检验。因此，改变学习者的脑可以看作是激发行动的艺术。但是由于学习者是控制者，只有在他想检验假设的时候他才会采取行动。就我而言，对弗雷德的感觉是促使我采取行动的重要因素，但沃尔对此一无所知。我们再一次看到了学习个性化的本质以及情感发挥作用的地方。我们将在第 12 章中更多地讨论教师能够如何应对这一挑战。

反馈：教师变得重要

对教师来说，学习者检验自己的想法是一个很好的机会。教师可以给出相关的反馈。如果学习者把自己的想法告诉了你，这就是一份珍贵的礼物。他让你参与他的学习，这可能会极大地促进他的理解。在这个过程中，教师的角色会变得尤其重要。

我这么说你可能会感到惊讶。我经常强调学习的独立性，这可能会让你认为教师几乎是无关紧要的。但我相信，在一些关键时刻，教师是非常重要的。

我们抓住这些时刻的能力取决于我们是如何准备的。如果我们上课只考虑自己的教学目标，我们就可能会错过这个时刻。但是，如果我们准备好去了解我们的学生一直在想什么，我们可能就会看到大门为我们打开，从而对学生的学习产生重大影响。

这就是在沃尔教授的课堂上发生的事情。他把精力集中在处理学生思考的内容上。但与此同时，我们都知道他的第一爱好是哲学。我们知道，如果我们想和他谈话，就必须是关于哲学的。一旦交流发生了，我们就知道会有很大的收获，我们就会从专家那里得到关于我们想法的反馈。

当然，这只有在教师认真对待学生的时候才能奏效。这也并不总是容易的。有时学生的想法很不完善。但是，正如我们在第 6 章和第 7 章中讨论的那样，我们必须从这些想法开始。我们的教学是理解学生的脑并以此为基础进行建构的艺术。

在倾听时进行主动检验

在课堂上记笔记是最有效的主动检验方式之一。如果我们只是照搬老师说的或做的，除了强化知识的获得之外，没有什么价值。但如果我们把老师的话翻译成自己的话，我们就是在进行一种有效的主动检验。一旦我们通过写下自己的想法来生成我们的笔记，我们就可以通过看书或请老师评价来获得反馈。

倾听老师讲课，建立有意义的连接，将这些连接转化为我们自己的想法，并将这些想法写下来，这是在传统课堂中使用学习循环的一个很好的模式。它使用了我们已经讨论过的大脑皮层的四个主要部分，它给了我们新的感觉体验（阅读我们的笔记），以帮助我们进入下一个周期的循环。

从行动开始

215

我已经强调过，体验学习始于感觉输入。当我们体验的时候，我们能感觉到发生在我们身边的事，这就开始了学习的循环。这个假设是基于神经系统的"感知→整合→行动"模型的。

然而，这无疑是一种过于狭隘的观点。事实上，我们可以说学习通常是从行动而不是感知开始的。有时，遵循"行动→感知→整合"这个顺序是更合理的。

让我们来看看新生儿是如何学习的。感觉脑和运动脑在出生时都没有发育成熟。婴儿的动作是自发和随机的，主要受天生的反射所驱动。在这个所谓的反射发育阶段，婴儿的肌肉运动不针对任何特定的目标，本质上基本是随机的。他们的胳膊前后移动，眼睛左右转动，脚踢来踢去，头前后扭动。

但这些无方向的动作仍然会产生学习，因为婴儿正在通过自己的随机动作创造新的具体体验。当他的胳膊和腿撞到东西时，他了解到世界上有其他物体。当眼睛在房间里移动时，他能感觉到不同的光线模式，由此他知道他可以通过观察周围的环境来了解事物。他把他的头转向或远离他母亲的声音，于是他知道声音是信息的来源。

这个反射阶段之后是所谓的感觉运动阶段，婴儿发现特定的动作可以产生特定的结果。他发现，如果他重复将手放在物体附近，他就能抓住物体。他发现某种动作总是产生相同的结果——一种模式！他还发现一些动作很无趣，因为它们不会产生任何可预测的结果——没有模式。

因此，学习周期开始发展。当婴儿感觉到自己行为的结果时，他的脑会记住这种联系，并就此发展出一种无意识的理论。这个理论是："如果我做了那个动作，我就会得到这个结果。"当然，他并没有将这一理论付诸语言，而是简单地将其付诸行动。他通过再次尝试这一动作来行动。

即便是在脑的无意识发展阶段，学习循环似乎也在发生着。这里最有趣的是，它可以从行动开始，而不是从感知开始！

学习者的行动可以启动他的学习。所以，也许教师应该更多地关注学习者的行为，即使他们没有具体的想法或假设要检验，即使他们似乎完全心不在焉。

有时候，搜寻想法可能是最重要的。

216

生物学和探索

从生物学角度来说，探索是一个有趣的想法。当然，探索就是运动，最近关于运动的生物学起源的观点已经进入了哲学领域。它们被科特里尔（Rodney M. J. Cotterill）用来发展关于意识的理论。[7] 他将自己的想法称为意识的"从后到前"理论，该理论"将生物体的输出置于首位，而不是输入"。也就是说，意识的第一个也是最基本的部分是有机体做了什么，而不是其感觉到什么。

科特里尔的论点来自认识到运动和感知机制在进化过程中比神经系统出现得更早。单细胞生物没有任何神经元，但它们仍然能够运动和感知事物。它们拥有在一个细胞内运动和感应的分子机制。

可以说，即使是像这样简单的生物，仍然有能力做出"智能"行为。例如，细菌有一个能让它们移动的收缩装置。细菌的移动使它们能够接触到可以感知的东西，比如食物所需的糖分子。它们"游"来"游"去，直到偶然遇到感兴趣的化学物质，比如糖，然后它们"游"到有更多糖的地方。所以，它们通过移动来了解食物的位置。

这一观点似乎与我们所说的学习相似。行动产生感觉。甚至阅读也从行动开始。我们**扫描**视觉世界来感知其中的内容，我们**走进**课堂学习化学，我们**拿起**一本书来阅读，我们和专家**交谈**。这些动词还有很多很多。

每个句子都有一个动词。没有行动，我们就失去了意义。

任 务 时 间

217

很明显，教师设计的主动检验应让学习者专注于手头的任务。只是漫无目的地行动是没有成效的。学生的行动，如讨论、写作或实践，应该始终与学习目标保持一致。

但当我意识到行动对学习过程有多么重要时，当我想到我们刚刚讨论过的生物学观点时，我发现自己对这一论断产生了质疑。也许我们应该给学生更多随意行动的时间。也许我们应该允许他们多多探索，而不是坚持让他们只关注手头的任务。也许我们的工作是把任务放在学生探索的道路上，然后站在后面，让他们去发现这些任务。毕竟，这才是符合生物学的方式。只有通过探索，通过行动，我们才能获得新的信息。

最后，我开始意识到这个想法并不像听起来那么激进。这只是让事情发生了一些小小的改变。它与教师的判断有关。只要教师确保学生的行为与学习内容相关，那么允许学生探索对他们来说就是有成效的。当我们看到一个学生努力地完成任务，却又走神了的时候，这种走神也许是有其存在的意义的。如果我们的目标是发现，而学习者处于正确的地方，或许我们应该让他们去探索。如果他们因为站得太远而没有机会找到有用的东西，我们可以试着把他们引导到更好的位置。

但只要他们保持和目标很近的距离，我们就要控制自己想要接管并手把手地指导学习者的本能。我们应该避免重蹈覆辙，不要将学习者的学习变成我们的学习。

认知和行动：一个生物学上的惊喜

到目前为止，我们都忽略了脑的一部分——小脑。这个结构在某些方面与大脑皮层相似，但要小得多。它位于大脑皮层的后下方。

小脑对于协调、控制和记忆复杂的动作很重要。它被认为是一种进化上比大脑皮层更古老的结构，它与自动化和潜意识过程有关，而不是与认知有关。[8]

但最近利用脑成像技术的一项更有趣的研究表明，小脑参与了一些认知过程。在这个实验中，人们被要求识别一个与特定名词相关的动词，此时脑中最活跃的部分被成像技术监测。例如，如果这个人看到一匹马，她可能会想到动词"race"（赛跑）或"gallop"（飞奔），然后选择一个似乎最合适的词。值得注意的是，脑中参与**说出**动词的部分的活动（即产生语言所需的运动皮层活动）没有显现出来。

因为这个任务需要脑创造语言，所以位于左前额叶皮层的布洛卡区被激活就不足为奇了（见第 10 章）。但很令人惊讶的是，右小脑也被强烈地激活了。

没有人确定这意味着什么，但是小脑的参与可以用这样一个事实来解释，即因为这个想法是关于动作的，是关于动词的。[9]此外，最近小脑被认为与注意和记忆提取有关，所以越来越多的人相信，脑中这个以行动为中心的部分在一系列认知功能中有重要的作用。

对于教师来说，这些发现更加提示了行动和对行动的思考在学习过程中的重要性。一切言语化的思想都以行动为中心。让学习者用他们的行为和预期的行为来描述事物，会让脑的这个额外的部分——小脑——参与到任务中来。

它增强了脑的力量！

主动学习可能比我们认为的要多

在这一章中，我试图拓宽关于行动的概念。在过去的几十年里，我们已经熟悉了各种各样的主动学习方法，如角色扮演、对话和小组合作，但我认为，行动的范畴远超过这些。事实上，它包括了教师经常让学生做的各种事，比如提问、画画、写作、做笔记、查阅参考资料、参加考试，甚至包括阅读。任何时候，学习者都是通过行动来检验自己的想法的，而行动产生了学习。

唯一不利于学习的途径就是将对想法的检验排除在学习之外。这导致学习者把自己的想法藏在心里，而不是把它们展示给脑之外的世界。但正是这种与现实世界的接触促成了学习。神奇之处不在于行动，而在于检验。

于是，我们的问题变成了"什么能促使学习者检验自己的想法"。如果检验真的发生了，它将是强大的，但是什么能让它发生呢？教师应该怎么做才能促使这种情况发生呢？

正如我在本书中反复提到的，这是一个关键问题。学习者必须参与学习。从根本上说，这是一个情感问题。是什么让学习者想要检验自己的想法？ 这可能是改变脑的艺术中最后但也是最重要的一部分。

12 我自己做到的
通过有效使用情绪改变脑

> 太上，不知有之。……功成事遂，百姓皆谓"我自然"。
>
> ——老子

杰克遇到了麻烦。学生们都在抱怨他的教学，而且情况很严重。"我们根本不知道他在做什么。"学生们不满地抱怨，"请换个老师吧！"

我们感到惊讶。的确，杰克是一名新手教师，而且他很年轻，但他教这门课应该不成问题。他完全有资质，他的研究也很出色。他很精通这门学科！

为了了解更多，我旁听了他的课。没过多久我就发现了问题所在。杰克在课堂刚开始时还不错，但后面就偏离正轨了。这种情况令人惊讶和沮丧，但也令人印象深刻。他似乎对每一个相关的知识点了如指掌，并且对每个知识点都进行了事无巨细的介绍！

下课后我和杰克交谈时，我问他是如何备课的。"你似乎有很多素材，备课肯定需要很长时间。"

杰克点了点头，说："我花好几个小时来备课。我以前从来没有教过这么好的学生，我希望他们尊重我！"他给了我一个忧心忡忡但充满希望的眼神。

打破僵局之后，他开始畅所欲言了："我真的很担心我在系里的声誉。我想要得到大家的尊重。我想让大家知道我是一个严谨且要求很高的老师。公平，但要求很高！"

我松了一口气。杰克的出发点是好的，他只是搞反了。他以为这门课是关于他的。一旦他明白这门课是关于他的学生的，一切就会好起来了！

* * *

当人们第一次得知我是一名教师时，他们通常会问我是教什么的，而且，多年以来，我总是回答"生物化学"。但是，最近我无意中听到了另一个关于这个问题的更有趣的答案。所以，现在当人们问我教什么时，我就使用这个答案。我说："我教学生。"

在这本书中，我一直试图强调这个观点。教学是为了学生，当学生能够说"这是我们自己做出来的"时，教师是最成功的。

这是一种带有情绪的话语。它同时包含了恐惧和快乐的元素。我们为我们所做的事情感到自豪，所以这一定是一个挑战，我们也对结果感到高兴。学习上的成功是一种情感上的成功，能有效教学的教师能够理解这种学习的情绪基础。无论教师多么欣赏学习周期或神经元网络，如果学习者不投入，教师就会丧失希望。

学习的情绪和脑周期

我们的很多讨论都集中在大脑皮层主要区域之间的联系和它们在学习周期中的作用上。在图 12-1 中，我用一种以情绪为中心的方式总结了这些联系。

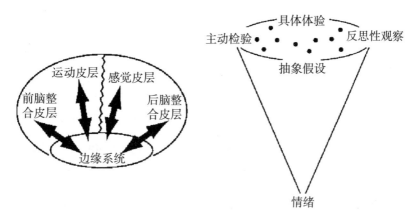

图 12-1　大脑皮层主要区域之间的联系及情绪在学习周期中的作用

图 12-1 的左侧是大脑皮层的图解，它有四个新皮层分区：感觉皮层、后脑整合皮层、前脑整合皮层和运动皮层。每个分区都与边缘系统的中央区域紧密相连。此外，正如我们在第 5 章中讨论的，情绪中心（杏仁核和基底结构）和大脑皮层之间有广泛的连接。这些连接意味着学习周期的所有部分都受到情绪的影响。在图 12-1 的右侧我们可以看到，学习周期的四个元素都受到情绪这个"圆锥体"的支持。

重要性影响学习：一个生物学实验

到目前为止，我已经推论了情绪在学习中的作用。边缘系统与大脑皮层相连的事实表明，情绪会在学习周期的所有阶段影响学习。我们在自己的学习以及对他人的观察中都经历过很多，所以我们对这一想法的信念是自然而有力的。

然而，我们现在可以做的不只是推论。有一些实验似乎直接证明了这种推论的真实性。

我将从第 7 章中讨论过的一个观点开始向你展示这个实验[1]，即反复激活神经元网络可以产生新的连接。在这个实验中，老鼠被暴露在持续不断的高频声音中，从而使其听觉神经元被反复刺激。这种新的体验可能会让老鼠的听觉皮层产生树突分支和形成新的突触。

持续数周后，这种新的感觉输入（高频声音）让脑产生了一些变化。然而，尽管感觉神经元网络在反复放电，但这种变化相对较小。似乎在很大程度上，老鼠的脑只是适应了这些声音。它们习惯了。这并不奇怪，因为这些声音与任何对老鼠来说特别重要的东西都没有联系。

现在我们来看看这个实验中有趣的部分。我在第 5 章谈到了一个基础结构——基底核。当一些对生存至关重要的事情发生时，这个特殊的结构就会变得活跃起来，例如，当我们满足了某种欲望时，比如吃东西时。当基底核放电时，这似乎意味着："这对我很重要。这是我想要的。"

因此，这个实验在老鼠听到高频声音的同时，人为触发了基底核的放电。[2] 由于轴突从基底核延伸到大脑皮层，包括听觉皮层，理论上，当老鼠听到高频声音时，轴突可能会携带能影响通路的信号。

图 12-2 展示了研究结果。这是一张老鼠脑的图，它的基底核位于脑的左下方。你可以看到这些纤维从这个基础结构向上延伸到大脑皮层，并在不同的地方分支，其中一个是听觉皮层，即顶部的小方框表示的区域。图中所示的放大区域代表了听觉皮层放大后的样子，这让我们看到哪些部分对高频声音做出了反应。正如你所看到的，当基底核活跃时，对刺激做出反应的皮层部分也大大增加。事实上，超过一半的听觉神经元最终对高频声音产生了反应。

224

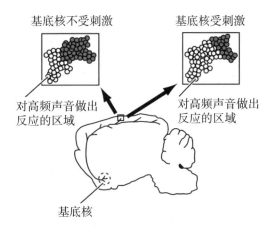

图 12-2　人为刺激基底核时老鼠脑对高频声音的反应

重要的是物理结构

225

为什么这个实验成功了？基底核是做什么的？

这个问题的答案将我们带回了第 4 章所提到的内容。这是一个有关化学的答案。基底核神经元的轴突延伸到听觉皮层，在感觉脑的神经元上释放一种化学物质。这种化学物质叫乙酰胆碱。乙酰胆碱的功能是触发化学变化，增强现有突触的反应，改变基因表达，从而使神经元产生更强、更多的突触。

当神经元从感觉系统接收到重复的信号时，如果它们也同时接收到来自基底核的"重要"信号，它们就会对这些信号产生更强、更持久的反应。

但请注意，事实上，这种高频声音并不具有生物学意义。它与快乐或恐惧无关，在老鼠的生活中也没有任何作用。它本身对听觉突触几乎没有影响。尽管如此，当基底核放电时，乙酰胆碱还是会被传递到听觉皮层，生物化学便开始发挥作用。当这些重要信号到达时，脑就发生了变化。

这个实验和其他类似的实验与我们的生活经验是一致的。我们会学习对自己来说很重要的东西。脑的可塑性可能更多地依赖于来自情绪中心的信号，而不是新的感觉输入。

认识到重要性需要时间

改变脑的艺术包括让他人认为事物具有重要性。在某种程度上，学习者必须"认同"重要性。我们不打算连接学习者脑的基底核，但我们可以管理学习内容，让学习者最终看到它的重要性。

我要强调"最终"二字，因为认同可能需要时间。这就是反思如此重要的原因之一。

我们现在能理解的是，生物化学是这一过程需要时间的背后原因。就像我上面说的，像乙酰胆碱这样的神经递质不仅仅能发送信号，它们在神经元内还启动了一个复杂的化学反应路径。[3] 由于在这些路径中有许多独立的步骤，每一个步骤都需要花费一些时间，所以这些时间加起来可能比电信号慢 100 倍。如果它们继续改变神经元中的基因表达，则会慢得更多。它们的作用是累积而成的，数十亿神经元突触的重新排列可能需要更长的时间。

乙酰胆碱并不是脑中唯一作用较慢的神经递质。你可能听说过其他物质，包括多巴胺、血清素和一种肾上腺素。这些神经递质在神经元内部和脑的不同部位以各种不同的方式发挥作用，但它们的共同点是它们能够使用某些化学级联，最终影响突触的性质和数量。这些变化可以增加或减少突触的数量和活动，所以它们改变脑的力量是巨大的。

慢速神经递质的另一个共同点在于它们与情绪的联系。例如，肾上

226

腺素似乎与紧张、兴奋和能量有关，血清素与平静和心神稳定有关。而正如我们在第5章中所提到的，多巴胺与快乐和行动有关。

情绪对学习的影响在生物化学上是复杂的。我们不应该对学生失去耐心，而应该继续让他们体验那些能帮助他们看到学习内容重要性的经历。当这种情况发生时，学生是会学到东西的！

玩 得 开 心

如果教师认真思考如何调动脑的情绪中心，他们就会做得很好。但我们不应过于简单化这件事。真正的挑战是找到方法让情绪成为意义的一部分。当学习在一个人的生活中真正变得重要，当他相信它是重要的时候，学习就是最有效的。

让我告诉你另一个故事来说明这一点。

* * *

在我尝试将游戏作为学习工具之前，我已经花了好几年的时间尝试提高自己的教学水平。我有点害怕对大学生采取这种方式。也许他们会觉得我把他们当孩子看待。

但我最终还是赌了一把。我发明了游戏《危险边缘》（*Jeopardy*）来帮助我的学生学习脑各部分的名称。他们很投入，竞争很激烈。他们显然很兴奋，玩得很开心。在我看来，他们确实在学习。

然而，那周晚些时候，当我要求学生展示他们所学到的知识时，我感到失望。有两个令人失望的地方。第一，他们提高的那部分似乎过于零散。不同的学生记得不同的孤立的东西。第二，总的来说，他们记住的东西对我来说并没有那么重要。我没有对照实验来证明这一点，但看起来是这样的。

227

这让我很沮丧，我试图弄清楚到底发生了什么。首先，我询问为什么一些学生会记住某些东西。一个学生为我厘清了这一点，她说："嗯，我会记得那些强化我已知内容的事情。当我发现我对它们的判断正确时，我感到很兴奋！"

但当我问他们为什么没有学到更多东西时，最能说明问题的答案出现了。"祖尔博士，"一名学生喊道，"你知道的，这只是个游戏！"

* * *

我的实验失败可能还有其他原因，但我看到了两个主要原因。第一，游戏不是基于先前知识设计的，它不是为改变而设计的。第二，学习在学生们的生活中并不重要。

从学生们实际记住的内容来看，我们可以意识到这种重要性的缺乏。他们也许永远不会忘记在课堂上玩过一个游戏。由于竞争激烈，他们记住了谁是竞争对手以及竞争结果如何。他们记住了对他们来说重要的事情，但不是学习内容。这就是游戏。

克服外在因素：故事和主动权

我们怎样才能跨过学习中外在动机的障碍呢？内在动机又是什么？

正如我在第 4 章所讨论的，脑最本质的东西就是生活本身。在我们身上发生了什么、我们做什么、我们希望做什么、我们担心什么、我们吃什么、我们见了谁、我们恨谁、我们爱谁、我们创造了什么、我们说了什么谎又被什么谎言欺骗、我们的胜利、我们的损失，以及其他所有组成我们生活的事情，都是我们记忆和学习的东西。它们成为我们的故事。我们生活中的每件事都有一个故事。

罗格·尚克解释了故事对学习和智力概念的重要性。[4] 我们通过故

228

事来判断一个人。当他们的故事符合我们的故事时，我们就认为他们是聪明的。回忆和创造故事是学习的关键部分。我们通过将事物与我们的故事联系起来记忆，我们通过将故事以独特而难忘的方式联系在一起来创造，并通过行为来表现我们的故事。

故事需要脑各个部分的参与。它们来自我们的经历、记忆、想法、行动和感觉。故事使我们能够将事件和知识整合到复杂的神经元网络中，其中的任一部分都能触发其他部分。并且，故事是关于行动的。它们包含动词，这就意味着它们是关于行动的！故事专注于呈现好的和坏的行为，所以能让人产生恐惧和快乐，以及所有衍生的情绪。

如果你认可我的观点，即当脑的大部分区域参与学习时，学习是最深入的，你就可以看到故事对教师的价值。我们应该讲故事、创造故事和重复故事，我们应该让我们的学生做同样的事情。

我认为这一点十分明确。让我以代数为例。

我们可以给学生讲代数的故事。我们可以告诉学生这个故事中有哪些角色以及它们做了什么。我们可以说 x 的价值是 y 的一半。当我们在纸上移动 x 和 y 时，我们可以跟随它们的经历，并跟踪故事的变动和进展，我们最终将 x 独自隔离开了（解出 x）。并且自始至终，我们的故事是有关道德的。代数是公平的：一切都必须是平等的，如果不是，故事就会土崩瓦解。

我认为这个例子呈现了认知科学家所建议的教师要让学生"处理"事情的做法。学生必须用自己的知识来实现某种目标。故事必须有开头、中间和结尾。当学生看不到故事时，他们会变得懒惰或感到无聊。当没有任何事物与其他事物有任何宏观的整体的联系时，他们就会失去兴趣。

学习就是生活。故事让事情变得生动，让生活变得生动。

229

脑如何记住故事

脑成像研究表明，当我们回忆故事，也就是回忆有关情景的记忆时，我们会使用右额叶皮层。[5]很有趣，因为它是独一无二的。我们使用左前额叶皮层来处理与故事相关的大部分其他事情，包括编码故事和回忆故事中的事实。对于需要右脑的故事回忆，似乎与其有些不同。

在前面的章节中，我提到左脑处理细节和结构，而右脑处理"大局"。两个半球之间另一个有趣的区别是，左脑比右脑更有创造力。事实上，左脑富有创造性，因此它能创编一些东西。它填补空白并进行推断。它需要这些细节。然而，右脑更忠实、更现实。这似乎符合事实。[6]让我把右脑的这两个特征放在一个关于故事和情节回忆的假设中。

为了让故事更有效、更重要，它必须是有关道德的。它必须有意义。例如，如果我们只是跟随亚哈（Ahab）船长在海上追捕莫比·迪克（Moby Dick）①，我们会感到无聊。但当我们了解追捕的原因，当我们看到追捕的场面达到高潮时，这个故事就变得很有力量了。它开始变得重要了。

了解一个故事的整体图景使故事具有意义。了解孤立的细节是必要的，但其本身毫无意义。我们忠实的右脑告诉我们真相，但它只是故事的骨架。然后，左脑给我们提供语义细节来使故事变得丰满。

对于故事的这种看法对我来说是新颖的。我从来没有这样想过。但如果这是正确的，它意味着教师应该关注故事的关键点。这就是我们的学习者需要回忆的东西。回到代数的故事，我们可能首先会注意到平等

---

① 取自《白鲸记》，亚哈因被莫比·迪克（一头白鲸）咬断腿，对它展开了许多年的追捕。——译者注

这个大概念，注意到字母具有不同值的事实，以及隔离其中一个字母的总目标。这样一来，我们就知道重点了。

做一名真实的教师

我们一直在讨论以故事的形式呈现我们的主题。这是一种帮助学习者在情感上投入的方法。但是，有效的教学不仅与我们如何呈现这一主题有关，具体来说，还与我们展示自己的方式有关。也许教学中最重要的部分莫过于学生对教师的情感反应了。

一个朗朗上口但现在已经有些枯燥的短语描述了一种展现自己的方式，那就是"做站在旁边的引导者，而不是讲台中心的圣贤"。这种想法的优点在于它将学生而不是教师置于事物的中心。然而，正如你们可能已经注意到的，我也指出了在一些地方，教师的领导是必不可少的。当教师知道并指明道路时，学生就会获得安全感和信心。站在旁边和站在讲台中心都很重要。一个能够进行有效教学的教师知道什么时候该领导，什么时候该让位。

教师在引导或领导方面的直觉和喜好有很大的不同。在任何一位教师看来，选择其中一种都是不自然的。如果我们试图成为另一种人，我们就会感到不舒服，也会让学生感到不舒服。

从这个角度看，教师最大的挑战不在于领导或引导，而在于他是否真实。如果你在假装，学生就会感到不舒服。没有什么比真实更强大，也没有什么比假装更能让年轻人的思想迅速消失。正如我在第 1 章中所说的，人类这种动物渴望真实。只有真实的表演者才能通过表演获得成功。如果行动不是我们的天性，那么我们甚至不应该去尝试。

我是通过自己的课堂经验和观察别人的教学过程建立起该信念的。

但只有当我想到生物学的时候，我才明白为什么。这种对真实的渴望和对伪装的不信任来自我们想要生存下来的努力。我们需要知道灌木丛中的沙沙声是预示着有一只饥饿的老虎，还是有人在愚弄我们。当事关生死时，我们不喜欢被愚弄。

现在，这不是生或死的问题，至少不完全是，但这种努力的残余仍然存在于教室里。只要学生相信他们没有看到表演的痕迹，他们对教师行为的容忍甚至接受程度是很高的。但是，他们讨厌伪装。

我在对教师兼学者乔治·施泰纳（George Steiner）的采访中看到了一个极端的例子。当谈到他在战争期间的教学生涯时，脾气暴躁的施泰纳说："学生们总在吵闹，但我从未屈服。我只是直截了当地对他们说：'听着，我是来教你们的。我知道很多事，而你们几乎一无所知。所以，闭嘴学习吧！'他们照做了。我和他们在一起的经历太棒了。"[7]

这很令人震惊，施泰纳与我自己的做法相反，我不禁对此印象深刻。不说别的，起码施泰纳是真实的。他的学生被吸引到与他一起经历的现实中。

开　端

生物学告诉我们，学习是关于现实生活的。当人们相信这与他们的生活有关时，他们就会学习！

这意味着我们应该首先考虑学生。甚至在我们备课之前，我们就应该为我们的学生做好准备。我们应该问自己这样的问题："这些学生是什么样的？为什么他们在我的班上？他们会担心什么呢？"

如果我们与学生的第一次接触是基于这样的问题的，我们就更有可能说服学生他们的学习是重要的。然后，我们希望他们学习的东西就可能会成为他们生活的一部分。

与其把时间花在课堂规则、考试时间表甚至教学大纲[8]上，我们不如马上从学习开始。我们应该首先向学生展示我们希望他们学习的东西。如果我们首先强调规则，传达的信息就是"这位老师想要秩序和控制"。但如果我们首先强调学习，传达的信息就是"这位老师想要让学生学习"。

我们应该一见到我们的学生之后就这样做。这是新老师让自己成为学生生活的一部分的最好机会。这件事几分钟就能搞定，但问题的关键在于如何保持。

学习的差异性

要强调学习的重要性，同时让学生相信我们对他们和他们独特的脑感兴趣，一种方法是先一个一个问学生："你是如何学习的？什么对你有用？"当我们提出问题时，我们应该为差异做好准备，有时这种差异是巨大的！

232

学习周期为我们提供了一种思考学习者之间差异的有趣方式。如图12-3所示，该循环基于两个维度：具体－抽象和反思－行动。大多数人会倾向于这两个极端的一方或另一方。有些人喜欢抽象多于具体，反之亦然。有些人更活跃，而另一些人更善于反思。如果用脑的术语来说，我们会说有些人更喜欢使用他们的感觉脑，有些人更喜欢使用他们的后脑整合皮层，有些人更喜欢使用他们的前脑整合皮层，还有些人更喜欢使用他们的运动脑。某个特定的学生可能喜欢新的体验，安静反思反而会让他感到紧张。另一个学生可能乐于思考和产生想法，但不愿实际检验它们。不同的人对循环的不同部分得心应手。这些偏好来自我们

235

的感觉。

图 12-3 学习周期的两个维度

学习周期的这两个维度可以帮助教师了解不同的学习者是什么样的，这不是为了给学生的表现贴上标签或预先判断，而是为了让教师看到每个学生将如何开始学习。大致了解学生喜欢什么可能会有助于我们设计作业或课堂练习，从而让脑中的情感结构在一开始就参与进来。

然而，一旦学生参与进来，我们所讨论的一切就都表明，我们应该开始引导学生远离他们的舒适区，并鼓励他们通过使用脑的某些区域来扩展自己。

智能和风格

"你是如何学习的？"这个问题引出了学习风格和多元智能等主题。如果我们使用这些术语作为标签，或者如果我们预先确定了处理每种"风格"的方法，就会有麻烦。但如果我们把它们当作天生的能力和爱好，当作天赋，就可以很好地利用它们。

一个有反思天赋的人可以做出与一个有创造力天赋的人不同的贡献。而具有数学智能天赋的学习者可以做出与具有音乐智能天赋的学习者不同的贡献。具有视觉感知天赋的学习者有与具有听觉感知天赋的学习者不同的东西。所有的学习风格或智能都是真实而有价值的！

加德纳（Howard Gardner）用"多元智能"一词来描述天赋的多样性，其他人则更多地使用"学习风格"这个术语。不管用什么术语，我们都期望这些天赋符合脑的学习周期。我在图 12-4 中展示了这一点，其中，加德纳的七种智能（音乐、自省、空间、逻辑 / 数理、语言、人际和运动），库伯的四个学习维度（具体的、反思的、抽象的和主动的），弗莱明（Neil Fleming）的四种学习风格（听觉的、视觉的、读 / 写的、动觉的），被置于脑学习周期的某个位置上。[9]

图 12-4　不同的天赋理论与学习周期的对应脑区

将这些多样性的不同方面绘制到脑的学习周期中并将它们统一起来，为教授不同类型的学习者提出了具体的想法。例如，我们可以鼓励视觉学习者使用学习周期的其他部分。我们可以要求他检查所体验的画面中的空间关系，将这些关系组织成逻辑模式，并将所创建的模式可视化。这将带他经历脑的学习周期，加深他的学习，而且因为这是从学习者的自然倾向开始的，所以其情感脑参与其中的机会就增加了。

234

智能、学习风格和情感

不同的学习者喜欢使用脑的不同部位。他们的天赋自然地来源于自己的脑，他们使用自己喜欢的部分。但是，是什么产生了这种愉悦感呢？

我并不是说我对这个问题已经有了最终答案，但我有一个假设，它基于我们在第 5 章中对积极情绪的讨论。在第 5 章中，我们把行动置于快乐的中心。我认为，对脑来说，行动不仅指身体各部分的物理运动，还包含精神运动，或想象中事物的进展。

也许现在更容易理解了。回想一下脑想象动作的能力，这些动作是由前脑皮层的执行中心协调的。例如，当我们读一个故事时，这些想象的行为会给我们带来快乐。我们的身体没动，但故事在向前发展。并且，根据这个理论，这就是脑喜欢听故事的原因。它总是向某个方向前进！

因此，学习的乐趣来自对向着目标进展的感知。当我们使用脑中与我们的天赋相关的那部分脑区时，我们的进步最大。成功创造快乐。俗话说："一事功成百事顺。"我们享受进步，因此我们寻找那些能带来成功的东西。

学习是动态的

235 我们一直在讨论学习者之间的差异，如果不提到库尔特·费希尔关于"网络"概念的理解，讨论就不完整。学习者不是在攀登知识的阶梯，而是在一个依赖于个人经验的日益复杂的关系网络中前进。还有什么比这更具生物学意义呢？

费希尔解释的另一个概念可能更为重要。这个概念就是学习的动态本质。学习不是线性的，而是通过停止和开始、逆转和突破来进行的，在任何年龄都是如此。有经验的学习者也会有起伏，就像孩子学习时一样。[10]

这种学习的动态图像显然也与我们之前所描绘的脑的图像相一致。在那个学习周期的任何阶段，我们都可能取得成功，也可能受到阻碍。每当我们成功时，积极的情绪就会增加；当我们失败时，消极情绪就会占上风。学习周期的所有阶段都有进步或倒退的可能；有试错的可能，也因此有积极或消极的情绪。随着时间的推移，所有这些变化的总和决定了学习结果，但在任何时候，我们的步伐都可能是前进的、向后的或静止的。我们的感觉可能是积极的、消极的，或者介于两者之间。事情瞬息万变。学习是动态的！

动态学习和教师

这种不稳定的学习进度让教师的角色变得很明确。让我们回到我在本章早些时候提出的一个建议，即知道何时该让位、何时该领导。当学习似乎停滞不前时，教师可以干预。在这个阶段，学生很可能会接受。但当他再次开始进步时，便是时候让教师消失，让学生面对他独特的挑战了。学生现在能胜任了。学生想说这是他自己做到的。

挑战和支持结合似乎是学习的最佳状况。学生可能会在有支持的情况下达到高的技能水平，然后在支持消失时发生倒退。尽管如此，这种进步和倒退的过程最终会让学生产生比独立学习更高的学习水平。教师可以有所作为！

图 12-5 说明了学习的起伏以及教师角色的变化。[11] 当教师给予支 236

持时，学习的水平就上升了，当支持撤掉后，学习的水平就下降了。但学习者的整体步伐是向上的，并且在有教师支持的情况下（最佳水平）比没有教师支持的情况下（功能水平）进步大。

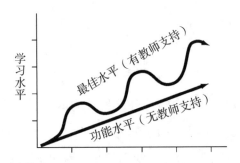

图 12-5　学习中学生的学习起伏与教师角色的变化

情绪和最佳学习

我试图将这些想法整合成一个模型，将学习的起伏与情绪和动机的起伏联系起来，同时也阐释教师的作用。图 12-6 描述了这个最佳学习模型。

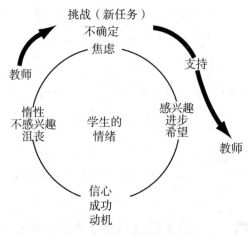

图 12-6　最佳学习模型

如你所见，内环显示了学生的情绪状态，外环显示了教师的角色。它们的并行路径是模型的重要部分。教师和学生是独立的个体。正如我们在前面的章节中所讨论的，他们之间没有直接的信息传递，每个人都有自己的神经元网络作为基础。

让我们从左边的惰性开始。惰性学习者的情绪状态可能是沮丧或不感兴趣。不管是哪一种，教师的首要任务都是让学生产生一些情绪波动。为此，他可以为学生定义一个目标。这个目标必须满足两个条件：一是能引起学生的兴趣，二是可以实现。它必须是一个挑战，但不能是太大的挑战。如果不是挑战，学生将没有兴趣。但如果挑战太大，学生就会有持续的沮丧感。

学生对新挑战的第一反应仍然可能是消极的。你可能引起了他的注意，但你也提出了新的要求。他的杏仁核可能会对这个新领域保持警惕，所以他可能会开始感到焦虑或不确定。但至少他不是不感兴趣，因为他还没有尝试过新的挑战，也不会因此而感到沮丧。

不过，教师还有工作要做。他必须想办法让他的学生开始进入更积极的情绪领域。这就是支持的来源。正如我们在前面章节中所讨论的，教师可以展示示例，提出做什么的建议，并提醒学习者他已经知道的内容。这将是他可以融合新知识的内容，这就是第3章中提到的"脚手架"。

一个能有效教学的教师给予的支持必须允许学生取得一定的成功，无论多小的成功都可以。就像我们在第4章讨论的那样，学生需要感觉到变化。如果发生这种情况，学生的情绪就会开始变得更加积极。他会感到有些希望，兴趣也增加了。他开始对自己的进步有了信心和自豪感。他开始想："我自己能做到！"

这就是教师交出控制权的时候了。他必须允许学生掌握主动权，创造新的想法并检验那些想法。这就是学生现在想要的。他有内在的动

237

238

力！他的进步使他感到自信并充满兴趣。他真的感到快乐，而且他想保持这种快乐！

但是，周期是不可避免的。高潮之后必有低谷。当我们的学生不断研究自己的想法并对其进行检验时，会有两种情况发生。他要么会因为事情不再新鲜或具有挑战性而失去兴趣，要么会因为他的想法没有实现而变得沮丧。他的主动检验表明学习出了问题，而他却无法修正。现在是时候让教师再次介入了。

重新激活动力

教师经常抱怨自己的学生缺乏动力，好像这是某种性格缺陷。似乎只要学生得到激励，他们就会学习！

但我们一直在讨论的模型给出了不同的解释。它表明动机来自学习。人们只有经历一些成功，才能保持足够的学习动力。他们可能会被激励去尝试一些事情，但是如果想要保持动力就必须感觉到一些进步。而教师的工作就是找到一种能够帮助学生产生成功体验的方法。我们不应该问"我怎样才能激励我的学生"，而应该问"我能够如何支持他们的学习"。如果他们在学习，他们就会有动力。

我所说的动力是与任何外部奖励或惩罚无关的内在动力。它是教师最有力的盟友。

为学习者提供情绪支持

学习周期说起来很容易，但实现起来很难。平衡挑战、支持和撤离是一门艺术！

我们为学习者提供支持的方式可以参考我在前几章中就学习周期提出的想法。这里我就不重复了。但还有另一种支持来源应该被提到，即同伴支持。

我很少提到小组学习和其他主动学习的概念，但我相信，在学习周期中的支持部分，与同伴的互动可以产生强大的影响。当学习者与同伴分享图像时，他不仅会获得新的认知想法，也将获得信心，并开始认识到自己已经取得的进展。如果没有与同伴的互动，学习者可能很难意识到自己已经学到什么程度了。

而且，正如我们在第6章中讨论的那样，学习者的同伴最有可能拥有与他相似的神经元网络。如果他和同伴们一起学习，他建立相关神经元网络的机会就会增加，这将是教师给予的支持的有益补充。

判断何时撤离支持是这门艺术的另一个复杂部分。当我们看到学习者正在进步，并将学习与现实生活联系起来时，我们应该撤离。对于学习者来说，这可能是一个强大的、个人的过程，如果学习是个人的，那么这个时候学习者就有了内在动机。这就是学习者使用前脑皮层创造自己的想法并检验它们的时候了。他可能会征求老师或同学对他的想法的反馈意见，但是否这么做应该由他决定。我们应该等他来问。这是他的学习和选择。

这门艺术的最后一部分是感知学生何时需要新的挑战。当教师意识到学习的张力和动力水平下降时，他知道只有新的挑战才能重启学习。

说一个停滞不前的学习者需要新的挑战可能听起来令人困惑。这难道不会让他更加气馁吗？但我的想法是，必须有新的挑战，而且不能更难。有技巧的教师会看到问题的症结所在，并重新组织挑战或将其分解为学生可以解决的不同部分。

239

自我评价和自我控制

只有当学习者评价自己的表现并认可它时，学习者才会拥有自主权并说"这是我自己做的"。学习者必须检验自己的作品并说"这很好"。所以，我们最后要到达的脑区是与表现评价有关的区域。它似乎是我们监督自己所做的事情并决定这件事情是否令人满意的地方。这是脑在自我监督。

麦克唐纳三世（Angus W. MacDonald，Ⅲ）和他的同事在一项研究中描述了一项有助于识别自我评价这一脑区的实验。[12] 他们对参加斯特鲁普（Stroop）测试的人进行了脑成像研究。你可以自己试试，用红墨水写下"绿色"这个词，然后大声说出这个词的颜色。正如你将看到的，你的本能是说单词本身而不是颜色，即说"绿色"而不是"红色"。如果你有一系列不同颜色的卡片，你会发现要正确地处理每一张卡片需要非常集中的注意力。然而，忽略颜色，简单地读出单词要容易得多。

Stroop 测试有两个挑战。一个是说出正确的词，即"绿色"或"红色"；另一个是评价自己的表现，判断自己的反应是否正确，以及自己是否克服了说出这个词的本能。

PET（正电子发射断层扫描）实验的结果令人着迷。当然，说出颜色涉及运动和前运动皮层，但评价表现则涉及边缘系统的前扣带回区域。你可能还记得，在第 4 章和第 5 章中，脑的这一部分经常与情绪决策有关，但这个结果中显示的功能似乎比一般情绪更具体。自我评价是高度个人化的，它所产生的情绪在我们是否拥有自主权方面起着重要作用。一旦评价了自己的表现，我们就可以选择认可或不认可它。不同的判断会带来很大的不同。

自我评价和所有权

当我读到这些关于 Stroop 测试的实验时，我发现我又一次对自己的教学产生了新的想法。我是如何在教学中使用前扣带回的？自我评价在什么情况下适用？

正在我思考这个问题时，我在课堂上拥有了以下经验。

* * *

在我刚开始教授我的新课程"人类学习和脑"时，一项重要的作业是让我的学生写一篇关于"学习动机"的论文。

这是一项艰巨的任务，我还坚持让他们告诉我当人们受到激励时脑会发生什么，这让任务变得更加艰巨。为了让它更有趣，我让他们写他们自己的脑：当他们的脑受到激励时会发生什么？

但在读他们的论文时我却感到越来越不舒服。我对这些作业有一种熟悉的感觉，就是那种为了完成任务敷衍了事的感觉。这些作业都没有创造性。事实上，虽然作业是关于他们自己的动机的，但是似乎并没有帮助到他们。

我想了一会儿，最后想到了一件事。也许我的学生还没有意识到这是他们自己的事。即使任务是关于他们的生活的，我仍然控制着整个过程。我布置了任务，设定了条件。现在我要去评价这项工作——这仍然与我有关！

所以我试着想办法让他们修改自己的作业。因为我了解前扣带回和评价，所以我有了新的想法。我可以让他们使用脑的这一部分！我要让学生评价自己，评价他们自己的论文。

事实上，我没指望这会带来太多改变。当时，这只是另一种尝试。但当我开始阅读这些评论时，我感到惊讶，里面有一种我从未见过的自

241

由和自信。

例如，一篇题为"我的烂论文"的评论是这样开头的："我认为我的论文很好，直到我开始自己评价它。突然我意识到它不是很好。但现在这篇评论是好的。我对我那篇烂论文的批判是一篇好论文！"

他是对的。他的评论深刻、果断、准确、引人入胜。它的方方面面都在说："这是我的！"

* * *

在第 10 章和第 11 章中，我论证了学习者如果想获得自主权，就必须创造他们自己的想法并采取行动。现在，我们可以看到学习者在取得自主权方面又迈出了一步。学习者必须对自己的学习成果进行评价，才能真正掌握它。如果成果真的是学习者自己的，那成果必须在一个创造、评价、再创造、再评价的周期中形成。

通过评价学习来终止学习

我刚才描述的经历使我对一些长期困扰着我的问题有了新的认识。我开始意识到为什么我的学生在重写论文时很少采纳我的评价。有时我会写大量的评论和强烈的建议，然后加上感叹号。但即便如此，我还是觉得我的反馈几乎被忽视了。当这些论文被重新提交时，它们通常仍然包含同样的缺陷，或者看起来是这样的。如果我坚持让学生解决这些问题，他们会解决，但并不认真，结果也不令人满意。

现在我想我解开这个谜题了。他们在争夺控制权。我不能强迫他们喜欢我的建议，因为那些是我的建议。他们的情感联系来自他们自己的想法和判断。当我提出建议时，他们只会觉得自己失去了控制权。

这让我重新思考我的整个评价准则。最终，我们可能会被迫成为一

242

个评价者。我们可能要决定学生学习的价值，给他们评分或让其更上一个等级。但是，说到学习，自我评价比教师的评价更有用。教师应该坚持扮演提供挑战和支持的角色。当教师对自己的学生不满意时，应该提供更多的例子和支持，而不是只关注自己工作的价值。只有当学生提出要求时，评价才能支持学习。

在最后的分析中，我们仍然发现，当我们把学习从学生手中夺走时，当我们把教学变成围绕自己而不是学生来做时，我们就失败了。然后学习就变成了外在的事物。学生不能说"这是我自己做的"，教师也就失去了他们。

发现艺术

让学生说"这是我自己做的"似乎真的是一种艺术。它不能通过公式或强制来实现。没有人能控制别人的学习。我们无法把我们的想法强加于学生，我们无法迫使他们学习，我们也无法激励他们。最终，我们不得不放弃控制，相信学生自己会学习。

同时，生物学也告诉我们，这种信任是合理的。人类的脑是一个学习器官，学习就是它的功能。教师的主要任务是帮助学生找到联系。一旦学生遇到与自己的生活、情感、经历或理解有关的事情，他就会学习。学生会控制不住自己的。学生的脑会改变的。

当被问及"什么是艺术"时，贝西伯爵（Count Basie）回答说："艺术是当你去除一切不必要的东西时所拥有的东西。"将这一点应用到这本书之前的内容中，我们似乎得到了以下结论，即学生控制着局面，但这没关系，他会学习的！

243

这些都是基本要素，也是改变脑的艺术必须依赖的基石。

第三部分总结

在本部分中，我们研究了大脑皮层五个主要区域的一些特定功能：感觉皮层、后脑整合皮层、前脑整合皮层、运动皮层和边缘系统。我们是带着问题推进的："这对教学意味着什么？"现在我们可以回顾一下我们发现的一些关键词。

以下是一些关键词：感觉丰盈、视觉、细节、参与、映射、图像、呈现、听觉、其他感觉、整合、"是什么"和"在哪里"、宏观画面、花时间、寻找连接、想象、韵律、语言理解、创造、抽象、勇气、工作记忆、执行、自然思维、概率、镜像神经元、创造语言、检验、行动、惰性思维、内部和外部、学习的启动、反馈、动词、情绪支配、重要性、缓慢的神经递质、游戏、故事、真实性、多元天赋、差异性、动态、运动/进步、起伏、挑战、支持、自我评价和自主权。

这就是我们的终点。对生物学的探索让我们回忆起了许多已经知道的事情，但也让我们更加尊重学习者和学习过程。我们一再被提醒，我们的身体及其与物理世界的相互作用产生了学习，而现实让我们相信，我们最终会理解教学这一神秘的职业和爱好。

结　　语

　　在导言中，我提到我们对脑日益增加的理解不一定会在教育领域引发一场革命——至少目前还不会，但我也认为对学习的生物学基础的探究将促使我们成长。

　　回顾这本书，我希望能更多地强调成长这一点。这就是这篇简短的结语的目的。成长意味着在我们原有资源上有所增加或使其获得价值提升。它可能会，也可能不会促使我们的教学方法有直接或快速的改进或改变。当变化来临时，它很可能是微妙的，而不是革命性的。

　　我之所以这么说，是因为在我看来，探索学习的生物学基础的最大价值不在于改变我们做什么，而在于改变我们对所做事情的感受。这是态度上的改变。态度的改变缘于我们对成长的感受。我们的理解有了更大的价值。下面，我试着以更具体的形式介绍这些成长。

　　第一，或许也是最重要的一点，生物学加深了我们对学习的理解。它给了我们更多的启发。正如一位读过这本书初稿的老师所说的："这本书太有启发性了！"这种新的观点帮助我们更清楚地了解了我们学习的原因。生物学揭示了学习与生活的本质关系，澄清了内在动机的含义，并显示了外在奖励的根本性不足。学习被视为体验的自然结果，这让我们相信学生将永远学习。任何融入他们生活和情感的东西都会被学会。

　　第二，学习的生物学基础使教育理论更加真实，从而丰富了教学。用理论呈现学习者如何通过已经知道的知识来构建自己的理解是一回事，而实际了解这种构建是如何发生的，即理解感觉体验促使神经元网络变得更复杂的物理过程，又是另一回事。后者是解释前者的真实物理过程。

　　人类的脑想要这些解释，想要知道事物是如何运作的（我们在第4章中了解了为什么这是正确的）。我们需要理由。因此，与其被告知一个理论，不如自己去了解机制和细节。脑科学正在慢慢地告诉我们这些原因。它让我们有机会超越对权威人士和机构的依赖。理解神经元网络和突触变化的概念为学习和教育的建构主义理论提供了依据。它帮助我们知道了原因，从而了解得更多。

　　第三，学习的生物学基础有助于我们认识到教师和学习者的界限。个体脑的多样性是无限的。如果知识是神经元网络，就像我在第6章中所说的，那么它就不能从一个脑转移到另一个脑。学习者如何拥有自主权取决于教师是否能认识到这种分离性。

　　看到这种物理现实能令人成长。我不太建议教师花过多时间把自己的想法传递给学习者，而更建议教师花时间了解学习者如何构建自己的经验。我们应把更多的精力放在理解学习者上，并对他们作为一个个独立的生物体有更深的尊重。这丰富了我们的实践，因为它鼓励学习者在我们提供挑战和支持时信任我们。

249
　　第四，研究学习的生物学基础也促进了我们的成长，因为它给了我们更多的想法。例如，当我们意识到脑的很大一部分致力于处理空间中的物理关系时，我们可能会发现自己在为我们学科中事物的关系寻找空间关系的类比。无论我们想让学生学习什么科目，我们都可以创造反映这些空间关系的物理隐喻和类比，这是值得努力的。或者，再举一个例子，认识到人脑创造和记忆图像的能力可能会让我们想到使用图像来辅助我们的学科教学。

第五，探索学习的生物学基础可以阐明我们的价值观。这门学科值得再写一本书，因为它带给人一种深刻的成长。我在上面提到的一个例子是，我们尊重个体，接受多样性。我想在生物学中没有什么比这个更深刻了。我们正在学习和已经学习的关于脑的一切都表明，我们必须尊重个体学习者的独特性。我们可能会发现自己会泛化、形成刻板印象和变得武断，这是我们的天性，但我们所要做的就是记住每个神经元网络的物理差异，提醒自己我们的行为是具有生物学基础的，我们的工作就是研究每个学习者。神经科学把我们带到了这个美好的地方！

最终，这些成长都可能是改变教学方法的前奏。资源越多越会产生高水平的信心和创造力。在这些方面有所成长的教师会更加乐观和充满活力。他可能会开始尝试新的方法，并在职业实践中创造变化。他甚至可能开始将自己视为一名艺术家，一名擅长改变脑的艺术家。

注　释

第 1 章

1. 见布鲁尔《教育与脑：一个难以实现的目标》（Education and the Brain: A Bridge Too Far），1997 年 11 月发表于《教育研究者》（*Educational Researcher*）第 26 卷第 8 期第 4—16 页；另见加德纳《受过学科训练的心智》（*The Disciplined Mind*）第 3 章，纽约西蒙和舒斯特出版社（Simon & Schuster）1999 年出版。

2. 见莱考夫和约翰逊《肉身哲学》，纽约基础读物出版社（Basic Books）1999 年出版；埃德尔曼《先有心灵？还是先有物质？》（*Bright Air, Brilliant Fire: On the Matter of the Mind*），纽约基础读物出版社 1992 年出版。

3. 我们可以说我们的脑也来自我们基因中编码的程序。在某种程度上，这听起来可能没那么与物质有关。但是，我们要知道，这些程序只是 DNA 物质结构的结果。

4. 见莱考夫和约翰逊《肉身哲学》，第 3 页。

第 2 章

1. 见库伯《体验学习》，新泽西州鹰木崖普伦蒂斯·霍尔出版社（Prentice Hall）1984 年出版。

2. 化学感觉，包括味觉和嗅觉，位于图 1–1 中看不到的皮层区域。

3. 这个简图并没有显示出学习周期所依赖的深层概念基础。这个周期将经验、感知、认知和行为结合到一个学习理论中。这个理论的每一个内容都代表了心理学或生物学的一个主要领域。

4. 体验学习通常被理解为要简单地给予人们体验。但我要强调的是，真正的学习很少只来自体验。必须从体验中有意识地努力建立理解，即要反思、抽象和对抽象进行检验。

5. 请不要过度解读这些插图。它们不以精确地描述为目的，也没有在解剖上达到精确的程度，而是为了帮助传达想法。这里有一些可能引起误会的点。（1）连接并不直接遵循直线或箭头所示的路径。例如，连接有时沿着皮层的褶皱产生，有时会穿过所经过的其他更深层次的脑结构。（2）连接仅仅意味着这个过程可以发生。这并不意味着这里存在物理上具有前后步骤的机制，而且这也不意味着这些是这些区域唯一会产生的连接。（3）脑的插图并不准确。例如，在感觉皮层中，我们并没有真正标记出视觉、听觉和触觉的精确位置。我们将在后面的章节中对此进行更详细的说明。（4）感觉输入和运动输出的图示并不意味着信息和动作直接输入大脑皮层，或从大脑皮层中输出。这些信息的传输需要大脑皮层与眼睛、皮肤等感觉器官建立连接，也需要通过脊髓与身体肌肉进行连接。

6. 这个功能列表并不需要严格遵守，也不是绝对的。不同的功能匹配着脑的不同解剖部位，但其中一些功能会涉及多个区域。一般来说，认知活动都是这样的，既复杂，也毫无疑问地涉及脑不同区域之间的相互作用。

7. 这里提到的两种成像方法是正电子发射计算机断层扫描（PET）和功能性磁共振成像（fMRI）。在 PET 中，少量的放射性物质被注射到实验对象体内，当脑的某些部分变得活跃时，它们就会吸收更多的放射性物质。吸收率是由敏感探测器测量的，探测器将信息发送到计算机内并产生图像。PET 图像很分散，往往会夸大受影响的脑区的大小。fMRI 没有放射性，相反，它可以检测血液中供脑特定区域使用的含氧血红蛋白的变化。当脑的这些区域比其他区域更活跃时，它们对氧气的需求就会增加，这可以通过计算机检测并成像。fMRI 显示的脑区变化图像比 PET 图像中的变化更聚焦。由于这些小区域的分布很离散，有时会令人困惑。所有 PET 和 fMRI 研究都会取几位参与者的平均值，并且需要仔细控制实验，以便减去基线信号。

8. 早在成像技术出现之前，威尔尼克（Carl Wernicke）就发现了脑中负责语言理解的区域。同样，脑中负责构造语言的额叶区域（布洛卡区）也已经被发现了半个多世纪了。事实上，这张图所显示的四个成像结果仅仅证实了这些皮层区域早已为人所知的功能。

9. 图 1-5 经授权及修改后使用：见波斯纳（Michael I. Posner）和赖希勒（Marcus E. Raichle）《心智的影像》（*Images of Mind* ），纽约科学美国人图书馆（Scientific American Library ）1994 年出版，第 115 页。

第 3 章

1. 见库伯《体验学习》。把经验转化为知识是一个过程，不是一个步骤，甚至不是四个步骤。库伯强调了学习周期的四个阶段，并指出每个阶段都在以自己的方式"转化"。我的观点是，脑的结构表明，在学习周期中的反思和抽象步骤之间有一个重要的功能划分点，跨越这个划分点，学习者将会改变。

2. 有趣的是，C 状结构末端的皮层结构，即"后"端的海马体和"前"端的嗅觉皮层，都是一种从进化来说比其他皮层更古老的组织。嗅觉和记忆可能是我们现代人脑中最古老的部分。

3. 第 1 部分在感觉皮层和运动皮层之间建立了更直接的连接。它避开了负责整合的主要区域。

4. 见施瓦茨和萨德勒《目标与技术教育：设计挑战的例子》（Goals and Technology Education: The Example of Design Challenges ），选自第二届美国科学促进会（American Association for the Advancement of Science ）技术教育研究大会会议论文集，2001 年华盛顿出版。

5. 费希尔在《儿童心理学手册》（*Handbook of Child Psychology* ）第五版第一卷［纽约威立（Wiley ）出版社，1998 年出版第 467—561 页］中回顾了他在技能发展理论和儿童发展方面二十年来的工作。

第 4 章

1. 一些人认为，人脑的能力远远超出了我们生存所需的能力。例如，平克（Steven Pinker）在《心智探奇》［How the Mind Works，纽约诺顿出版社（W. W. Norton）1997 年出版］中提到，音乐对生存没有价值。但这很难下定论，也许我们想不出它对于生存的价值，但这并不能证明没有，我们以后可能会发现。

2. 为了正确看待这个数字的含义，我们有必要认识到，细胞生命被认为是在大约 40 亿年前开始的。如果人类大脑皮层出现在 4000 万年至 400 万年前的某个时间，这将仅占进化时间的千分之一到百分之一。

3. 一些情绪反应可能是本能的，而非后天习得的。一个可能的例子是害怕类似蛇的动作或形状。我们也可能对面部表情产生恐惧或愉悦的自发反应。

4. 见科恩《奖励的恶果》第 8 章，纽约霍顿·米夫林出版公司（Houghton Mifflin）1993 年出版。

5. 见勒杜《脑中有情》第 85—103 页，纽约西蒙和舒斯特出版社 1996 年出版。

6. 见麦克唐纳三世及其同事的文章《分离背外侧前额叶和前扣带皮层在认知控制中的作用》（Dissociating the Role of the Dorsolateral Prefrontal and Anterior Cingulate Cortex in Cognitive Control），2000 年发表于《科学》（Science）第 288 卷第 5472 期第 1835—1838 页；马多克（R. J. Maddock）的文章《压后皮层和情感：来自人脑功能神经成像的新见解》（The Retrosplenial Cortex and Emotion: New Insights from Functional Neuroimaging of the Human Brain），1999 年发表于《神经科学动态》（Trends in Neurosciences）第 22 卷第 7 期第 310—316 页；格林（J. D. Greene）及其同事的文章《道德判断中情感参与的功能性磁共振研究》（An fMRI Investigation of Emotional Engagement in Moral Judgment），2001 年发表于《科学》第 293 卷第 5537 期第 2105—2108 页。

7. 与快乐相关的结构包括基底神经节、基底核、腹侧纹状体和隔膜。所有这些都不在大脑皮层上，而是存在于脑的深处。

8. 见《脑中有情》第 160—170 页。

9. 见麦克莱恩（P. D. MacClean）《进化中的三位一体的大脑》（*The Triune Brain in Evolution*）第 2 章，纽约普莱纽姆出版社（Plenum）1990 年出版。

10. 见《进化中的三位一体的大脑》第 344—345 页。

11. 我们仍不清楚多巴胺的确切功能。它可能是快乐的制造者，也可能会引起我们对看起来像快乐的事物的注意。但很明显，多巴胺在某种程度上与脑最终想要的东西有着重要的联系。也许比较好的定义方式是称多巴胺为"想要"分子。参见威克尔格伦（I. Wickelgren）《吸引脑的注意力》（Getting the Brain's Attention），1997 年发表于《科学》第 278 卷第 5335 期第 35—37 页。

12. 见珀特（C. B. Pert）和斯奈德（S. H. Snyder）《阿片类受体：神经组织中的演示》（Opiate Receptor: Demonstration in Nervous Tissue），1973 年发表于《科学》第 179 卷第 4077 期第 1011—1014 页；赫尔肯翰（M. Herkenham）和珀特《大鼠脑内阿片受体的体外放射自显影提示"阿片能"通路的位点》（In Vitro Autoradiography of Opiate Receptors in Rat Brain Suggests Loci of "Opiatergic" Pathways），1980 年发表于《美国国家科学院院刊》（*Proceedings of the National Academy of Sciences of the United States of America*）第 77 卷第 9 期第 5532—5536 页；斯特利（J. K. Staley）及其同事《可卡因致死的脑奖励回路中 D_3 多巴胺受体的适应性增加》（Adaptive Increase in D_3 Dopamine Receptors in the Brain Reward Circuits of Human Cocaine Fatalities），1996 年发表于《神经科学杂志》（*The Journal of Neuroscience*）第 16 卷第 19 期第 6100—6106 页。

13. 见艾德蒙·T. 罗尔斯（Edmund T. Rolls）《脑和情绪》（*The Brain and Emotion*）第 199 页，牛津大学出版社（Oxford University Press）1999 年出版。

14. 麦克莱恩在《进化中的三位一体的大脑》中讨论了快乐和运动之间的联系，汉纳福德在她撰写的一本充满智慧且有趣的书《聪明的行动：为何学习并非完全发生在大脑里？》（*Smart Moves: Why Learning is Not All in Your Head*）中也讨论了这一点。

15. 见波德拉克及其同事《人脑中的交互记忆系统》（Interactive Memory Systems in the

Human Brain），2001 年发表于《自然》（*Nature*）第 414 卷第 6863 期第 546—550 页。

16. 见达马西奥《笛卡尔的错误：情绪、推理和人脑》，纽约格洛斯特 / 普特南出版社

（Grosset/Putnam）1994 年出版；贝沙尔（A. Bechara）及其同事《在了解优势战

略之前做出有利的决定》（Deciding Advantageously Before Knowing the Advanta-

geous Strategy），1997 年发表于《科学》第 275 卷第 5304 期第 1293—1295 页。

第 5 章

1. 见詹姆斯《心理学原理》（*Principles of Psychology*），纽约亨利·霍尔特出版社（Henry

Holt）1890 年出版。

2. 见汉纳福德《聪明的行动：为何学习并非完全发生在大脑里？》。

3. 见柏特（Candace B. Pert）《共鸣：情绪分子的奇妙世界》（*Molecules of Emotion:

The Science Behind Mind-Body Medicine*），纽约西蒙和舒斯特出版社 1999 年出版。

4. 见达马西奥《笛卡尔的错误：情绪、推理和人脑》。

5. 见勒杜《脑中有情》。

6. 见麦克莱恩《进化中的三位一体的大脑》第 276 页。

7. 见卡斯特纳（S. Kastner）及其同事《人脑纹外皮层定向注意机制的功能性磁共振研

究》（Mechanisms of Directed Attention in the Human Extrastriate Cortex as Revealed

by Functional MRI），1998 年发表于《科学》第 282 卷第 5386 期第 108—111 页。

另见坎维舍（N. Kanwisher）和唐宁（P. Downing）在同一期对该主题的论述。

8. 我要向你道歉，因为这似乎仅让你粗略接触了这个主题。你可以看看其他书，比如

夏克特的《探寻记忆的踪迹》（*Searching for Memory*，纽约基础读物出版社 1996 年

出版），或史蒂文·罗斯（Steven Rose）的《记忆的形成》[*The Making of Memory*，

纽约道布尔迪出版社（Doubleday）1993 年出版]。

9. 最近的研究表明，记忆的过程需要新的蛋白质合成，就好像记忆本身被重建了一样。

参见纳德（K. Nader）及其同事《恐惧记忆在提取后的重新巩固需要杏仁核中的蛋

白质合成》（Fear Memories Require Protein Synthesis in the Amygdala for Reconsolidation after Retrieval），2000 年发表于《自然》第 406 卷第 6797 期第 722—726 页。

10. 见勒杜《脑中有情》第 180 页。

11. 见威克尔格伦（I. Wickelgren）的综述文章《在运动皮层中发现的有序记忆》
（Memory for Order Found in the Motor Cortex），1999 年发表于《科学》第 283 卷
第 5408 期第 1617—1619 页。

12. 见尼贝里（L. Nyberg）及其同事《编码与检索的 PET 研究：HERA 模型》（PET
Studies of Encoding and Retrieval: The HERA Model），1996 年发表于《心理计量学
公告与评论》（Psychonomic Bulletin & Review）第 3 卷第 135—148 页。

13. 这些记忆不一定会消失，它们可能会像洪水般返回。

14. 萨波尔斯基（R. M. Sapolsky）在 1996 年发表于《科学》第 273 卷第 5276 期第
749—750 页的文献综述《为什么压力不利于你的脑》（Why Stress is Bad for Your
Brain）中总结了这些效应。

15. 见麦高和戈尔德（P. E. Gold）在《神经内分泌学》（Psychoendocrinology）第
305—339 页的文章，纽约学术出版社（Academic Press）1989 年出版；麦高《记忆：
一个世纪关于巩固的讨论》（Memory: A Century of Consolidation），2000 年发表
于《科学》第 287 卷第 5451 期第 248—251 页；昂司顿（A. F. Arnsten）的综述论
文《疲惫的生物学》（The Biology of Being Frazzled），1998 年发表于《科学》第
280 卷第 5370 期第 1711—1712 页。

16. 见夏克特及其同事《真实和虚幻记忆的神经解剖学相关性：来自正电子发射断层扫
描的证据》（Neuroanatomical Correlates of Veridical and Illusory Recognition Memory:
Evidence from Positron Emission Tomography），1996 年发表于《神经元》（Neuron）
第 17 卷第 2 期第 267—274 页。

第 6 章

1. 我使用 "neuronal networks" 一词，而不是 "neural networks"，因为后者在认知科
学中具有相当具体的含义。"neural networks" 是指计算机中的网络连接，而不是脑

中的网络连接。

2. 所谓的"朴素物理学"这门学科，已经受到了广泛的研究。在文献中可以找到诸多关于学生对物理世界可能持有的不完整或不准确的观点，但教育工作者似乎不确定该怎么做。为了了解这种不确定性，请查看赖纳（M. Reiner）及其同事，或派因（K. J. Pine）和梅瑟（D. J. Messer）在 2000 年第 18 卷第 1 期《认知与教学》（*Cognition and Instruction*）中的文章。

3. 见诺特（John Nolte）《人脑》（*The Human Brain*）第四版，圣路易斯莫斯比公司（Mosby Inc.）1998 年出版，第 3 页，经授权引用。

4. 大脑中神经元的数量通常被描述得较为夸张。然而，应该指出的是，这个数字与其他任何组织中的细胞数量没有区别，都是每克组织中大约有 1 亿个细胞。

5. 对于某些类型的高度分支神经元，每个神经元的连接数可能高达 10 万个。

6. 通常我们认为，人脑中神经元的潜在连接数甚至大于宇宙中的原子数。如果我们假设每个神经元都与其他神经元相连，就可以计算出这个"潜在"的数字。但这只是一个游戏。尽管这很有趣，但如果这是真的，脑将无法工作，因为所有这些树突和轴突的质量将产生一个至少比现在重 1000 倍的脑。

7. 如同这本书中的其他故事一样，本章开头描述的汤姆的第一个片段基于我的实际经历。然而，接下来这个片段和本章结尾的最后一个片段都是虚构的。这些都是我希望有过的对话。

8. 我并不是说所有抽象的想法都可以在具体世界或者通过我们的体验证明。有些物理概念似乎缺乏令人满意的物理表征，例如电子或弯曲空间的双重性质。与此同时，从我与物理学家的对话中，我感受到这些"不能与具体世界联系"的概念甚至在专家的脑中也会留下"难以理解"的印象。我们可能会因为数学结果而被迫接受它们，但并不能确定自己是否真的理解了。

9. 这显然是苏格拉底式希腊人所相信的。在他们看来，教育包括帮助学习者发现脑中已经存在的知识。

10. 当然，这些"概括"不仅仅适用于学生，同样适用于我们所有人。我们在学生的思维中寻找理解和"秩序"，因为我们已经在自己的头脑中创造了关于这个主题的"秩序"。但这一"秩序"并不是固定不变的。感觉经验会以一种随机的方式将事物的体验带给我们，而我们生成"意义"的脑并不会按特定顺序将它们联系起来。这也是我们的脑能够很好运行的原因之一。我们可以接受大自然带给我们的任何东西，记住大量的东西，并最终理解它的意义，创造我们自己的个人秩序。

11. 见凯茜·舒《建构主义视角下的知识结构》（*Knowledge Structures from a Constructivist Perspective*），1998 年未出版的手稿。图片经授权引用。

12. 见罗格·尚克《给我讲个故事：叙事与智慧》（*Tell Me a Story: Narrative and Intelligence*），伊利诺伊州埃文斯顿西北大学出版社（Northwestern University Press）1990 年出版，第 15 页。

第 7 章

1. 尽管看起来很奇怪，但这个说法已经被讨论了很多年。这个争论始于乔姆斯基的《规则与表征》（*Rules and Representations*），纽约哥伦比亚大学出版社（Columbia University Press）1980 年出版；也见贝茨（E. Bates）和埃尔曼（J. Elman）的综述《重新发现学习》（Learning Rediscovered），1996 年发表于《科学》第 274 卷第 5294 期第 1849—1850 页。

2. 感谢希勒尔·切尔（Hillel Chiel）教授给我提供了这种意象。

3. 其他的东西也会发生变化，比如髓鞘的形成，但最重要的变化发生在突触的性质上，这个变化似乎发生得足够快，足以让学习发生。

4. 我们腿上静脉模式的生成就是一个表观遗传过程的例子。我们都有生成静脉的基因，但基因并不控制生成模式。这种生成模式受到我们亲身体验中物理事物的影响，比如我们在子宫中运动时来自周围组织的压力的影响。这种经历对我们每个人都不一样，所以我们都有不同的静脉模式，即使对有相同基因的同卵双胞胎来说也是如此。

5. 证明体验产生神经元网络变化的经典研究可能是威塞尔（T. N. Wiesel）和胡贝尔（D. H. Hubel）的《小猫从视觉剥夺影响中恢复的程度》（Extent of Recovery from the

Effects of Visual Deprivation in Kittens），1965 年发表于《神经生理学杂志》（*Journal of Neurophysiology*）第 28 卷第 6 期第 1060—1072 页。这个实验表明，当小猫的眼睛没有任何感觉输入时，其视觉皮层的神经元网络发生了改变。作者也把结果发表在了 1979 年《科学美国人》（*Scientific American*）第 241 卷第 3 期第 150—162 页。

6. 见内维尔（H. J. Neville）及其同事《聋人和有听力被试语言的脑组织：生物约束和经验的影响》（Cerebral Organization for Language in Deaf and Hearing Subjects: Biological Constraints and Effects of Experience），1998 年发表于《美国国家科学院院刊》第 95 卷第 3 期第 922—929 页；布鲁姆（Floyd E. Bloom）、纳尔逊（Charles Nelson）、拉泽森（Arlyne Lazerson）《脑、心智与行为》（*Brain, Mind, and Behavior*）第 3 版的第 344 页对大脑皮层的可塑性进行了简要概述。

7. 见马来特 – 萨瓦蒂奇（M. Maletic-Savatic）及其同事《突触活动引发海马 CA1 区树突上的快速树突形态建成》（Rapid Dendritic Morphogenesis in CA1 Hippocampal Dendrites Induced by Synaptic Activity），1999 年发表于《科学》第 283 卷第 5409 期第 1923—1927 页。

8. 见戴梦德（M. C. Diamond）及其同事《丰富环境对大鼠大脑皮层组织的影响》（The Effects of an Enriched Environment on the Histology of the Rat Cerebral Cortex），1964 年发表于《比较神经学杂志》（*The Journal of Comparative Neurology*）第 123 卷第 111—120 页；戴梦德和霍普森（Janet Hopson）《儿童智力发育的五大里程碑》（*Magic Trees of the Mind*），纽约企鹅出版集团普卢姆出版社（Plume）1999 年出版。

9. 见迪肯《象征性物种》，纽约诺顿出版社 1997 年出版，第 108 页。

10. 事实上，正如史蒂文·罗斯在《记忆的形成》一书中所解释的那样，100 多年前，是一位名叫坦齐（Tanzi）的意大利医生首先提出了这个想法，但是他没有获得全部荣誉，因为这是在脑功能的神经元基础被知晓前提出的，没有人能理解他的提议是成立的。

11. 见赫布《行为的组织》（*The Organization of Behavior*），纽约威立出版社 1949 年出版。

12. 参见胡滕洛赫尔在道森（Geraldine Dawson）和费希尔主编的《人类行为和发育中

的脑》（*Human Behavior and the Developing Brain*）第 142 页中的论述。研究中的脑组织取自不同年龄死于事故的人们身上。胡滕洛赫尔的研究代表了处于不同人生时期的人们的平均状态。它不代表在一个特定的人身上发生了什么。研究显示的数据是关于视觉皮层的。在皮层的其他部分也得到了类似的结果，但涉及的时间框架不同。

13. 见埃德尔曼《先有心灵？还是先有物质？》，纽约基础读物出版社 1992 年出版，第 81 页。

14. 见伊尔维萨克和菲尼《协作性脑损伤干预：积极的日常生活》（*Collaborative Brain Injury Intervention: Positive Everyday Routines*），加利福尼亚州圣地亚哥非凡出版社（Singular）1998 年出版；也见特克斯特拉（L. S. Turkstra）及其同事《对认知沟通障碍患者使用标准化测试》（The Use of Standardized Tests for Individuals with Cognitive-Communication Disorders），2001 年发表于《演讲和语言研讨》（*Seminars in Speech and Language*）第 26 卷第 4 期第 215—222 页。

15. 见郑（W. M. Zheng）和克努森（E. I. Knudsen）《GABA$_A$ 介导的自适应听觉空间图功能选择》（Functional Selection of Adaptive Auditory Space Map by GABA$_A$-Mediated Inhibition），1999 年发表于《科学》第 284 卷第 5416 期第 962—965 页。

16. 参见莱考夫和约翰逊的《肉身哲学》。在这项工作之前，有许多短篇小说也涉及这一话题，其中最重要的可能是《我们赖以生存的隐喻》（*Metaphor We Live By*），芝加哥大学出版社 1980 年出版。

第 8 章

1. 见霍勒斯·曼《论教学的艺术》，马萨诸塞州苹果木出版社（Applewood Books）1989 年出版。

2. 见兰格《专念学习力》，珀尔修斯出版社（Perseus Publishing）1997 年出版。

3. 见亚尔布斯（Alfred L. Yarbus）《眼球运动与视觉》（*Eye Movements and Vision*），纽约施普林格出版社（Springer）1967 年出版，经授权引用。

4. 在黑暗的房间里，实验人员在猴子的血液中注射了少量的放射性糖，墙上投影着半轮的图像。看这幅图像触发了动物视觉脑中的特定神经元，这些特定的神经元比其他神经元需要更多的能量，因此会吸收更多的放射性糖。这些更活跃的神经元簇在图像中呈深色。来自图特尔（R. B. Tootell）及其同事《猕猴纹状皮层的功能解剖：2：视网膜组织》（Functional anatomy of macaque striate cortex. II: Retinotopic organization），1988 年发表于《神经科学》（The Journal of Neuroscience）第 8 卷第 5 期第 1531—1568 页，图片经授权引用。

5. 触觉的输入也是如此。

6. 参见科斯林（Stephen M. Kossyln）《图像与脑》（Images and Brain），麻省理工学院出版社（MIT Press）1994 年出版。

7. 见《图像与脑》第 130 页。还有研究得出了一个惊人的结果：人脑在长期记忆中每秒可以搜索 5 万多个图像！

8. 图片经邓恩授权引用。更多《创造性思维和音乐聆听》（Creative Thinking and Music Listening）中使用图像的例子和相关讨论，见邓恩在《音乐教育研究》（Research Studies in Music Education）1997 年第 8 卷第 1 期第 42—55 页中的论述。

9. 见雅尼克（V. M. Janik）《野生宽吻海豚的哨声匹配》（Whistle Matching in Wild Bottlenose Dolphins），2000 年发表于《科学》第 289 卷第 5483 期第 1355—1357 页。

第 9 章

1. 见弗里德曼（D. J. Freedman）及其同事《灵长类动物前额叶皮层视觉刺激的分类表征》（Categorical Representation of Visual Stimuli in the Primate Prefrontal Cortex），2001 年发表于《科学》第 291 卷第 5502 期第 312—316 页；另见同一期第 260 页对该主题的论述。

2. "注意力网络"指的是一组脑区，它们一起工作，使我们能够集中注意力并控制我们的注意力。它包括用于移动眼睛的区域（上丘，正如我们在第 8 章所描述的），控制感觉信息流向皮层的区域（丘脑），在决定将注意力转移到哪里中起作用的额叶部分，以及我们在本章所讨论的综合后脑整合皮层的顶叶。

3. 见阿林顿（C. M. Arrington）及其同事《视觉注意的神经机制：空间区域基于对象的选择》（Neural Mechanisms of Visual Attention: Object-Based Selection of a Region in Space），2000 年发表于《认知神经科学杂志》（*Journal of Cognitive Neuroscence*）增刊第 2 卷第 106—117 页。

4. 见卡纳特（H. -O. Karnath）及其同事《空间意识是颞叶的功能而不是后顶叶的功能》（Spatial Awareness Is a Function of the Temporal Not the Posterior Parietal Lobe），2001 年发表于《自然》第 411 卷第 6840 期第 950—953 页；亦见同一期格拉齐亚诺（M. S. A. Graziano）在第 903—904 页发表的文章。

5. 这些研究由迪昂（Stanislas Dehaene）和他的同事在 1999 年 5 月 7 日的《科学》上发表。迪昂还为非专业人士写了一本关于数学和脑的书《脑与数学》（*The Number Sense*），牛津大学出版社 1997 年出版。

6. 我的同事辛厄姆（Mano Singham）为我提供了这个故事。

7. 图片经授权使用。波斯纳和赖希勒的《心智的影像》描述了这一插图。最初的研究是由科斯林和他的同事进行的，发表在《科学》1988 年第 240 卷第 4859 期第 1621—1626 页。

8. 当然，这并不是绝对的。有时我们确实会把梦的某些部分付诸行动。我们可能会打滚、大叫，甚至梦游。

9. 见哈特曼（Ernest Hartman）《梦与噩梦》（*Dreams and Nightmares*），纽约普莱纽姆出版社 1998 年出版；也可参阅《科学》2001 年第 294 卷第 5544 期第 1047—1063 页关于睡眠、梦和记忆的系列文章，其中包括支持和质疑梦在记忆的巩固中的作用的论文。

10. 见布卢姆等人《脑，心智与行为》第 2 版，纽约自由人出版社（Freeman）1988 年出版，第 283 页。

11. 1874 年，卡尔·威尔尼克描述了无法理解语言的脑损伤患者。这些病人都在听觉皮层后面的皮层处有损伤，最终这个区域被称为威尔尼克区。

12. 人们目前还没有发现语言理解皮层左右部分的明显结构差异。然而，人们现在已经知道，威尔尼克区的神经元簇之间的距离比右侧皮层韵律区域的神经元簇之间的距离更远。这表明这个区域的左脑在神经元之间有更多的连接空间，通过推理，可以更具体、更细致地分析事物。相比之下，右侧较少的连接可能会导致一个更模糊但更广阔的图像——全局画面。这可以解释为什么右脑给我们的是语境，而不是语言的精确结构。参见格卢什克（R. A. W. Galuske）及其同事《人类颞叶皮层模块化结构的半球间不对称》（Interhemispheric Asymmetries of the Modular Structure in Human Temporal Cortex），2000 年发表于《科学》第 289 卷第 5486 期第 1946—1949 页，以及加扎尼加（M. S. Gazzaniga）在同一期第 1887 页对主题的论述。

13. 在《错把妻子当帽子》[*The Man Who Mistook His Wife for a Hat*，纽约顶峰出版社（Summit）1985 年出版]中，萨克斯（Oliver Sacks）在题为"总统的演讲"的章节中讲述了一个关于韵律的幽默故事。他描述了一些脑损伤患者，他们不能理解讲话的认知意义，却能很好地理解韵律意义——事实上，他们比脑未受损的人表现得更好。所以当大多数人把总统的演讲当回事时，那些有脑损伤的人却看穿了他的演讲，大笑起来。

第 10 章

1. 见史密斯（E. E. Smith）和乔尼德斯（J. Jonides）《大脑额叶的存储和执行过程》（Storage and Executive Processes in the Frontal Lobes），1999 年发表于《科学》第 283 卷第 5408 期第 1657—1661 页。

2. 见德克特（J. W. de Fockert）及其同事《工作记忆在视觉选择性注意中的作用》（The Role of Working Memory in Visual Selective Attention），2001 年发表于《科学》第 291 卷第 5509 期第 1803—1806 页。

3. 史密斯和乔尼德斯 （见本章注释 1）认为这两个任务是最基本且相互关联的，但他们也指出了其他三个任务：在子任务中规划一系列步骤，更新和监控进度，以及在工作记忆中对过程中的时间和地点进行编码。

4. 见扎弗兰（J. R. Saffran）及其同事《8 个月大婴儿的统计学习能力》（Statistical Learning by 8-Month-Old Infants），1996 年发表于《科学》第 274 卷第 5294 期第 1926—1928 页；也可参阅贝茨（E. Bates）和埃尔曼（J. Elman）在同一期第 1849—1850 页对该主题的论述。

5. 这种神经元网络的分离可能是惊人的。这让我想起了新西兰教育家尼尔·弗莱明给我讲的一个故事。一位化学教师正试图教授叶绿素的知识，他的学生们似乎很困惑。最后，他说："你们不记得生物中的叶绿素了吗？你知道的。绿色植物的光合作用？"然后一个学生突然坐直了，尖声说："哦，你是说那个叶绿素！"

6. 见尼斯贝特及其同事《推理教学》（Teaching Reasoning），1987 年发表于《科学》第 238 卷第 4827 期第 625—631 页。

7. 见沙利斯（T. Shallice）及其同事《与言语情景记忆的获得和检索相关的脑区》（Brain Regions Associated with Acquisition and Retrieval of Verbal Episodic Memory），1994 年发表于《自然》第 368 卷第 6472 期第 633—635 页；尼贝里及其同事《编码与检索的 PET 研究：HERA 模型》，1996 年发表于《心理计量学公告与评论》第 3 卷第 135—148 页。

8. 见休珀（H. Supèr）及其同事《猴子初级视觉皮层工作记忆的神经关联》（A Neural Correlate of Working Memory in the Monkey Primary Visual Cortex），2001 年发表于《科学》第 293 卷第 5527 期第 120—124 页。

9. 见里佐拉蒂（G. Rizzolatti）和阿里比（M. A. Arbib）《我们掌握的语言》（Language Within Our Grasp），1998 年发表于《神经科学发展趋势》（*Trends in Neurosciences*）第 21 卷第 5 期第 188—194 页。

10. 见亚科博尼（M. Iacoboni）及其同事《人类模仿的皮层机制》（Cortical Mechanisms of Human Imitation），1999 年发表于《科学》第 286 卷第 5449 期第 2526—2528 页。

11. 见莱姆森《思考教与学》，阿灵顿斯泰勒斯出版社（Stylus）1999 年出版。

12. 当然也有明显的例外，比如有语言障碍的学习者。我们不应该忽视学生可以展示理解的其他方式，但语言仍然是让我们自己被理解的最广泛使用和最主要的工具。

第 11 章

1. 在讨论行动和学习之间的联系时，我们至少排除了两个重要领域：（1）程序性学习（或程序记忆）和（2）通过动作加强学习。程序性学习是我们在形成习惯或潜意识行为时所进行的学习。人们经常在无意识的情况下发展新的技能或行为。事实上，程序记忆被认为是认知的主要组成部分（无意识部分）。可参见莱考夫和约翰逊《肉身哲学》第 2 章。众所周知，行动可以促进学习。汉纳福德在她的《聪明的行动：为何学习并非完全发生在大脑里？》[大河出版社（Great River Books）1995 年出版]一书中描述了一些基于保罗·E. 丹尼森（Paul E. Dennison）和盖尔·E. 丹尼森（Gail E. Dennison）《大脑健身操》（*Brain Gym*）设计的增强学习能力的具体动作。

2. 见怀特海《教育的目的》，纽约麦克米伦出版社（McMillan）1929 年出版。

3. 见麦克尼利奇（P. F. MacNeilage）和戴维斯（B. L. Davis）《论词形内部结构的起源》（On the Origin of Internal Structure of Word Forms），2000 年发表于《科学》第 288 卷第 5465 期第 527—531 页，另见洛克（J. L. Locke）在同一期第 449—451 页对该主题的论述。

4. 见佩蒂托（L. A. Petitto）及其同事《婴儿手部动作的语言节奏》（Language Rhythms in Baby Hand Movements），2001 年发表于《自然》第 413 卷第 6851 期第 35—36 页。

5. 见亨特（David Ellis Hunt）《从我们自己做起》（*Beginning with Ourselves*），马萨诸塞州布鲁克林出版社（Brookline Books）1987 年出版。

6. 见格拉德韦尔（M. Gladwell）《审视人生：斯坦利·卡普兰教给我们的关于 S.A.T 的事》（Examined Life: What Stanley H. Kaplan Taught Us About the S.A.T.），2001 年 12 月 17 日发表于《纽约客》（*The New Yorker*）第 86—92 页。

7. 见科特里尔《意识是从对环境的自我探索进化而来的，而不是从反射进化而来的吗？》（Did Consciousness Evolve from Self-Paced Probing of the Environment, and

Not from Reflexe?），2000 年发表于《脑与心智》（*Brain and Mind*）第 1 卷第 283—298 页。

8. 小脑的结构非常清晰。它比大脑皮层小得多，但可能有更多的连接。这是一台非常强大的计算机器，它可以不断估计我们在高速下不断改变动作所需的肌肉收缩时间和程度，因此我们可以做出精确的动作，如跳芭蕾舞、打篮球、编织或写作等。

9. 回想一下莱考夫和约翰逊提出的观点，即"思考"实际上是与身体体验相关的脑网络的激活（见第 1 章）。那么，如果小脑在调节动作时被激活，它在我们思考动作时自然也会被激活！

第 12 章

1. 见温伯格（Norman M. Weinberger）《神经科学概念 1》（*Concepts in Neuroscience 1*），第 91 页，1990 年出版；巴金（J. S. Bakin）和温伯格《通过刺激基底核在大脑皮层中诱发生理记忆》（Induction of a Physiological Memory in the Cerebral Cortex by Stimulation of the Nucleus Basalis），1996 年发表于《美国国家科学院院刊》第 93 卷第 20 期第 11219—11224 页。这里描述的实验是由基尔加德（M. P. Kilgard）和默策尼希（M. M. Merzenich）完成的，相关研究发表在 1998 年《科学》第 279 卷第 5357 期第 1714—1718 页，尤利亚诺（S. Juliano）在同一期中也进行了论述。

2. 这是通过外科手术在基底核植入一个小电极并用无线电信号激活该电极来实现的。

3. 这些复杂的路径通常包括产生被称为第二信使的分子，它负责激活神经元细胞膜和细胞核 DNA 水平上的级联反应。环腺苷酸（CAMP）可以帮助我们更好地理解这些第二信使。另外，钙是突触强度的重要调节器，它通过一种酶（钙调蛋白依赖性激酶）起作用，这种酶会催化突触蛋白的化学变化。

4. 见罗格·尚克《给我讲个故事：叙事与智慧》。

5. 见尼贝里及其同事《编码与检索的 PET 研究：HERA 模型》，1996 年发表于《心理计量学公告与评论》第 3 卷第 135—148 页。

6. 这类信息来自对"裂脑"患者的研究，这些患者通过切断大脑半球之间的连接来治疗严重的癫痫。斯佩里（Roger Sperry）大约在 50 年前开始了这类研究，他的一位智慧的后学加扎尼加的著作极大地促进了我们的理解：《自然脑》（*Nature's Mind*，纽约基础读物出版社 1992 年出版），《社会脑》（*The Social Brain*，纽约基础读物出版社 1985 年出版），《一分为二的脑》［*The Bisected Brain*，纽约阿普尔顿出版社（Appleton）1970 年出版］，《新认知神经科学》（*The New Cognitive Neurosciences*，麻省理工学院出版社 2000 年出版，加扎尼加主编）。

7. 见《纽约时报》（*New York Times*）1999 年 4 月 13 日所刊登的阿普尔博姆（P. Applebome）对施泰纳的采访。

8. 把教学大纲放到网上是一个很好的节省时间的方法，这让教师在第一天上课的时候就可以直接开始课程内容和教学。

9. 见加德纳《多元智能：实践中的理论》（*Multiple Intelligences: The Theory in Practice*），纽约基础读物出版社 1993 年出版；弗莱明《教与学的风格：VARK 策略》（*Teaching and Learning Styles: VARK Strategies*），弗莱明与林肯大学 2001 年共同出版；库伯《体验学习》，普伦蒂斯·霍尔出版社 1984 年出版。想要了解更多信息，请访问网站：www.vark-learn.com。

10. 见费希尔和 L. T. 罗斯（L. T. Rose）《技能之网：学生如何学习》（Webs of Skills: How Students Learn），2001 年发表于《教育领导》（*Educational Leadership*）第 59 卷第 3 期第 6—12 页。

11. 图片经授权引用。

12. 见麦克唐纳三世及其同事《分离背外侧前额叶和前扣带皮层在认知控制中的作用》，2000 年发表于《科学》第 288 卷第 5472 期第 1835—1838 页。

索　引

各词条后所列数码为英文原著页码，即本书边码。

译后记

　　本书的翻译工作历时数月，是我们团队共同努力的成果。詹姆斯·E. 祖尔教授的《改变脑的艺术》以其独特的视角，将复杂的脑科学研究成果以通俗易懂的语言呈现给读者，展示了脑学习机制与教育实践之间的深层关联。作为大学生物学教授兼教学中心主任，祖尔教授在本书中通过结合自身丰富的教学管理经验和神经科学的前沿成果，为教育者提供了实用的教学策略。

　　教育与脑科学的交叉融合是当前一个新兴的学科方向和研究领域。本书的重要贡献在于，不仅阐述了认知学习背后的神经机制，还将这些前沿研究结果转化为具有实际指导意义的教育策略。书中详细阐述了如何通过优化感官设计、合理安排反思时间、激发脑的动机–情绪系统等方式来改善教学效果与学生的学习能力。这种基于科学理论的教学方法，不仅为教师提供了新的思考方式，也为未来的教育创新指明了方向。

　　目前，脑科学与教育的交叉复合型人才极为缺乏，这一现实给教师和学习者带来了诸多挑战。许多一线教师和师范生意识到学习脑科学知识的重要性，许多学校也开设了相关课程。然而，由于缺乏神经科学背景，很多教师往往难以理解专业的学术论文和高深的科研成果。正因如此，具有普及性质的书籍就显得尤为重要。本书作者以深入浅出的语言风格，成功地将复杂的神经科学知识转化为易于理解的教育理念，使其能够被一线教师、教育工作者以及广大学习者所理解和应用。

　　祖尔教授既是一位一线教师和教学管理者，同时又对脑科学研究有着深刻的理解，本书既体现了学术研究的深度，也兼具实践的广度。书中诸多教学策略不仅来自前沿脑科学研究，还结合了作者多年的教学经验，能够帮助教师理解如何通过优化教学设计来改善学生的学习体验。因此，本书不仅在学术界具有重要意义，也为普通教师和学习者提供了宝贵的指导，具有广泛的应用前景。

在翻译过程中，我们团队深感责任重大，力求在忠实于原著思想精髓的基础上，使译文语言流畅、易于理解。为了确保译文的准确性与可读性，我们广泛查阅了相关资料，反复推敲术语和表达方式，以期为读者呈现一个忠于原著的、易于接受的版本。

本书在翻译过程中受益于许多人的帮助，特别是史东麟和傅婵娟（引言至第一部分）、徐文文和张可（第二部分）、郝晓鑫和马育浦（第三部分及结语）。没有他们的帮助，这本书就无法呈现在大家面前。

此外，我还要特别感谢那些在翻译过程中给予我们支持与建议的同行和专家，他们的宝贵意见帮助我们不断提升翻译质量。同时，出版社的鼎力支持也为本书的顺利出版提供了重要保障。

我们相信，这本书将为中国的教师、教育研究者和广大学习者带来有益的启发。通过对脑科学的深入理解与应用，人们将能够重新思考并改善教学策略，进而改善学生的学习体验与结果。我们真诚希望本书能够为推动教育创新提供助力，让更多的教育工作者理解并实践以脑为中心的教育方法。

谨以本书献给所有致力于改善教学效果与学生学习体验的教育工作者，愿它成为您在教育之路上的良师益友。

耿凤基
2024 年 8 月

出 版 人　郑豪杰
责任编辑　赵琼英
版式设计　郝晓红
责任校对　贾静芳
责任印制　米　扬

图书在版编目（CIP）数据

改变脑的艺术：探究学习的生物学基础 /（美）詹姆斯·E. 祖尔（James E. Zull）著；耿凤基译. —北京：教育科学出版社，2024.9
（脑与学习书系）
书名原文：The Art of Changing the Brain: Enriching the Practice of Teaching by Exploring the Biology of Learning
ISBN 978-7-5191-3661-1

Ⅰ. ①改⋯　Ⅱ. ①詹⋯　②耿⋯　Ⅲ. ①教育学—神经科学—研究　Ⅳ. ①G40-056

中国国家版本馆CIP数据核字（2024）第031277号
北京市版权局著作权合同登记　图字：01-2024-0329号

改变脑的艺术——探究学习的生物学基础
GAIBIAN NAO DE YISHU——TANJIU XUEXI DE SHENGWUXUE JICHU

出 版 发 行	教育科学出版社			
社　　　址	北京·朝阳区安慧北里安园甲9号	邮　　　编	100101
总编室电话	010-64981290	编辑部电话	010-64981280
出版部电话	010-64989487	市场部电话	010-64989009
传　　　真	010-64891796	网　　　址	http://www.esph.com.cn
经　　　销	各地新华书店		
制　　　作	北京京久科创文化有限公司		
印　　　刷	河北燕山印务有限公司		
开　　　本	720毫米×1020毫米　1/16	版　　　次	2024年9月第1版
印　　　张	19.5	印　　　次	2024年9月第1次印刷
字　　　数	245千	定　　　价	65.00元

图书出现印装质量问题，本社负责调换。